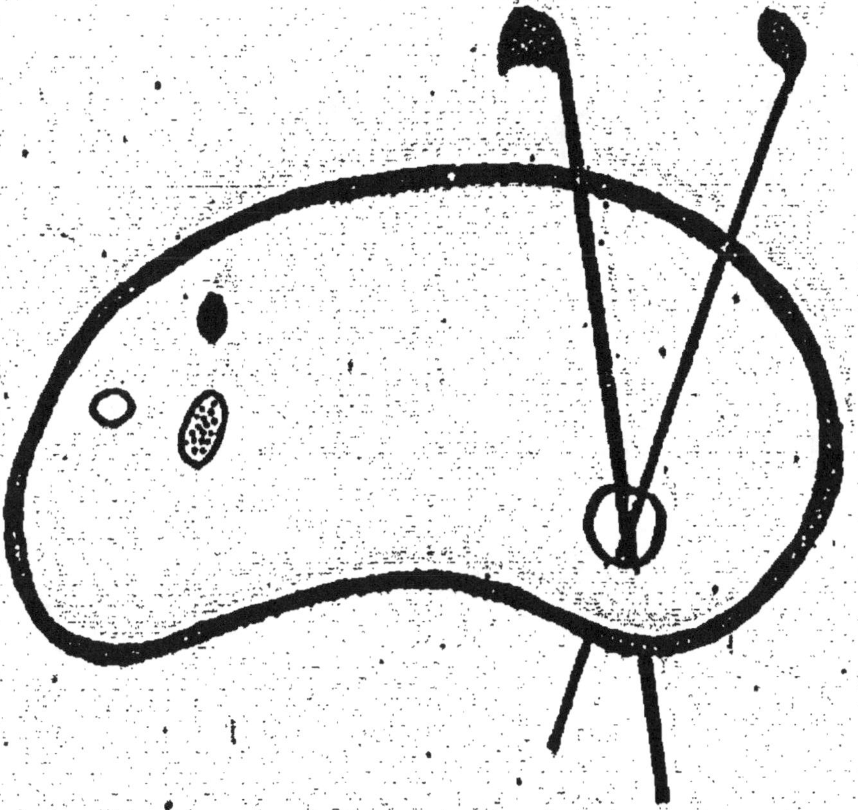

DEBUT D'UNE SERIE DE DOCUMENTS
EN COULEUR

L'EXPANSION FRANÇAISE AU TONKIN

EN

TERRITOIRE MILITAIRE

PAR

LOUIS DE GRANDMAISON

CAPITAINE AU 131ᵉ D'INFANTERIE

AVEC UNE LETTRE DU GÉNÉRAL GALLIÉNI

PARIS

LIBRAIRIE PLON

E. PLON, NOURRIT ET Cⁱᵉ, IMPRIMEURS-ÉDITEURS

RUE GARANCIÈRE, 10

1898

Tous droits réservés

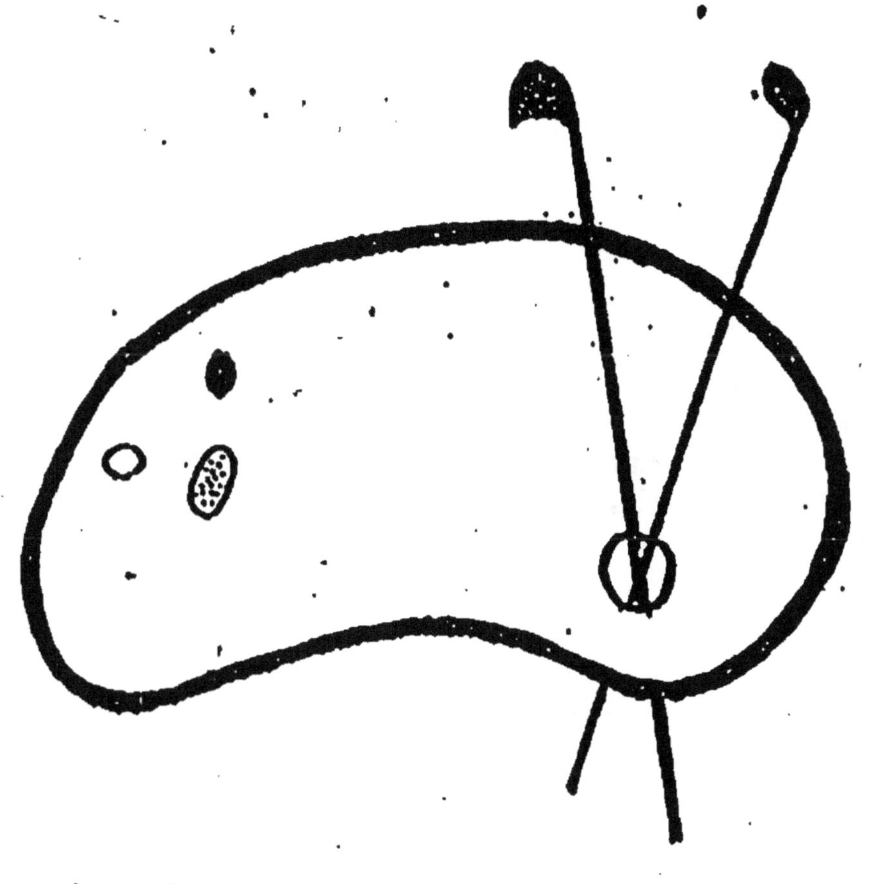

FIN D'UNE SERIE DE DOCUMENTS
EN COULEUR

EN TERRITOIRE MILITAIRE

PARIS. TYP. E. PLON, NOURRIT ET Cⁱᵉ, 8, RUE GARANCIÈRE. — 3938.

EN TERRITOIRE MILITAIRE

PAR

LOUIS DE GRANDMAISON

CAPITAINE AU 131ᵉ D'INFANTERIE

AVEC UNE LETTRE DU GÉNÉRAL GALLIÉNI

PARIS

LIBRAIRIE PLON

E. PLON, NOURRIT ET Cⁱᵉ, IMPRIMEURS-ÉDITEURS
RUE GARANCIÈRE, 10

1898

A Monsieur le général GALLIENI, gouverneur général de Madagascar.

MON GÉNÉRAL,

En travaillant sous vos ordres à la pacification des hautes régions du Tonkin, j'ai appris au contact journalier des populations indigènes que l'expansion coloniale ne se résume pas tout entière dans des statistiques, des combinaisons financières ou commerciales et dans des campagnes militaires. J'ai acquis la conviction que ce sont précisément les forces morales dont on ne parle pas et qu'on affecte trop de négliger qui seules pourraient rendre un peu de vitalité à nos entreprises françaises de colonisation.

Si je me décide à imprimer tardivement ce volume, c'est dans le seul but d'affirmer cette conviction et de montrer, en prenant pour sujet d'étude l'œuvre accomplie par vous dans le territoire de Langson, qu'elle repose sur des bases raisonnables.

Je n'ai pas et ne puis avoir la prétention d'exposer ici, mon général, vos idées sur les choses coloniales, mais seulement de défendre celles que je me suis faites dans la pratique de vos principes et de vos procédés.

GRANDMAISON.

C'est donc une marque, précieuse pour moi, de bienveillance personnelle que je viens vous demander en
vous priant d'accepter l'hommage de ce livre, témoignage insuffisant de ma profonde estime, de mon admiration et de mon dévouement très respectueux.

L. DE GRANDMAISON.

Tananarive, le 11 décembre 1897.

Le général GALLIENI, *commandant en chef le corps d'occupation et gouverneur général de Madagascar, à Monsieur le capitaine* DE GRANDMAISON, *du 131ᵉ d'infanterie à Coulommiers.*

MON CHER DE GRANDMAISON,

Vous savez quel affectueux souvenir j'ai conservé de tous ceux qui m'ont secondé dans l'œuvre de pacification et d'organisation qui m'avait été confiée au Tonkin. C'est grâce à leur concours dévoué que j'ai pu réussir, et parmi ces travailleurs vous avez toujours été un des plus persévérants, un de ceux dont les brillantes qualités ont rendu ma tâche agréable, presque aisée.

Dès mon arrivée, le Tonkin m'avait empoigné ; les efforts que j'y avais dépensés et que j'avais vu prodiguer autour de moi avaient été couronnés des meilleurs résultats ; durant près de quatre ans, j'avais donné à la tâche qui m'avait été confiée sur nos frontières de Chine le meilleur de moi-même : ce n'est pas sans regret que je l'avais quittée, et ce n'est pas sans émotion que je viens de retrouver dans votre livre l'histoire de nos luttes contre l'anarchie qui régnait là-bas, l'exposé des méthodes que nous avons suivies pour la combattre et la vaincre, pour préparer à la colonisation des régions si riches et si fécondes.

Votre ouvrage arrive à son heure : nos idées sur les choses coloniales sont assez confuses en France ; on a beaucoup écrit sur la matière, beaucoup discuté : mais aucune synthèse, basée sur des faits, sur la pratique, n'avait encore condensé des idées générales, pouvant servir de guide pour l'avenir. Ces quelques pages seront la révélation de ce dont est capable aujourd'hui l'officier aux colonies ; elles montreront quel doit être son rôle dans la longue période qui suit la conquête ; l'œuvre utile et féconde que, seul, il peut accomplir s'y trouve parfaitement et clairement exposée ; et, si je fais quelques réserves sur certaines de vos idées personnelles, développées dans la première partie, je puis dire, en somme, que ce sont là les doctrines qui m'ont toujours guidé et que j'ai mises en application, ici, à Madagascar, comme je l'avais fait au Tonkin : l'expérience confirmera, je l'espère, leur valeur.

Merci donc de l'hommage que vous m'en faites ; merci du souvenir que vous avez gardé de moi : nulle récompense ne me va plus au cœur que l'approbation et l'estime des officiers que j'ai eus comme collaborateurs sur ces frontières de Chine, naguère si troublées, aujourd'hui si tranquilles. Je suis heureux de pouvoir vous donner ici les marques de ma sympathie toute particulière et croyez bien, mon cher de Grandmaison, à mes sentiments les plus affectueux.

GALLIENI.

PRÉFACE

Les Français voyagent peu, mais quand l'un d'eux se hasarde à passer la mer, il éprouve généralement au retour le besoin de faire connaître ses impressions et de donner son avis sur la politique coloniale. C'est une faiblesse pardonnable. L'activité croissante de production, l'accumulation de documents originaux qui en résultent répondent en effet à un besoin social. On s'occupe beaucoup en France de choses coloniales et le grand public y prend goût. Malheureusement les divergences d'opinion et l'âpreté des discussions sont telles, entre nos hommes compétents, qu'il est impossible de leur emprunter de confiance une théorie de colonisation toute faite. En l'absence de traditions suivies et d'autorité reconnue en la matière, c'est dans le récit des choses vues et dans la libre discussion des faits observés sur place qu'il nous faut encore aller trier un à un nos éléments d'appréciation. L'élaboration de ces matériaux par l'opinion publique produira peut-être avec le temps un courant d'idées assez cohérent et assez caractérisé pour servir de base à un corps de doctrine coloniale et mettre un terme à nos indécisions et à nos tâtonnements.

GRANDMAISON.

1

Il est donc utile de dire ce qu'on a vu et permis de le discuter. Je n'ai pas, en publiant ces notes, d'autre ambition que celle d'apporter à mon tour une contribution très modeste à la réserve commune de faits et d'idées mise à la disposition de ceux qui s'intéressent à nos établissements d'Extrême-Orient.

Ayant eu la bonne fortune de servir pendant un peu plus de deux ans sous les ordres directs du colonel (aujourd'hui général) Gallieni dans la région de Langson, j'ai pu y suivre dans le détail son œuvre de pacification et d'organisation des hautes régions. Ce coin du Tonkin était justement en 1894-1895 le champ d'essai où furent mis en pratique, sous sa direction, les principes et les procédés de colonisation qui semblent dès aujourd'hui nous promettre à Madagascar des succès auxquels nous n'étions plus accoutumés. C'est à ce titre qu'il peut être intéressant d'y suivre, dans les limites étroites du petit commandement territorial qui m'était confié, la première application de ces principes et de ces procédés.

Mais pour en faire comprendre la portée et les mettre dans leur jour, il nous faudra sortir un peu du document local. Il ne s'agit pas, en effet, seulement, de décrire la réorganisation d'un territoire militaire au Tonkin. Ce qu'il est intéressant d'y trouver, c'est la première application méthodique de principes très féconds et les éléments d'un progrès d'ordre général.

J'ai essayé de comprendre, en travaillant à l'œuvre commune, pourquoi nous avons si médiocrement réussi dans un semblable pays. En comparant les efforts aux progrès, les dépenses aux bénéfices, je me suis demandé ce que nous sommes venus chercher en Extrême-Orient.

Mon but est de faire connaître et partager, s'il est possible, la conviction que je me suis faite sur place. Il eût été naturel, peut-être, pour y parvenir, d'apporter ici dans l'ordre où elles se sont produites, les impressions qui l'ont peu à peu formée et d'étudier dans leurs applications pratiques les quelques principes mis en essai dans le haut Tonkin en 1894-95, avant d'en mesurer les conséquences générales.

Mais cela eût exigé des développements que ne comporte pas le cadre nécessairement restreint de ce travail. Obligé de négliger les intermédiaires et les transitions, j'ai dû me borner à présenter d'abord le point d'arrivée, les idées générales, puis à suivre le détail de leur mise en pratique dans un cas particulier.

C'est, il est vrai, un ambitieux début que de se demander d'abord Qui nous a menés au Tonkin, de rappeler les phases de notre action en Extrême-Orient et de chercher les causes de son peu d'efficacité. On trouvera peut-être qu'il n'était pas nécessaire de partir d'aussi haut pour arriver au détail de l'organisation militaire et politique d'un très petit morceau des hautes terres. Devant l'apparente disproportion de ces deux sujets, il viendra sans doute aux lèvres de quelques-uns l'ironique remarque du poète :

« Amphora cœpit institui... cur urceus exit ? »

Je répondrai très simplement que ma prétention n'est pas de faire un livre dans les règles de l'art, mais de dire ce que j'ai vu et ce que je crois vrai. J'ajouterai que dès qu'il s'agit d'un travail social, comme la colonisation, les moindres détails doivent être la conséquence raisonnée de principes directeurs et que l'examen de ces principes est à mon sens la nécessaire préface de toute étude coloniale.

Reste le grief plus sérieux d'avoir visé trop haut et abordé sans autorité d'aussi vastes questions. J'aurais mauvaise grâce à le discuter; mais il est permis à tout homme d'avoir une opinion et de la défendre de bonne foi. — C'est ce que je veux essayer.

CHAPITRE PREMIER

Il est impossible dans l'examen des circonstances qui nous ont amenés au Tonkin de découvrir une ligne de conduite arrêtée d'avance. — La France a conquis l'Indo-Chine, en dehors de tout calcul, pour obéir instinctivement à son rôle traditionnel. — Aperçu historique.

Que sommes-nous venus faire au Tonkin ? Par quel engrenage la France a-t-elle été amenée à conquérir, au prix des sacrifices que nous connaissons, cet empire d'Annam que nous n'avions jamais convoité? Y a-t-il eu là l'exécution d'un plan, mûri par les hommes d'État ? Est-ce un phénomène d'expansion explicable par le voisinage, la facilité de colonisation ou le besoin d'assurer la vie à un trop-plein de population ?

Nous serons forcés de reconnaître que la volonté des hommes a été le plus souvent violentée par les événements et que ce ne sont pas des considérations commerciales qui nous ont conduits en Extrême-Orient.

En observant la France s'engager comme à regret et sans projets arrêtés dans cette extraordinaire aventure, les anciens auraient seulement vu là un caprice de ce « Fatum », de cette force des choses qui, dominant les hommes et les peuples, se faisait un jeu de les ployer à son implacable fantaisie. Pour nous, peuple chrétien, cette force des choses s'appelle la « Providence » qui se plaît encore de nos jours à faire accomplir par la France les œuvres de civilisation véritable et de généreuse initiative pour lesquelles il lui faut un instrument de choix. Aucune autre nation ne porte dans son histoire la trace aussi profonde d'une mission exceptionnelle poursuivie à travers les défaillances et les revers comme aux époques de calme et de prospérité. Ce rôle est assez honorable pour qu'il ne nous vienne point à l'esprit d'en répudier la tradition.

Au moment de parler du Tonkin, il faut s'élever un instant au-dessus des statistiques de douane et des questions de transit. sans en méconnaître d'ailleurs l'importance. Nous avons le plus souvent de ce côté assez complètement fait fausse route, pour qu'on en vienne à désespérer du bon sens de la France s'il n'est plus possible de découvrir, au fond de ses entreprises d'outre-mer, encore une étincelle de ce prosélytisme désintéressé qui est la marque de notre race et en a fait la fortune.

Cette étincelle, il est vrai, a bien pâli et les préoccupations de cet ordre ne s'avouent plus guère aujourd'hui. La rapacité des peuples du nord nous a fait une réputation de gens légers et peu pratiques. C'est peut-être dans la crainte de justifier leur appréciation que nos hommes politiques ont trop souvent perdu de vue les intérêts véritables de la France, en dépouillant extérieurement son expansion de tout caractère généreux. Ils ont ainsi sacrifié de parti pris le bénéfice de l'action morale et affecté de le négliger, alors que des rivaux plus avisés ne reculent devant aucun sacrifice pour s'en assurer les avantages. Ne voyons-nous pas les Anglais, exploiteurs admirables et commerçants de premier ordre, s'efforcer en toute occasion de dissimuler leurs préoccupations de lucre et leur égoïsme légendaire sous des dehors de civilateurs chrétiens et de tuteurs désintéressés ? Pourquoi donc avoir l'air d'écoliers pris en faute et plaider les circonstances atténuantes quand il s'agit de nos entreprises les plus fécondes au point de vue de la civilisation véritable et du bien des populations? S'il est quelquefois difficile de les justifier par leurs conséquences immédiates, politiques ou commerciales, c'est qu'en réalité chacune d'elles porte l'empreinte d'une volonté supérieure à celle des hommes qui les ont conduites souvent à contre cœur. Nos expéditions coloniales ont toutes gardé de ce conflit la physionomie d'aventures engagées par entraînement et poursuivies par amour-propre.

Au surplus, laissons parler les faits. Dans leur sincérité, ils peuvent seuls nous donner l'impression profonde et complexe qui se dégage de cette série d'efforts presque inconscients, de ce mélange d'actions héroïques et de pitoyables reculades, de cette supériorité dans l'action individuelle le plus souvent paralysée par le désordre et l'illogisme dans la direction qui, au Tonkin comme ailleurs, forment la trame de notre action coloniale. Il ne peut être question d'entreprendre ici l'histoire de notre empire indo-chinois. Cette lourde tâche tentera j'espère quelque plume autorisée quand le temps aura mis à leur place définitive les événements et les hommes. Mais pour répondre à la question posée au début de ce chapitre : « Que sommes-nous venus faire au Tonkin ? », il nous faut rappeler l'enchaînement des circonstances qui ont amené notre établissement définitif en 1884. Ce sont faits connus de tous, aussi cet aperçu rétrospectif sera-t-il limité au développement indispensable pour appuyer une opinion.

Dès 1627, un Français, le père de Rhodes, avait fondé

au Tonkin des missions dont ses successeurs devaient retrouver les traces cent cinquante ans plus tard.

A cette époque l'antique dynastie des Lê régnait sur tout l'Annam, de l'empire des Kmers, déjà depuis des siècles en décadence (Siam et Cambodge) jusqu'aux frontières de la Chine. Mais l'autorité réelle dans ce vaste royaume était partagée entre deux familles de vice-rois héréditaires appelés « Chua » : les « Trinh » au Tonkin sous la main des rois Lê dont Hanoï était la capitale et les « Nguyen » dans les provinces du sud. Les annales annamites nous montrent en 1628 le roi Lê-dui-Ky guerroyant au Nord contre les princes féodaux de Langson et de Cao-Bang puis réprimant une révolte du « Seigneur du Sud », Chua de Cochinchine, Nguyen-Phuoc-Nguyen ancêtre de la dynastie aujourd'hui régnante. C'est seulement au milieu du siècle dernier que les rois Lê abandonnnent Hanoï et transportent le siège de leur gouvernement à Hué pour surveiller de plus près les provinces du Sud.

La connaissance de ces notions, trop ignorées des premiers négociateurs français, nous eût évité de graves mécomptes. Il en ressort en effet que toute l'Indo-Chine française obéit depuis plusieurs siècles aux souverains annamites. Le Tonkin, loin d'être, comme on l'a cru, une conquête récente, est le berceau de l'Annam. Le nom de Tonkin n'existe même pas pour les habitants, et jusqu'à l'extrême frontière de Chine le sol est qualifié par eux de « Terre d'Annam ». Au début de notre occupation les explorateurs et les premiers administrateurs, trompés par les fréquentes rébellions menées au Tonkin sous le nom des anciens rois Lê, avaient cru voir un attachement durable à une ancienne dynastie locale, là où il n'y avait le plus souvent que prétexte à pillage. Ils en avaient conclu que les Tonkinois n'aiment pas les Annamites et qu'il y aurait profit à les en détacher plus encore. La cour de Hué, comprenant le parti qu'elle pourrait tirer de cette erreur, se garda de la dissiper et put obtenir ainsi qu'en 1884 le sort de l'Annam central fût séparé de celui du Tonkin. Nous verrons combien cette différence de régime nous a causé d'embarras et de difficultés dans la suite.

Revenons à nos débuts. De 1775 à 1800 une révolte générale et une invasion des terres basses par les Tay-son (montagnards de l'Ouest) dévastent la péninsule où l'anarchie se prolonge pendant de longues années après le renversement de la dynastie des Lê. Aux environs de 1786 le Chua de Cochinchine Nguyen-Anh qui sera plus tard l'empereur Gia-Long, chassé à son tour et réduit aux abois, rencontre Mgr Pigneau de Behaine, évêque d'Adran, missionnaire apostolique du Siam et de Cochinchine et s'ouvre à lui du projet qu'il forme de demander secours aux Espagnols ou aux Hollandais. L'évêque français voit là une occasion providentielle de conquérir à la France et au christianisme ce magnifique empire. Il décide Nguyen-Anh à lui confier son jeune fils, s'embarque pour la France et conclut à Versailles avec le comte de Montmorin le traité du 28 novembre 1787. La France promet une flotte, un corps de débarquement et un subside de cinq cent mille piastres. L'Annam cédera en échange la baie de Tourane, l'archipel de Poulo-Condore et garantira le libre exercice du christianisme dans tout l'empire.

Les embarras intérieurs, préludes de la Révolution, vont empêcher Louis XVI de tenir ses engagements ; mais l'évêque d'Adran ne laissera pas protester la signature de la France. Il se rend à Pondichéry, arme à ses frais deux navires, engage des officiers, des ingénieurs, des médecins. Sur ses conseils, l'armée annamite est reconstituée à Saïgon. Avec l'aide de cette poignée de Français, Nguyen-Anh reconquiert le royaume d'Annam jusqu'aux frontières de la Chine et vient se faire couronner empereur à Hué sous le nom de Gia-Long. Énergique et actif, le nouvel empereur, mettant à profit les conseils et les services des quelques Français qu'il s'est attachés [1], réorganise son empire et le gouverne en paix pendant trente ans. Le souvenir de cette restauration est resté très vivant aux environs de Saïgon où la gratitude de Gia-Long a élevé un tombeau magnifique à son bienfaiteur l'évêque d'Adran. La mémoire de cet homme remarquable est encore l'objet, chez les Annamites de Cochinchine, d'un respect presque superstitieux.

Mais la reconnaissance est une vertu qu'il ne faut guère demander aux nations, même en Extrême-Orient. Les missions furent récompensées des services rendus par cinquante ans de persécutions incessantes. C'est l'excès même de ces violences qui forcera peu à peu notre intervention. Cette intervention sera du reste bien intermittente et dépourvue de sanction pendant la première moitié du siècle.

En 1843 le commandant Lévêque, montrant le pavillon français à Tourane, apprend que cinq missionnaires attendent la mort à Hué. Il les réclame et obtient leur mise en liberté.

---

1. Entre autres et pour ne citer que le plus connu, le colonel du génie Olivier reconstruisait, d'après les types de Vauban et de Cormontaigne, les citadelles de l'Annam et du Delta du Tonkin qu'il nous faudra prendre d'assaut quatre-vingts ans plus tard.

En 1844, c'est l'amiral Cécile qui exige la remise de l'évêque français, Mgr Lefèvre, condamné à mort à Hué.

En 1847, le commandant Lapierre, avec « La Gloire » et « La Victorieuse » est à Tourane pour faire des remontrances. Thieu-Tri, le roi du moment, essaye de le faire tomber dans un guet-apens. Prévenu à temps par un chrétien indigène, Lapierre brûle et coule en deux heures la flotte annamite avant de quitter ces parages. Thieu-Tri meurt de colère, dit-on, en apprenant la chose, et laisse le trône au trop célèbre Tu-Duc auquel nous aurons à faire pendant trente-deux ans[1].

1. Notons en passant l'origine, sous le règne de Tu-Duc, des garnisons chinoises et de la grande piraterie au Tonkin.

En 1847, Tu-Duc, pour avoir raison des révoltes incessantes des tribus du Haut-Tonkin, qui supportaient malaisément le gouvernement des mandarins annamites, demande et obtient l'envoi de garnisons chinoises qui occupent Cao-Bang, That-Ké et Langson. Nous les retrouverons quarante ans plus tard vivant toujours sur le pays que cette charge aura ruiné.

Aux environs de 1860, les bandes formées par la grande insurrection chinoise dite des « Tay-Ping », après avoir dévasté une grande partie de la Chine et mis en péril la cour de Pékin, étaient venues se heurter près de Shang-Haï au corps expéditionnaire franco-anglais. Elles y avaient subi un premier échec et bientôt leurs débris, dispersés et poursuivis par les généraux chinois, avaient dû chercher un refuge hors des frontières de l'Empire, en particulier au Tonkin. Les Pavillons Noirs, sous la conduite de leur chef Luu-vinh-Phuoc, prirent Laokai et le fleuve Rouge. Les Pavillons Jaunes, moins forts, se contentèrent de Ha-yang et de la rivière-Claire, confisquant à leur profit le transit de ces voies commerciales et se livrant à de continuelles incursions dans les provinces du Delta.

En 1867, Tu-Duc, impuissant à s'en défaire, réclamera de nouveau l'aide de la Chine. Un haut mandarin, envoyé de Pékin pour étudier la question, conseillera au souverain annamite d'abandonner Laokai et Ha-yang, moyennant quoi les bandes chinoises s'abstiendront de dévaster les basses provinces.

Plus hostile encore que ses prédécesseurs à la civilisation étrangère, il redouble de violence. Une douzaine de missionnaires français et espagnols sont coup sur coup mis à mort et la France se décide à envoyer, d'accord avec l'Espagne, une mission dirigée par M. de Montigny pour faire des remontrances et exiger un traité. Montigny est reçu par des avanies et il faut avoir recours à l' « ultima ratio » pour obtenir réparation de cette nouvelle insulte.

Le 31 août 1858, une escadre franco-espagnole, sous les ordres de l'amiral Rigault de Genouilly, mouille devant Tourane dont les forts sont emportés. Mais l'affaire traîne en longueur, le corps expéditionnaire se fond dans la presqu'île de Tourane et pour ne pas rentrer les mains vides, on se décide (15-17 fév. 1859) à prendre Saïgon.

Pendant l'expédition de Chine, une petite garnison franco-espagnole de huit cents hommes avec le colonel Palanca-y-Guttiérez et le capitaine de vaisseau d'Ariès nous conserve ce coin de terre au prix d'héroïques efforts. Une armée de quinze à vingt mille Annamites, commandée par le vieux maréchal Nguyen-Tri-Phuong, que nous reverrons au Tonkin, avait étroitement bloqué la ville par une circonvallation de plusieurs kilomètres connue sous le nom de « lignes de Ki-hoa ». Elle gagnait peu à peu du terrain sur la petite troupe européenne que les fatigues, le climat et les combats réduisaient de jour en jour. Il était temps que l'expédition de Chine

Tu-Duc devra se contenter de cette humiliante solution et c'est grâce à ce *modus vivendi* que dans toutes nos expéditions au Tonkin nous trouverons les Pavillons Noirs ou Jaunes toujours prêts à donner aux mandarins annamites, contre nous, un appui dont ils se payaient largement sur le pays.

prit fin. Au retour, l'amiral Charner (6 février 1861) jette trois ou quatre mille hommes à terre et débloque Saïgon après plusieurs jours de combats acharnés. L'amiral Bonnard, successeur de Charner, occupe sans peine les provinces de My-tho, Bien-Hoa, Baria et Vinh-Long.

À la suite de ces succès et en présence des embarras que lui cause un soulèvement presque général au Tonkin, Tu-Duc demande la paix et on lui accorde un peu hâtivement le premier traité de Saïgon (5 juin 1862). Nous gardons Bien-Hoa, My-tho, Saïgon et Poulo-Condore. L'Annam s'engage à payer vingt millions et à ouvrir trois ports au commerce européen.

Il eût été prudent, avant de s'engager ainsi, de suivre les événements qui se passaient au Tonkin. Un descendant chrétien de la dynastie des Lê avait réuni dans les provinces du nord des bandes déjà nombreuses et occupait sept provinces du Delta, moins les citadelles. Il avait fait faire des ouvertures au gouvernement de Saïgon, réclamant seulement la qualité de belligérant. On n'en tint pas compte et de cette aventure, qui eût peut-être changé la face des choses, il resta seulement l'idée fausse que le Tonkin désirait se séparer de l'An-nam. Le traité de 1862, il est à peine besoin de le mentionner, ne fut jamais observé par les Annamites qui ne payèrent pas, n'ouvrirent aucun port et s'employèrent dès le premier jour à nous créer des embarras en Cochinchine.

L'amiral de la Grandière, dès 1863, comprit qu'avec l'Annam, il n'y avait pour nous qu'un arrangement possible: tout prendre. Avant tout, pour assurer à notre colonie naissante le transit de Mé-Kong, il envoie Doudart de Lagrée imposer et signer notre protectorat sur le Cambodge (11 août 1863). Puis, sans hésiter et sans tenir compte des réclamations de Hué, il occupe les six provinces de Cochinchine, les organise et prépare notre protectorat sur tout l'empire. Malheureusement sa politique ne sera pas suivie et il nous faudra vingt ans de tergiversations et de sanglantes aventures pour en revenir au plan de cet homme supérieur. La Grandière est le véritable fondateur de notre empire d'Extrême-Orient et l'artisan de la prospérité de la Cochinchine.

La guerre de 1870 va du reste arrêter nos progrès et porter à notre prestige un tel coup que Tu-Duc n'hésitera pas à offrir la paix à l'amiral de Cornulier Lucinière moyennant la restitution pure et simple de toute la Cochinchine.

Nous arrivons, en 1872, à la première intervention directe de la France au Tonkin. L'amiral Dupré, gouverneur de Cochinchine, esprit clairvoyant mais manquant de consistance, se trouvait dans une situation difficile. Pris entre les ordres très nets du cabinet de Paris et le sentiment de sa responsabilité, il n'avait ni la passivité voulue pour se renfermer dans une inaction dangereuse, ni le caractère suffisant pour se permettre les audaces fécondes qui forcent les événements. Son initiative prendra la forme de désobéissances qu'il s'efforce de dissimuler. Les réticences, les désaveux et les habiletés qu'il emploiera pour se couvrir, lui feront perdre tout l'honneur et à la France tout le fruit de la courageuse entreprise de Dupuis et de l'admirable campagne de Garnier.

Dans le courant de l'année 1872, l'amiral Dupré se plaint officiellement à la cour de Hué des massacres de chrétiens, des pillages et des désordres qui se succèdent sans relâche au Tonkin. Tu-Duc se déclare impuissant contre les pirates chinois de terre et de mer et demande l'aide du gouverneur de Saïgon. Celui-ci, peu au fait des habitudes annamites, prend les explications de la cour au sérieux et envoie le commandant Sénèz avec le « Bourayne », dans les eaux de Haïphong. Le commandant Sénèz, très mal reçu, rentre à Saïgon.

Depuis l'exploration du Mé-Kong, où Doudart de Lagrée avait trouvé la mort en 1868, le monde commercial se préoccupait du fleuve Rouge. Le Mé-Kong, ayant été reconnu impropre à l'écoulement des produits du Yunnan vers la mer, on espérait trouver dans le fleuve Rouge une route commerciale relativement facile et plus courte de cinq à six cent lieues que la voie suivie jusque-là par le Yang-Tsé et Shang-Haï.

Un Français, Jean Dupuis, avait fait un premier voyage au Yunnan en 1871. Il avait été bien reçu par les mandarins chinois, et le maréchal Ma, vice-roi du Yunnan, lui avait confié une grosse commande d'armes et de munitions pour les besoins de la guerre qu'il soutenait contre les rebelles mahométans des provinces du sud de la Chine.

En 1872, Dupuis est en France où il demande l'appui du gouvernement. L'amiral Pothuau l'encourage dans son entreprise, tout en lui déclarant qu'il ne peut compter sur une intervention officielle. A Saïgon, l'amiral Dupré, qui s'intéressait vivement à l'ouverture commerciale du fleuve Rouge, reçoit fort bien Dupuis et s'engage à lui faciliter l'entrée du Tonkin.

En novembre 1872, après avoir fait ses achats à Hong-Kong, Dupuis, escorté par « Le Bourayne », se présente devant Haïphong avec deux bateaux à vapeur, une chaloupe également à vapeur et une grosse jonque.

Les mandarins, étonnés, déclarent qu'ils ne peuvent l'autoriser à entrer dans le fleuve sans en avoir référé à la cour. Dupuis attend quinze jours, puis, ne recevant pas de réponse, remonte à Hanoï où son arrivée cause une véritable panique. On mande en hâte l'évêque français, M⁵ʳ Puginier, que pour la première fois on comble d'honneurs et le vice-roi lui demande d'intervenir pour éloigner Dupuis. L'évêque « perd son latin » à expliquer au prince Hoang les avantages du commerce libre ; il obtient seulement qu'on s'abstiendra de violence en attendant les instructions de la cour.

Dupuis cependant se décide à forcer la consigne, remonte au Yunnan où il est reçu avec enthousiasme, livre son chargement à Mang-Hao, le 16 mars 1873, et le 30 avril, rentre à Hanoï avec le chargement de huit grosses barques et 150 soldats chinois que le maréchal Ma lui a donnés comme escorte. Là, on lui crée des embarras de toutes sortes : on coule ses jonques, on refuse de lui vendre du riz, on va jusqu'à empoisonner l'eau que boit son escorte. La cour de Hué s'adresse à M⁵ʳ Puginier, au gouverneur de Saïgon et même aux Anglais de Hong-Kong pour expulser Dupuis dont la présence à Hanoï remue l'Indo-Chine entière, comme si les Annamites avaient le pressentiment que sur ce grain de sable allait définitivement trébucher le viel empire.

Devant les lettres pressantes du gouvernement annamite et les réclamations de Dupuis qui demande une grosse indemnité, l'amiral Dupré juge qu'il ne peut tarder plus longtemps à intervenir. Le moment lui paraît opportun de réclamer l'exécution des traités et la libre navigation du fleuve Rouge. Mais il ne peut se résoudre à rompre, en brusquant les choses, les laborieuses négociations entreprises avec la cour dans le but d'obtenir un nouveau traité politique. Espérant tout arranger sans se compromettre il prend le parti :

1° De désavouer publiquement Dupuis et de s'entremettre pour le faire partir (tout en lui faisant avancer à la même époque une somme de trente mille piastres par la Hong-Kong and Shang-Haï Bank) ;

2° D'envoyer un commissaire au Tonkin accompagné d'une petite escorte, avec l'ordre d'arranger l'affaire Dupuis et la mission demi-avouée d'obtenir, pacifiquement autant que possible, l'ouverture du fleuve Rouge.

La duplicité est un procédé politique que nous maniions assez mal. Les habiletés de l'amiral Dupré et son double jeu devaient nous mener à un désastre. Si Garnier, comme on l'avait dit aux Annamites, allait au Tonkin pour expulser Dupuis, il devait aller seul. S'il avait mission d'imposer l'ouverture du fleuve Rouge, il fallait lui en donner les moyens. Les instructions données à Garnier, les lettres écrites aux évêques de Hué et de Hanoï, les communications à la cour ont fait un jour complet sur cette triste affaire. Rappelons seulement les faits.

Le choix du gouverneur de Saïgon s'était porté sur Francis Garnier, alors lieutenant de vaisseau et ancien compagnon de Doudart de Lagrée dans son exploration du Mé-Kong, pour remplir les fonctions de commissaire au Tonkin. C'était un homme droit et énergique, connaissant bien l'Annam, grand esprit et grand cœur. — Il en a fait la preuve.

Au milieu d'octobre 1873, il quitte Saïgon avec cent vingt hommes et deux petits vapeurs, muni d'instructions écrites et verbales assez larges pour que dans une lettre particulière il les traduise par ces mots : « L'amiral me donne carte blanche..... »

Il est mal reçu à Hanoï où son escorte inspire de la méfiance. Les mandarins refusent de traiter toute autre question que le départ de Dupuis et déclarent qu'à cela doit se borner sa mission. Devant l'attitude de Garnier, le vieux maréchal Nguyen-Tri-Phuong, notre adversaire de Saïgon, ne cache pas son intention d'en avoir raison par la force. Il réclame l'assistance des Pavillons Noirs et rassemble en hâte des troupes dans la citadelle de Hanoï. La situation devient critique et une action vigoureuse peut seule sauver la petite troupe française. Le 17 novembre, Garnier envoie un ultimatum aux mandarins leur donnant trois jours pour licencier leurs troupes. Le 20, à 7 heures du matin, après trente-cinq minutes de combat la citadelle est emportée d'assaut et le vice-roi blessé à mort.

Avec une activité et une sûreté de vues remarquables, Garnier, sans perdre un jour, organise l'administration, prend la responsabilité des événements, se met en rapport avec les mandarins provinciaux bien disposés ; la confiance renaît autour de lui. Cependant les Pavillons Noirs descendaient sur Son-Tay, la province de Nam-Dinh commençait à se soulever, il fallait aller de l'avant.

En quinze jours, quelques hommes de cœur à la tête de cent vingt soldats font la conquête du Delta. Balny d'Avricourt avec « L'Espingole » et vingt-huit hommes prend Phu-Ly en passant, puis emporte d'assaut la citadelle de Haï-Duong. L'aspirant Hautefeuille arrive devant Ninh-Binh avec un canot à vapeur, monté par huit hommes ; il ouvre le feu, saute à terre, se présente avec six hommes le revolver au poing, à la porte de la citadelle, et donne un quart d'heure au commandant de la place qui se rend avec ses deux cents hommes de garnison. Garnier lui-même emporte la citadelle de Nam-Dinh.

A la nouvelle de ces événements, l'amiral Dupré, bien inspiré cette fois, félicite Garnier, lui recommande la prudence et lui annonce cinq cents hommes de renfort.

Cependant les réguliers Annamites, réconciliés avec les Pavillons Noirs, avaient profité de la courte campagne dans le Delta pour se rapprocher de Hanoï et former, à quelques heures dans le nord, un camp de cinq à six mille hommes.

Le 17 décembre, Garnier rentre à Hanoï avec quatre mandarins envoyés pour reprendre, d'accord avec lui, l'administration du pays. Il va traiter en vainqueur et imposer sans discussion aux Annamites, encore sous le coup de son prodigieux succès, toutes les garanties nécessaires.

Le 21 décembre, dans la matinée, de nombreuses bandes sont signalées aux portes de la citadelle. Garnier y court, les disperse avec quelques volées de mitraille et s'élance sur leurs traces à la tête d'une douzaine de marins : quatre à droite, quatre à gauche, lui-même sur le chemin avec trois hommes suivi à une centaine de mètres par un détachement qui ne peut le rejoindre. Bientôt il n'a plus que deux soldats derrière lui. Les fuyards qu'il rejoint se jettent dans les hautes herbes, se laissent dépasser puis se précipitent sur les trois hommes essoufflés, les renversent, coupent les têtes et s'enfuient. A la même heure, sur une autre route, Balny d'Avricourt se faisait tuer de la même façon.

Ce fut une catastrophe, Garnier était l'âme de l'expédition. Rien cependant n'était perdu. Deux enseignes de vaisseau se partagent la tâche. M. Bain de la Coquerie prend le commandement militaire, M. Esmez la direction politique. Grâce au dévouement de Dupuis qui joint immédiatement sa petite troupe chinoise à la garnison française, grâce surtout aux conseils et aux services de toutes sortes de Mgr Puginier, la démoralisation du premier jour est surmontée. Les négociations sont reprises avec les envoyés de la cour et aboutissent à une convention honorable sauvegardant nos droits, notre honneur et surtout la sécurité de nos partisans payens et chrétiens qui se croyaient couverts par la parole de Garnier.

Le 2 janvier 1874, les signatures allaient être échangées quand parvint inopinément de Haïphong une dépêche signée « Philastre » ordonnant de suspendre toute négociation et de remettre sans délai ni conditions toutes les citadelles du Delta. Quel était l'auteur de cette incompréhensible intervention et comment se trouvait-il au Tonkin ?

M. Philastre, inspecteur des affaires indigènes et chef de la justice indigène en Cochinchine, très versé dans l'étude de la langue, de la philosophie et des rites annamites était lié d'amitié avec les mandarins de Hué et le roi lui-même. Au moment de l'affaire Dupuis, il s'était rendu à Hué à titre de négociateur officieux. Rentré à Saïgon après la prise de Hanoï, il en repart, sur les instances du roi, mais sans mission officielle, pour accompagner au Tonkin les commissaires annamites. En débarquant, il apprend la mort de Garnier, prend de sa propre autorité la direction des affaires et donne des ordres, payant d'audace.

Avec les cinq cents hommes envoyés de Saïgon, Philastre pouvait, sans coup férir, imposer le traité que méditait l'amiral Dupré, exiger des garanties et compléter glorieusement la mission de Garnier. Nous l'avons vu dès son arrivée, avant même de connaître la situation, prendre sur lui de faire évacuer sans conditions toutes les citadelles du Delta. Il inaugurait là ce que les ouvrages les plus modérés et les plus officiels ont qualifié depuis de « Politique d'abandon ». La honte de cette épithète restera dans l'histoire attachée au nom de Philastre.

L'amiral Dupré, dans l'embarras, donne à Philastre les pouvoirs qu'il n'a pas attendus et met sous ses ordres le lieutenant de vaisseau Balaizeau, commandant les troupes.

Il faudrait pouvoir suivre dans le détail cette lamentable débâcle. Mgr Puginier, M. Esmez tentent d'éclairer et de fléchir Philastre au nom des intérêts et de l'honneur de la France si gravement compromis. Celui-ci les reçoit fort mal. Il écrit que tout va bien depuis la mort de Garnier. Le pays est tranquille maintenant que ce « flibustier », ce « forban » n'est plus là pour y mettre le désordre. L'amiral Dupré est obligé de le rappeler aux convenances ; mais voyant que les choses tournent mal il commence lui-même à désavouer Garnier.

Haï-Duong avait été évacué le 1er janvier. M. Balaizeau transmet l'ordre aux commandants de Ninh-Binh et de Nam-Dinh de rendre les citadelles : « Au premier honnête homme, en s'en faisant donner reçu ». Cependant on égorge et on brûle sur les talons de nos troupes. En quelques jours plus de quatre cents chrétientés sont en cendres, cinq à six mille chrétiens, des centaines de païens soupçonnés d'avoir aidé les Français, tous les mandarins qui avaient consenti à continuer leurs fonctions sont massacrés jusqu'aux portes de Hanoï où sept cents soldats Français assistent, la mort dans l'âme, à ces tueries.

Quelques semaines après, son œuvre étant achevée, Philastre signe avec le régent Nguyen-van-Thuong une convention par laquelle nos troupes et Dupuis abandonnent le Tonkin sans conditions. Il a soin d'y spécifier une amnistie pour tous les indigènes compromis à notre service; un peu tard, il est vrai, car il n'en restait plus.

Tout commentaire amoindrirait l'impression de ce dénouement. La faiblesse, la lâcheté et le manque de bonne foi sont de mauvais procédés de colonisation. Philastre a fait preuve de tout cela au nom de la France. Nous en supportons encore aujourd'hui les conséquences.

Le 17 mars 1874 est signé le deuxième traité de Saïgon. L'Annam nous reconnaît propriétaires des six provinces de Cochinchine (où nous étions définitivement installés depuis dix ans); déclare s'engager à régler sa politique extérieure sur celle de la France; ouvre le fleuve Rouge et quelques ports et nous autorise à envoyer dans trois villes des consuls avec une escorte de cent hommes. La France remet à l'Annam sa dette de vingt millions (1er traité de Saïgon) et fait cadeau au roi de cinq bateaux à vapeur, cent canons et mille fusils.

Il est superflu d'ajouter qu'aucun de ces engagements ne sera tenu par l'Annam. Les procédés de Philastre nous avaient fait perdre le reste de notre prestige et aliéné pour longtemps la confiance des populations du Tonkin. Dès le premier jour le traité fut lettre morte. Le fleuve Rouge pas plus que les ports ne fut ouvert au commerce. Les massacres de chrétiens et les provocations à l'adresse de la France ne tardèrent pas à se multiplier. La situation de nos consuls devint peu à peu intenable. En 1877 et 1879 la cour de Hué renouait, par des ambassades, les liens de vassalité vis-à-vis de la Chine que le traité de 1874 déclarait rompus. Le marquis Tseng, représentant du Céleste Empire en Europe, notifiait en même temps à Paris que la cour de Pékin refusait de reconnaître ce traité.

Nous voici, une fois encore, amenés par la force des choses à intervenir au Tonkin. L'amiral Cloué, ministre de la marine, y consent à condition qu'on ne demandera pas d'argent. « Il est temps, écrit-il à M. le Myre de « Vilers, gouverneur de Cochinchine, de relever le « prestige de l'autorité française amoindri par nos hé- « sitations et nos défaillances et cependant il faut se « garder avant tout de se lancer dans les aventures « d'une conquête militaire, etc. . . . .
« . . . .
« Pour se faire accepter, cette attitude doit s'appuyer « sur une manifestation matérielle qui n'ait nullement « le caractère d'une action militaire, mais qui suffira « cependant à faire comprendre que nous avons les « moyens de faire respecter l'autorité de la France. »

J'ai cité textuellement pour montrer à quoi servent en France les leçons de l'expérience.

Le 26 mai 1882, Henri Rivière part de Saïgon avec deux compagnies d'infanterie de marine, une section d'artillerie, un détachement de tirailleurs annamites et des instructions du gouverneur de Saïgon, lui prescrivant de n'agir que « politiquement, pacifiquement, administrativement ». Il était difficile de pousser plus loin l'optimisme.

À quoi bon reprendre l'histoire de cette seconde expédition? Les mêmes causes amènent les mêmes effets et les mêmes fautes sont suivies des mêmes revers qu'en 1873. Rivière, avec sa poignée d'hommes, est acculé bientôt aux mêmes extrémités que Garnier. Il emporte d'assaut la citadelle de Hanoï et reçoit des félicitations mais pas de renforts. Les Pavillons Noirs reconciliés provisoirement avec les Annamites contre l'ennemi commun descendent sur Hanoï. Rivière est tué le 19 mai au pont de Papier.

La mort de Rivière crée enfin en France un mouvement d'opinion suffisant pour justifier à la Chambre une demande de crédits. Il n'est plus possible d'agir « politiquement, pacifiquement, administrativement ». On envoie, pour régler l'affaire, le triumvirat : Dr Harmand, amiral Courbet, général Bouët. C'est à Hué qu'on va frapper cette fois, avec raison.

Le 19 août la division de l'amiral Courbet mouille en baie de Tourane. Le 21 les forts de Tuàn-An, défendant l'entrée de la rivière de Hué, sont emportés. Le 23, un ultimatum très net signifie à la cour qu'on est décidé à aller jusqu'au bout.

La guerre avec l'Annam est officiellement terminée. M. Harmand signe à Hué les préliminaires de 1883 suivis en 1884 du traité Patenôtre qui régit encore nos rapports avec les Annamites.

Voilà comment nous sommes venus au Tonkin. Chacun est libre de chercher à démêler là dedans une ligne de conduite politique ou commerciale. Beaucoup l'ont essayé sans parvenir à se mettre d'accord.

On a successivement jeté le blâme ou prodigué les éloges, avec une égale injustice, aux hommes politiques mêlés par la force des choses, plus que par leur volonté propre, à cette lointaine et coûteuse aventure. Le principe d'une expansion aussi disproportionnée avec la vitalité apparente du pays est lui-même l'objet de discussions ardentes. Les uns déplorent avec amertume de voir dépenser ainsi sans mesure et sans profit les forces vives dont nous ne saurions être trop ménagers en prévision d'éventualités toujours menaçantes. D'autres cherchent à démontrer la légitimité et la nécessité de semblables entreprises à l'aide de considérations politiques ou sociales un peu subtiles mais qu'il est toujours possible, en fin de compte, de faire cadrer avec les événements. Ils sont dans leur droit.

Pour nous, l'étude des circonstances qui ont amené notre établissement en Extrême-Orient, n'est pas propre à modifier la conviction affirmée au début de ce chapitre. Nous acceptons l'expansion parce que la France est condamnée à l'expansion, elle en a besoin pour vivre, elle y est poussée quelquefois contre son gré mais toujours invinciblement. Son histoire le prouve. Du jour où elle cessera de rayonner moralement sur les peuples neufs, comme autrefois sur les vieilles nations, et d'appuyer avec ses trois couleurs l'expansion catholique, sa fin sera proche. Au lieu de nous laisser traîner en aveugles, et de perdre, en nous raidissant contre un courant plus fort que nos volontés humaines, le profit matériel auquel nous avons droit, ne serait-il pas plus sage de nous faire les complices clairvoyants de la Providence ? C'est une mission lourde à la vérité, mais féconde pour celui qui l'accepte franchement. Bien des peuples nous l'ont enviée depuis des siècles et ne dissimulent pas leur joie de nous la voir mépriser. C'est en effet le seul atout qui nous reste dans la partie si âprement disputée de nos jours où les continents servent d'enjeu. Les Anglais et les Allemands sont de redoutables joueurs qui ne se font pas faute de tricher à l'occasion. Nous avons une belle carte — ne la perdons pas.

Je ne vois, pour ma part, dans la conquête de l'Annam, que l'évolution naturelle, longtemps contrariée, il est vrai, de la puissante conception civilisatrice de l'évêque d'Adran. Il savait qu'une organisation sociale compliquée et impuissante comme celle de l'Extrême-Orient, mise en contact direct avec une civilisation plus haute et plus active doit nécessairement se dissoudre et disparaître à la longue. C'est la loi du progrès dans son sens le plus élevé. Une fois le premier coup de pioche donné dans l'édifice branlant et vermoulu de l'empire d'Annam, il fallait le déblayer jusqu'au sol pour permettre à la civilisation chrétienne d'y jeter des racines profondes. Nous avons accompli cet effort instinctivement, sans en comprendre la portée et sans en avoir prévu les conséquences. Aussi, bien qu'à tout prendre, l'entreprise promette de beaux résultats, comme elle a jusqu'ici coûté fort cher et donné peu de bénéfices matériels, on voit percer chez beaucoup de ceux qui parlent du Tonkin le ton un peu honteux de gens qui ont fait une mauvaise affaire et s'en défendent faiblement.

CHAPITRE II

Les difficultés locales n'expliquent pas au Tonkin nos longs insuccès.
Ils tiennent à une erreur de principe. — Nous voulons exploiter
à l'Anglaise[1] au lieu de civiliser. Résultats. — Nous n'avons su
inspirer confiance ni aux indigènes, ni aux colons, ni aux capitaux.
— Vices administratifs. — Exemples.

Qu'avons-nous fait au Tonkin depuis 1884? Il serait
superflu de chercher à démontrer que nous avons
médiocrement réussi. Les difficultés rencontrées au
début suffisent-elles pour expliquer notre impuissance
à mettre un peu d'ordre au Tonkin pendant tant d'années? Je ne le crois pas. Voici quelques extraits d'une
note politique écrite en 1884 par Msr Puginier[2], vicaire
apostolique du Tonkin occidental, sur la demande des
autorités françaises. Elle résume parfaitement l'état de
la question. « Mais enfin, demandent quelques-uns,
« quels avantages positifs retirera la France de cette
« expédition, pour se dédommager des sacrifices

1. Remarquons, une fois pour toutes, que j'entends parler
ici non pas de l'expansion pacifique de la race anglo-saxonne
mais de l'exploitation par l'Angleterre des pays qu'elle ne peut
songer à peupler. — L'Inde par exemple.

2. Msr Puginier, évêque français de Hanoï, était, au dire
de ceux qui l'ont approché, l'homme qui connaissait le mieux
le Tonkin. On le croira sans peine, car à sa mort, en 1892, il
y comptait 34 ans de séjour et 24 ans d'épiscopat. C'est le
témoin de la première heure, le conseiller des mauvais jours,
trop peu écouté malheureusement. Il a tout vu et tout prévu.
Ses notes et sa correspondance sont d'un intérêt de premier
ordre. Voir: *Vie de Msr Puginier*, par E. Louvet. — Schnei-
der, Hanoï, 1894.

« énormes qu'elle s'impose? La réponse à cette question
« est facile : ce n'est plus le moment de se demander
« pourquoi nous sommes au Tong-King. Il fallait se
« poser cette question avant d'y aller. Maintenant
« qu'on a engagé l'affaire, la dignité du pays exige
« qu'on la règle définitivement. Je ne veux pas exa-
« miner si, en 1873, on a bien fait de venir ici, cet
« examen serait trop long. Je me contenterai de dire
« qu'il y avait de bonnes raisons pour y venir. A
« défaut de la France, une autre nation l'Angleterre,
« l'Allemagne y serait infailliblement venue.

« Les avantages qu'on peut d'ailleurs se promettre
« sont réels et je les crois considérables. Le Tong-King
« est un pays riche dont le territoire est apte à recevoir
« des cultures très variées; si la plaine est favorable à
« la culture du riz, du maïs, de la canne à sucre, les
« plateaux donnent à leur tour des produits non moins
« précieux : différentes essences de bois, laque, faux
« gambier, gommes, camphre, écorces à faire le papier
« de Chine, sans parler des mines d'or, de charbon,
« d'antimoine, dont on a constaté l'existence au Tong-
« King. Ce pays qui est un des plus peuplés du globe,
« fournira suffisamment de bras pour tous les travaux.

« En outre, le Tong-King, par ses fleuves, ouvre à
« la France des voies faciles pour faire pénétrer ses
« produits dans le Laos et dans le sud-ouest de la
« Chine, le Kouang-Si, le Yunnan, le Kouy-Tcheou,
« la moitié du Su-Tchuen et pour retirer de ces
« immenses territoires des produits qui constituent une
« branche de commerce très lucratif, le cuivre, l'étain,
« le zinc, le mercure, etc...

« Je m'aperçois que j'entre un peu dans des questions
« purement commerciales, mais il faut bien en dire

« quelque chose, puisqu'on se préoccupe en France des
« avantages matériels qui pourront compenser les sa-
« crifices qu'on demande au pays pour l'expédition du
« Tong-King.

« Quel est maintenant le meilleur mode à adopter
« pour établir notre influence ici et l'y maintenir? La
« France doit-elle s'annexer ce pays pour en faire une
« colonie française, ou vaut-il mieux y établir un pro-
« tectorat sérieux et effectif? Je n'hésite pas à dire que
« c'est le protectorat qui vaut le mieux. C'est ce que
« j'ai toujours répondu aux représentants de la France
« qui m'ont demandé mon avis. La France gagnera à
« ce régime, le Tong-King aussi. Voici les raisons de
« ma manière de voir: la France éprouvera moins de
« difficultés, elle aura moins de luttes à soutenir, il lui
« faudra par conséquent moins de troupes, elle aura
« moins de dépenses à faire pour réaliser le protectorat.
« En effet, les Tong-Kinois préfèrent, sans aucun
« doute, conserver leur autonomie que de devenir
« Français; ils auront moins de répugnances à accepter
« le protectorat qui les blesse moins dans leurs senti-
« ments nationaux que l'annexion. Les populations,
« voyant leurs vœux respectés, seront moins portées à
« se soulever.; gouvernés par des mandarins de leur
« pays, conservant leurs lois et leurs coutumes, les
« Tong-Kinois seront satisfaits en majorité; les mé-
« contents étant moins nombreux, le pays sera plus
« tranquille et se relèvera plus vite des désastres de la
« guerre, grâce aux relations commerciales qui s'établi-
« ront bientôt sur une grande échelle. Par suite la
« tâche de la France sera bien moins grande, bien
« moins coûteuse et bien moins longue.

« L'annexion, au contraire, blesserait davantage les

« populations; les mécontents en profiteraient pour
« exciter des soulèvements dans le pays; ils trouveraient
« dans la proximité de la Chine, dans la population du
« Tonkin qui est de seize millions, un point d'appui
« pour la révolte. Cela occuperait un nombre considé-
« rable de troupes françaises; nos compatriotes se trou-
« veraient comme perdus au milieu d'un pays ennemi ;
« ils auraient continuellement à se tenir sur leurs
« gardes et à guerroyer. Pour quatre à cinq ans de lutte
« qu'il faudra à l'installation d'un protectorat et au
« rétablissement de la tranquillité au Tongking, il nous
« faudrait au moins dix à quinze ans pour assurer
« l'annexion, et après avoir versé beaucoup de sang,
« fait des sacrifices énormes on ne dominerait que sur
« un peuple ruiné et toujours hostile. On ne transforme
« pas une nation du jour au lendemain.

« Le protectorat a l'immense avantage, sans choquer
« les populations, de les habituer peu à peu aux rela-
« tions avec les Européens et, par une transition lente
« et douce, de les préparer merveilleusement à devenir
« Français de cœur et d'habitudes. Deux choses surtout,
« comme je ne cesse de le dire, sont le meilleur ins-
« trument de la transformation d'un peuple; la reli-
« gion et la langue. Si le gouvernement français
« comprend ses vrais intérêts et qu'il veuille favoriser
« la prédication de l'évangile et l'enseignement de
« notre langue, j'affirme qu'avant vingt ans, sans vio-
« lenter personne, ce pays sera chrétien et français. »

En résumé, nous sommes au Tonkin sans trop savoir
pourquoi et très étonnés d'y être. L'occupation est un
fait définitif sur lequel il n'est plus temps de revenir.
Acceptons-le et essayons d'en tirer parti. Une question

surtout doit être comprise et réglée: celle de nos rapports avec les occupants. La guerre avec la Chine ne
sera qu'un épisode. et l'extinction de la piraterie, même
de la piraterie chinoise des frontières, est intimement
liée à notre politique indigène. Le milieu social auquel
nous aurons à faire ne paraît pas devoir présenter à
notre établissement une résistance insurmontable. Nous
arrivons dans un pays peuplé et riche, fatigué de
troubles et d'insécurité, possédant un outillage complet
de gouvernement, défectueux peut-être mais en état de
fonctionner. Le peuple y est facile à mener, peu guer-
rier, laborieux, sans fanatisme d'aucune sorte et sans
passions vives, bien que très attaché à ses traditions et à
sa nationalité. La question religieuse n'existe pas pour
lui et les innombrables massacres de chrétiens au Tonkin
depuis cinquante ans ont toujours été (comme en Chine,
du reste) ordonnés par l'autorité et menés par la classe
instruite contre les amis de l'étranger, au nom de la
vieille civilisation annamite menacée. La religion de
Bouddha n'a rien à voir dans tout cela; les lettrés s'en
moquent agréablement et les persécutions ont toujours
eu ce caractère de guerre sociale contre l'influence
étrangère.

Remarquons .en passant que notre façon de nous
désintéresser officiellement des cinq cent mille chrétiens du Tonkin et de les « lâcher » en toute occasion,
après avoir fait pendant si longtemps de la protection
des missions la base de nos revendications, nous a
valu une réputation de duplicité très tenace chez les
payens qu'on. pensait gagner ainsi. Pour les Annamites,
depuis cent ans les chrétiens sont les amis des Français;
il leur est impossible de comprendre que les Français
ne soient pas les amis des chrétiens. En 1883, malgré

la diminution qu'avait subi notre prestige après la reculade de 1873 et le discrédit que nous avait valu l'abandon de nos partisans payens et chrétiens compromis avec Garnier, nous étions reçus sans hostilité, bien qu'avec une certaine défiance. La masse du peuple, désirant surtout la tranquillité, attendait passivement les événements.

Le régime politique que nous allons adopter en principe est le seul possible : un protectorat qui ne soit ni une annexion déguisée, ni une suzeraineté dépourvue de sanction et qui tout en dirigeant de très près l'administration, lui laisse sa forme et son personnel responsable[1]. Le point de départ, il est vrai, était défectueux. En soustrayant l'Annam central et la capitale de l'Empire à toute surveillance effective, le traité de 1884 allait singulièrement compliquer les choses.

« Il est permis de dire, écrit très justement M. de « Lanessan[2], que la cour (d'Annam) trouva dans le « traité du 6 juin 1894 non seulement les moyens de « nous résister, mais encore une sorte d'encouragement « à le faire. »

Le compromis séparant le sort des provinces du centre de celui du Tonkin avait été accepté sur l'idée fausse que le Tonkin désirait échapper à la tutelle de Hué et qu'il serait facile, en encourageant ses tendances séparatistes, de le soustraire complètement à l'influence de

---

1. Il ne s'agit bien entendu que des provinces de race annamite, de beaucoup les plus peuplées et les plus importantes ; les seules du reste dont il était possible de s'occuper à ce moment. Cette remarque n'est pas inutile pour éviter l'apparente contradiction entre ce programme et les principes exposés dans la deuxième partie de ce volume, au sujet de la « Politique des races ».

2. *La colonisation française en Indo-Chine, de Lanessan.* Paris, Alcan, 1895.

la cour. Cette solution était mauvaise comme toutes les demi-mesures. Si on voulait séparer le Tonkin de Hué et le gouverner directement, il fallait le faire ouvertement au lieu de proclamer un protectorat avec l'arrière-pensée de le transformer en annexion quand le fruit serait mûr. C'était vouloir jouer au plus fin avec la cour d'Annam et à ce jeu, c'est toujours nous qui perdons. S'il s'agissait, au contraire, d'appliquer loyalement le protectorat, le bon sens voulait qu'on l'étendît à tout l'empire pour avoir dans la main tous les rouages qu'on entendait utiliser. Cette situation fausse du début nous a causé beaucoup d'embarras; ce n'est pourtant qu'un détail et la persistance de nos insuccès tient à des causes plus générales.

Il y a deux façons de coloniser :

1° S'implanter dans un pays de civilisation inférieure dans le but de le transformer d'une façon définitive moralement et matériellement, d'en faire un pays civilisé uni à la métropole non par la force, mais par les liens plus forts et plus durables d'une communauté de langue, de religion, d'intérêts. Faire participer loyalement ce pays aux bienfaits de la vie nationale, de façon à pouvoir lui en faire légitimement partager les charges. C'est l'ancienne école, celle des peuples civilisateurs;

2° S'imposer dans une contrée riche pour y faire fortune, sans autre souci que d'exploiter la terre et ses habitants au mieux des intérêts commerciaux de la métropole. C'est l'école anglaise, celle des peuples exploiteurs.

Par tradition, nous sommes un peuple civilisateur. Au temps où la France pouvait encore avouer des intentions généreuses et une politique coloniale conforme aux instincts de la nation, nous avons poussé aux quatre coins du monde des rejetons plus vigoureux qu'aucun autre peuple, semant ainsi sous le ciel, avec la prodigalité de gens qui n'ont point à ménager le sang des apôtres et des soldats, de nouvelles Frances où notre race, soustraite aux influences qui ont anémié peu à peu les Français de France, a conservé son ancienne vitalité et ses facultés natives. On a pu nous les arracher par la force mais pas une n'a rompu de plein gré les liens qui l'unissaient à la mère patrie et toutes ont protesté contre la violence qui leur était faite en conservant avec une admirable ténacité leur caractère national. Pourquoi donc irions-nous chercher ailleurs des modèles de colonisation et des exemples à suivre?

Malheureusement, quand nous avons été repris, avec presque toutes les nations de la vieille Europe, par ce besoin d'expansion si caractéristique de notre fin de siècle, l'état de nos institutions et une sorte de respect humain nous ont détournés des traditions anciennes. Les résultats matériels obtenus par les Anglais allumaient toutes les convoitises; il fallut se lancer à leur suite dans la voie de l'exploitation coloniale. N'ayant ni les qualités ni les défauts nécessaires pour y réussir, nous avons si complètement échoué qu'il est permis de se demander si la France est encore capable de coloniser.

L'insuccès décourageant de nos expériences tient à des causes profondes, il est vrai, mais nous pourrons, en étudiant les fautes commises, relever des indices rassurants, et conclure que si le mal est grave, il n'est peut-être pas sans remède. Les symptômes les plus caractéristiques et les plus alarmants d'impuissance coloniale sont, en France, l'anémie de la race et la ruine de l'initiative individuelle. C'est une constatation qu'il est malheureusement trop facile de faire et que les étrangers ne manquent jamais de nous jeter à la tête en donnant leur avis sur l'expansion française. Il est délicat de donner une consultation sur cette maladie physique et morale qui nous épuise et je n'ai point la prétention de m'y hasarder. Essayons cependant d'en dire un mot, ne fût-ce que pour montrer quelques-unes de ses conséquences dans nos entreprises de colonisation et pour affirmer la conviction qu'elle n'est pas incurable.

Cet égoïsme qui tue la famille et cette déchéance trop réelle des caractères sont pour une bonne part le résultat de la déformation sociale produite à la longue par le moule trop étroit et trop rigide de nos institutions centralisées à l'excès. L'individu rendu timide par les embûches journalières que lui tendent les innombrables « pouvoirs publics » dont chacun exige l'exécution littérale, immédiate et sans protestation possible de ses exigences propres, use ce qui lui reste d'activité à évoluer au milieu de rouages si compliqués et si brutaux. Le principal souci de son existence est de se mettre en règle avec l'administration et son ambition se borne le plus souvent à faire lui-même un jour partie de cette administration, espérant ainsi vivre à l'abri de ses exigences. Une carrière soigneusement réglementée et garantie par l'État devient l'idéal des parents pour leurs enfants, dont ils limitent soigneusement le nombre afin de les soustraire aux incertitudes et aux dangers d'une lutte pour la vie chaque jour plus âpre.

Le plus sûr remède aux maladies contagieuses est le changement d'air et il suffit, l'expérience l'a maintes fois démontré, pour lui rendre sa vitalité et son relief, de transplanter la race française dans un milieu plus aéré et plus libre. Ce milieu devrait et pourrait être nos colonies nouvelles; mais il ne faudrait pas alors vouloir les couler de force et uniformément dans le moule administratif de la métropole. Ce n'est pas en effet de formalisme administratif et de tutelle politique qu'un pays neuf a besoin pour vivre et progresser, mais d'une large autonomie et d'une véritable liberté économique et commerciale.

On se demande comment une idée, à ce point conforme au sens commun, peut être aussi complètement méconnue en France. Cette aberration n'est à mon sens qu'une conséquence de l'erreur de principe qui domine si malheureusement notre politique coloniale.

D'après l'ancienne école, la colonisation doit être faite d'abord dans l'intérêt du pays colonisé. Il faut travailler sans réticences et sans arrière-pensée à le rendre tranquille et productif, à le civiliser avant de songer à en tirer profit. A ce prix seulement, l'expansion coloniale devient légitime et il est bon de se rappeler parfois que la morale est faite pour tout le monde.

C'est en outre la seule conception qui puisse nous mener à des résultats pratiques et durables. Le bon sens devrait suffire à le prouver.

Une colonie nouvelle ne devient un débouché commercial et une source de profit pour la métropole que lorsqu'elle atteint un développement économique suffisant pour produire et absorber. On ne cueille pas de fruits sur un sauvageon avant de l'avoir greffé et amélioré par la culture.

C'est ce principe-là que nous aurions dû emprunter aux Anglais, à condition d'en proportionner l'application à nos ressources et à nos capacités. Pour bien des

raisons, nous ne sommes pas capables de créer directement comme eux cette transformation matérielle qui
est une des faces de la civilisation. C'est donc seulement par l'intermédiaire des populations indigènes
instruites et cultivées que nous pourrons produire ce
nécessaire progrès.

Il faut reconnaître que telles ne sont pas les idées du
jour. On admet très généralement chez nous que la
colonisation doit au contraire procéder avec circonspection et ne civiliser ses conquêtes que dans la mesure
strictement nécessaire pour en faciliter l'exploitation.
L'instruction des habitants, leur éducation industrielle,
les cultures à encourager, le commerce, les industries
à créer, tout y est calculé pour ne pas porter ombrage
à la métropole. Une colonie nouvelle n'est plus un
champ ouvert à l'activité féconde des habitants dirigés
et instruits et des colons installés à demeure, mais un
fief créé au bénéfice exclusif de la spéculation et du
commerce de l'intérieur. Il est à peine besoin de rappeler combien d'industries susceptibles de prospérer ont
été tuées ou entravées au Tonkin dans le seul but de ne
pas nuire à des industriels de France. N'est-ce pas, du
reste, un document caractéristique de cet état d'esprit
que cette note relevée dans un numéro récent de la
« Revue Française de l'étranger et des colonies », au
sujet de l'école professionnelle que le général Gallieni
venait de créer à Tananarive ?[1] « Cette école peut
« rendre des services à ceux de nos colons qui établi-
« ront des industries à Madagascar ; mais peut-être
« serait-il sage de ne pas développer l'éducation indus-

1. *Revue française de l'étranger et des colonies*, mars
1897, n° 219, p. 185.

« triello des Malgaches qui pourraient bien devenir
« rapidement des concurrents sérieux pour nos com-
« merçants et nos colons. Ce n'est pas pour cela que
« nous avons fait la conquête de Madagascar. »

Cela est dit tout simplement, comme l'expression
d'une vérité courante et partout admise. Si nous avons
sacrifié tant des nôtres et dépensé tant de millions là-
bas, ce n'est pas pour y introduire notre civilisation au
profit de la colonie. Gardons-nous bien d'instruire les
Malgaches, ils pourraient compromettre le véritable
but de l'entreprise qui est d'enrichir les spéculateurs
de la métropole. Supprimons avec ostentation l'esclavage du corps, nous ne pouvons faire moins, mais ne
touchons pas à cet esclavage de l'esprit qu'est l'ignorance, car un peuple éclairé ne se laisserait peut-être
exploiter que malaisément.

Ce sont bien là les préoccupations du colonisateur
anglais qui protège ses missions surtout dans les colonies qui ne sont pas à lui. Elles sont excusables.
Toutes les colonies anglo-saxonnes aspirent à secouer
le joug de la métropole aussi bien au point de vue
économique qu'au point de vue politique. Quelques-
unes y ont réussi par la force, d'autres s'y ache-
minent par des voies détournées. Rien n'est plus
intéressant que de suivre, par exemple, l'éviction progressive des ouvriers, des contremaîtres et enfin des
ingénieurs anglais, déjà presque complète dans les fila-
tures de l'Inde.

Pour nous qui savons coloniser, mais qui ne savons
guère administrer, ce serait folie que de suivre de
pareils errements ; au moment surtout où les Anglais
eux-mêmes commencent à en comprendre le danger.
Notre intérêt, répétons-le bien haut, est de favoriser

largement le progrès social et la prospérité économique
des pays que nous acquérons. Nous devons avant tout
chercher le bien de la colonie et de ses habitants indigènes aussi bien que Français installés à demeure, sans
mesurer parcimonieusement aux uns la civilisation et
aux autres la liberté de s'établir et de commercer au
mieux de leurs intérêts. Toute autre conception n'est
pas seulement odieuse, elle est maladroite. En écartant
de parti pris toute préoccupation civilisatrice, nous
écartons ce qui faisait autrefois et pourrait faire encore
la force et la vitalité de notre expansion.

Mais il fallait à tout prix suivre les Anglais, administrer comme eux, exploiter comme eux. Comme
nous n'avions, dans cette voie nouvelle, ni leurs apti-
tudes, ni leur expérience, ni leurs traditions nationales, nous avons réussi seulement à leur emprunter
le principe mauvais de leur exploitation sans parvenir
dans la pratique à copier leur puissante organisation.

En l'absence de toute base sérieuse pour asseoir son
œuvre, le législateur s'est généralement contenté de
transporter dans nos colonies les cadres administratifs
de la métropole avec leurs procédés et leurs mœurs.
On aurait pu cependant prévoir les déplorables résultats
de cette solution. Vouloir coloniser par l'administration
est une conception dangereuse et fausse ; c'est travailler
en sens contraire des lois de développement des peuples.
Le gouvernement d'un pays doit être la résultante des
facteurs sociaux qui s'y rencontrent : races, religion,
instruction, situation économique. Imposer sans étude
préalable à des pays neufs et très différents entre eux
une organisation identique serait déjà une imprudence.
Mais quand cette organisation est aussi absorbante et
aussi hostile à l'effort individuel que la nôtre, la faute

devient inexcusable. La preuve est faite, du reste, et les résultats sont là.

Sans avoir la prétention de faire ici le procès de nos mœurs coloniales j'en voudrais noter quelques-uns des traits les plus saillants. Reconnaître ses fautes est le commencement de la sagesse.

Le principe fondamental de notre administration est l'impersonnalité. Un fonctionnaire doit être un rouage parfaitement interchangeable, avec un autre rouage de même ordre. Un changement de personne, dans un service bien tenu, se fait sans à-coup, sans frottement, sans arrêt dans la machine. C'est une signature qui en remplace une autre. Notre administration coloniale prétend au même idéal et l'instabilité du personnel y est aussi complète qu'en France. Depuis les gouverneurs généraux jusqu'aux plus humbles employés, tous les fonctionnaires changent avec la même facilité. J'ai voyagé, en arrivant au Tonkin, avec un modeste garde-magasin, métis de la Réunion qui, accompagné de sa femme et de ses deux enfants, passait d'un poste à un autre. Il venait en ligne directe de Nouvelle-Calédonie et se trouvait désigné pour Cao-Bang! Son voyage représentait pour l'État une dépense à peu près équivalente à une année de son traitement. Il est vraiment difficile de croire qu'on ait été forcé, pour administrer le magasin de Cao-Bang, d'aller chercher un titulaire à Nouméa.

J'ai cité ce détail comme caractéristique. Dans l'espèce, il s'agissait seulement d'un supplément de dépenses pour l'État. Mais ce qui prend une autre gravité, c'est le perpétuel changement des fonctionnaires importants, des administrateurs. Les rouages du gouvernement ne sont pas aussi soigneusement ajustés qu'en France, ils s'appliquent mal à un milieu social tout différent de celui pour lequel ils ont été faits et les questions de personne prennent, bon gré, mal gré, une importance dont on ne tient pas assez compte. Un changement de gouverneur au Tonkin trouble profondément la vie politique et commerciale et arrête pendant des mois les progrès de la colonisation. Quand le nouvel arrivant n'est préparé ni par ses connaissances spéciales ni par ses fonctions antérieures à une tâche aussi difficile, fût-il le plus parfait des administrateurs et le plus intelligent des hommes, il lui faut un apprentissage souvent long, pendant lequel il est exposé sans défenses aux compétitions et aux appétits qui assiègent sa bonne foi. Cet apprentissage absorbe les quelques mois qui lui sont généralement accordés, un autre survient et tout est à recommencer.

« Je ne veux blâmer personne, écrivait dès 1886 « Mgr Puginier, ni les hommes du gouvernement ni « les commandants en chef, ni les autorités de tous « genres qui ont eu à agir au Tonkin. Je déteste l'es- « prit critique et suis le premier à excuser les fautes de « l'autorité. On ne peut, en effet, exiger de quelqu'un « qui ne passe que quelques mois, tout au plus un an « ou deux, dans un pays comme celui-ci, dont il ne « connaît pas la langue, vivant dans un milieu tout « européen, on ne peut, dis-je, exiger qu'un homme « dans cette situation ait des idées adéquates sur les « hommes et les choses de la politique orientale. Les « erreurs sont donc inévitables..... »

Il est sage de faire comme Mgr Puginier et de mettre à part toute critique des hommes. On les juge mal à distance et notre but est justement de faire ressortir que le plus souvent ils ne sont pas responsables de l'impuissance et des fautes qu'on leur reproche.

Une entreprise qui se fonde, quels que soient sa forme et son but, a besoin de crédit; crédit moral ou matériel. Il lui faut des croyants qui exposent leurs intérêts sur ses chances de succès. Cela s'appelle la confiance. Pour une entreprise coloniale c'est une question de vie ou de mort. Il lui faut beaucoup de confiance parce qu'elle a besoin de beaucoup de crédit et que les bénéfices sont à longue échéance. Il s'agissait donc en Indo-Chine d'obtenir la confiance des habitants pour rendre le pays sûr et prospère, la confiance des colons et des capitalistes pour le mettre en valeur. Nous parlerons avec un peu plus de détail dans le chapitre suivant de nos rapports avec le peuple annamite, constatons seulement ici que nous avons tout fait pour éloigner le crédit et dégoûter les colons.

Interrogez les hommes d'action qui ont essayé de coloniser au Tonkin avec d'autres préoccupations que celle d'obtenir des subventions, de spéculer sur les concessions ou d'exploiter quelque monopole obtenu par surprise. Tous vous diront que le vrai colon, celui qui ne demande rien à personne, ne peut arriver à percer. Il n'est pas d'entrave que l'administration ne lui rive, pas de tracasserie qu'il n'ait à supporter. On se croirait en France avec cette aggravation que la solution de la plus petite difficulté demande six mois, car tous les fonctionnaires entretenus sur place ne sont que les instruments de l'administration centrale. Toute affaire sérieuse se traite en France et c'est ce qui explique en partie la tendance, signalée déjà, à exploiter les colonies au bénéfice de ceux qui ne s'expatrient pas, ni ne voyagent pas, du capital des industriels métropolitains. On décourage ainsi le petit capital vivant entre les mains du colon de bonne volonté, l'industriel qui s'expatrie, le commerçant qui veut fonder un foyer à côté de son comptoir. Tout ce qui fait, en un mot, la vitalité et prépare la prospérité d'une colonie. Les gros capitaux eux-mêmes qu'on entendait favoriser, ne voyant aucune chance de profit dans une contrée dont la vie économique ne progresse pas, se portent ailleurs.

Comment, du reste, aurions-nous trouvé crédit et confiance dans le grand public alors que l'administration centrale refusait obstinément l'un et l'autre à ses représentants au Tonkin et traitait sa colonie comme un enfant prodigue dont on paye les dettes de mauvaise grâce, quand elles deviennent trop criardes, mais auquel on n'ose confier les moyens et la liberté de s'établir à son compte pour gagner sa vie. Cette tutelle, ce conseil judiciaire permanent imposé à nos possessions nouvelles, est peut-être le plus grand obstacle à leur développement matériel.

J'ai vu le Tonkin gouverné par un homme, très discuté en France, qui avait réussi à relâcher un peu les lisières de la métropole et je puis affirmer que c'est surtout à son indépendance d'esprit et à son manque complet de traditions administratives que M. de Lanessan doit d'avoir obtenu des résultats qu'on ne peut méconnaître. L'exagération de ces tendances au point de vue financier lui a souvent été reprochée. On peut ne pas partager beaucoup de ses idées et ne pas approuver quelques-uns de ses actes. Ce que je veux retenir ici, c'est que par sa seule indépendance administrative il a pu donner une réelle impulsion à la colonisation matérielle comme par la seule application d'idées, discutables peut-être, mais nettes dans sa politique intérieure, il a fait faire de sérieux progrès à la pacification. Nous le verrons même entrer, pour l'organisation des hautes régions, dans une voie nouvelle et féconde qui n'était pas en concordance absolue avec ses idées du début. C'est un gage de bonne foi qu'il est juste de reconnaître[1]. Dois-je ajouter que malheureusement en France l'indépendance réelle est chose rare et qu'un fonctionnaire, comme le gouverneur général de l'Indo-Chine, toujours à la merci d'une campagne de presse ou d'une interpellation, doit-être l'homme de quelqu'un : haute administration ou parti politique qui lui serve de caution en face de l'opinion. Ce qu'il gagne sur l'administration il faut qu'il le perde en s'inféodant davantage à son groupe politique. Il se donne là un maître moins autoritaire et moins gênant, mais généralement aussi moins désintéressé que les bureaux. Nous voici sur les confins de la politique et je ne m'y attarderai pas. Je voudrais seulement enlever à ces réflexions le caractère d'un réquisitoire, fait de « chic » et les étayer sur quelques exemples.

Voici d'abord le trop célèbre chemin de fer de Langson. Il n'est question, bien entendu, que de son exécution matérielle, car je n'ai pas l'intention de pénétrer dans les coulisses financières de l'entreprise.

1. Il n'est question dans tout ceci que du gouverneur général, dont les actes appartiennent au public et qu'il ne faut pas confondre avec l'homme politique. Leurs idées sur quelques points ne paraissent pas toujours être restées, au moins dans la forme, en concordance absolue.

Les voies de communication, surtout les chemins de fer, constituent le premier élément de la mise en valeur commerciale d'un pays. En possession depuis treize ans d'une colonie de douze millions d'habitants nous avons déjà réussi à y construire cent kilomètres de chemin de fer. Mais il faut remarquer pour justifier cette activité inusitée que nous l'avons fait sans le vouloir et que, s'il marche, c'est malgré les règlements. L'histoire en est merveilleuse, il nous faut à peine l'esquisser.

Vers 1888, l'administration militaire, trouvant très onéreux le ravitaillement des troupes dans la région de Langson, demanda au gouverneur général s'il ne serait pas possible d'étudier la pose de rails Decauville de Phu-Lang-Thuong à Langson. Les études faites dans ce but furent un peu sommaires, car le service compétent déclara que rien n'était plus facile et qu'il suffisait de poser les rails sur la route mandarine ; la dépense ne devait pas dépasser 1,300,000 francs. Sur cette assurance, l'autorisation de commencer fut laborieusement obtenue en France et on se mit au travail. Mais un jour, on s'aperçut qu'à vingt kilomètres du point de départ il y avait des montagnes. Je néglige les détails. Après bien des vicissitudes, le tracé fut repris par morceaux, on refit les tronçons qui ne cadraient plus avec les nouveaux plans, on emporta comme on put les autorisations en dissimulant l'importance des travaux, et en mai 1893 on arrivait à Bac-Lé après avoir posé quarante-quatre kilomètres de voie, dont la moitié en terrain plat. Les travaux, après cet effort, étaient du reste interrompus faute d'autorisation, d'argent et de travailleurs.

Le gouverneur général, M. de Lanessan, voyant que le chemin de fer de Langson marchait sur les traces de celui du Soudan et jugeant avec raison qu'il fallait en finir, emprunta de l'argent, se passa d'autorisation et fit fournir en permanence par les corvées cinq à six mille travailleurs. Dix-huit mois après, les cinquante-six kilomètres qui restaient à faire en pays très accidenté, difficile et peu sûr, étaient ouverts. Le chemin de fer marche et fait ses affaires. Il faut avouer que le travail se ressent de la façon dont il a été conduit. On sera forcé, à bref délai, de reprendre toute la ligne pour élargir la voie, car le transit est de beaucoup supérieur à ce qu'on avait prévu. Les études commencées en vingt endroits, un peu au hasard, ont donné de terribles mécomptes et deux tronçons arrivés à dix kilomètres l'un de l'autre présentaient dix-huit à vingt mètres de différence de niveau qu'il a fallu racheter par des pentes assez fortes pour diminuer de beaucoup la capacité commerciale de la ligne. Le matériel est en morceaux avant d'avoir servi, car on avait, avant toute autre chose, acheté fort cher, à titre d'économie, le matériel déjà usé de l'exposition de 1889.

Tel quel, c'est un travail utile et le premier outil commercial de quelque importance que nous ayons créé là-bas. Mais, n'est-ce pas en petit notre histoire habituelle et n'est-il pas intéressant ce petit tramway que l'on commence à poser le long d'une route pour ravitailler les troupes et qui se transforme à travers mille avatars en cent kilomètres de chemin de fer ayant donné sept cent trente-cinq mille mètres cubes de déblais rocheux et terrassements avec cinq cent soixante-deux ouvrages d'art et soixante-dix-huit bâtiments de service. Le tout coûtant dix-huit millions, auxquels il faudra en ajouter quatre ou cinq pour élargir la voie? Encore sommes-nous très heureux d'avoir abouti à quelque chose, le hasard nous a forcé la main. Si une compagnie sérieuse s'était présentée, voilà dix ans, proposant de construire en quatre ans une ligne mieux faite pour douze millions, ses propositions auraient été repoussées haut la main et il n'y aurait rien de fait.

L'histoire de l'hôpital de Hanoï vaut aussi la peine d'être rappelée. Il était urgent de construire un hôpital militaire à Hanoï, tout le monde était d'accord et la dépense décidée. Or, pendant cinq ans, il a été envoyé chaque année au ministre des colonies deux rapports contradictoires sur l'emplacement à choisir : l'un du service des constructions, l'autre du service de santé. Heureusement, en 1891, on eut l'idée de donner au gouverneur général le droit de trancher ce grave conflit. L'hôpital est fait et très beau. Il était à peu près fini, qu'il parvenait encore à Paris des rapports tendant à démontrer qu'on avait eu tort de choisir l'emplacement proposé par les médecins.

Que dire du régime des douanes et des ports ? Constatons-en seulement les conséquences : la stagnation des affaires et l'abandon de nos côtes par le commerce.

J'ai pu, en faisant, au retour du Tonkin, les escales des ports d'Annam, m'assurer que leur décadence est complète. Au début de notre occupation, Tourane, par exemple, était fréquenté par plusieurs lignes locales, chaque semaine un ou deux vapeurs venaient y trafiquer. Aujourd'hui la visite mensuelle d'un petit bateau allemand est plus que suffisante et les courriers des messageries, que le service postal arrête dans cette rade deux fois par mois, n'y prennent rien : Le dépôt de charbon qu'on parle d'y établir depuis quatorze ans pour assurer l'indépendance de nos escadres d'Extrême-Orient est encore à l'état de projet. Le mouvement de Haïphong est insignifiant et celui de Saïgon très faible alors que Hong-Kong et Singapour regorgent de navires.

N'est-ce pas aussi une étrange conception pour favoriser les transactions et attirer le commerce que d'entourer un pays d'une barrière de douanes et d'imposer des droits exorbitants aux navires qui se hasardent à relâcher dans ses ports ? Mais le produit de ces douanes et de ces ports représente malgré tout une somme importante. L'augmentation du trafic et de la richesse du pays ne rachèterait que progressivement ce déficit dans le budget du protectorat. Et comme, pendant leur court séjour dans la colonie, les gouverneurs généraux n'ont pas de préoccupation plus impérieuse que celle de mettre sur pied ce budget, aucun d'eux ne peut, même dans l'espoir d'une augmentation d'activité commerciale considérable mais lointaine, prendre l'initiative d'une mesure qui produirait un déficit immédiat.

En fait de procédés financiers je ne retiendrai qu'un fait, parce qu'il est caractéristique et que j'ai pu en observer de près les suites. L'analogue s'était produit du reste une fois déjà aux environs de 1889, lors de la rentrée en France, si je ne me trompe, de M. Piquet. Celui que je rapporte était donc une récidive.

Dans les premiers jours de 1895, au moment du rappel de M. de Lanessan, le protectorat se trouvait engagé dans une série de grands travaux et devait faire face à des engagements financiers que je n'ai point à examiner ici. Quelques semaines après, M. de Lanessan quittait l'Indo-Chine en même temps que son successeur, M. Rousseau (mort depuis à Hanoï), s'embarquait à Marseille. L'interrègne durait depuis quelques jours à peine, quand subitement parvint à Hanoï un télégramme de Paris contenant l'ordre formel de fermer les caisses publiques et de surseoir à tous les payements jusqu'à l'arrivée du nouveau gouverneur. M. Holter-mann, payeur-général du Tonkin, homme d'initiative et de grand sens, mort quelques mois après, se permit de représenter les conséquences de cette faillite et sous sa responsabilité paya quelques dépenses urgentes. On lui répondit par un blâme officiel et en mettant à sa charge les deux ou trois cents francs de « câblogram-mes » envoyés à ce sujet. M. Rousseau apprenait cette étonnante mesure en débarquant à Saïgon et son pre-mier acte fut d'en réclamer l'abrogation immédiate.

Il n'en est pas moins vrai que cela avait duré plus de trois semaines, pendant lesquelles créanciers et entrepre-neurs du protectorat avaient eu tout le loisir de faire faillite, devant les guichets fermés. J'avais à ce moment le soin de la sécurité et un peu la surveillance de l'entre-prise chargée des travaux considérables qu'on achevait dans la région de Dong-Dang. L'entrepreneur sur un télégramme de son agent à Hanoï y était descendu en toute hâte, ayant justement un compte très fort avec le Trésor. Au retour, en me montrant ses mandats im-payés, il me disait : « Le protectorat me doit plus de cent mille piastres (environ 250,000 francs). Si au lieu d'avoir fait une excellente affaire j'en avais fait une ordinaire ou si seulement la catastrophe était arrivée au moment de mes grosses échéances à payer en France, je n'aurais eu, comme tant d'autres, qu'à mettre la clef sous la porte. » Il ajoutait, tellement la débâcle était forte à Hanoï, qu'il n'aurait pu à ce moment faire escompter en banque, à quelque prix que ce fût, son papier du protectorat. Une pareille fausse manœuvre tue pour longtemps le crédit d'une colonie et il faut moins s'étonner en présence de semblables aléas de voir les prétentions exorbitantes des entrepreneurs qui se risquent à traiter avec le protectorat et des banquiers qui lui prêtent de l'argent. Il faut avouer que ces derniers abusent un peu de la situation. Je n'ai jamais vérifié les traités du protectorat avec ses banquiers et n'ai pas qualité pour les apprécier ; voici cependant une anecdote personnelle qui me paraît instructive.

On devait construire un poste d'une certaine importance à quelques heures de Dong-Dang dans les rochers qui bordent la frontière de Chine. Sur la demande du colonel Gallieni, le gouverneur général avait accordé quatre mille piastres (onze mille francs environ). Il avait été décidé, en outre, que cette petite somme me serait directement remise, mais régularisée comme les dépenses annexes du chemin de fer (c'est-à-dire payée par les banquiers du chemin de fer sur mandat du protectorat). Après avoir construit le poste, sur la parole du gouverneur général, et ressenti l'inquiétude explicable, après le krach raconté plus haut, de voir rejeter la dépense, je reçus finalement le mandat régulier et le fis présenter. C'est alors qu'on m'expliqua poliment que sur un mandat de quatre mille piastres le banquier n'en payait que trois mille trois cents qui me furent effectivement versées. Il est certain que de l'argent prêté moyennant une commission de 18 à 20 pour 100 sans compter l'intérêt normal de 5 à 6 pour 100 qui court sur la somme totale, n'est pas donné. On peut regretter que les opérations de ce genre soient tout à fait entrées dans nos mœurs et qu'elles constituent pour beaucoup de gens le dernier mot de la politique coloniale.

Ai-je trop insisté sur nos misères ? Je n'ai fait que les effleurer, craignant surtout de tomber dans le travers facile de la critique de parti pris. Retenons seulement de tout ceci que c'est une tâche ingrate de faire non pas de grandes choses mais quelque chose dans nos colonies. Il est juste d'encourager sans réserve la bonne volonté de ceux qui essayent, et d'admirer l'énergie de ceux qui réussissent.

CHAPITRE III

Nous avons posé ce principe qu'il faut, en colonisant, avoir comme but immédiat la prospérité du pays colonisé. On n'achète plus de nos jours les habitants avec la maison qu'ils habitent et le champ qu'ils cultivent. Le servage après l'esclavage a disparu de nos mœurs ; c'est même un des clichés les plus généralement utilisés pour démontrer les conquêtes de la civilisation. Il est donc impossible de traiter l'acquisition d'une colonie peuplée et vivante comme l'achat d'une propriété nouvelle ou la constitution d'un fief au bénéfice de la métropole. Le seul but qui légitime une semblable prise de possession est la transformation de cette colonie en un pays civilisé, le bien moral et matériel des habitants. Même en dehors de cette question de droit, du moment qu'il ne peut être question de peupler une colonie, débordante déjà de population, comme le Tonkin, mais seulement de la mettre en valeur, le facteur social prend la première place dans l'œuvre de la colonisation ; car la base nécessaire de tout progrès industriel et commercial est la tranquillité et la prospérité économique. Nos rapports avec les occupants, notre politique indigène devaient donc constituer la première préoccupation de nos administrateurs au Tonkin.

Avons-nous mieux réussi de ce côté que dans nos essais de transformation industrielle et commerciale ? Malheureusement non. Il nous fallait la confiance du peuple annamite et nous n'avons pas su l'obtenir. Dès le début nous avons fait fausse route et voici ce qu'écrivait en 1886, Mgr Puginier à Mgr Freppel, député, dans une note confidentielle retrouvée après sa mort :

« Monseigneur, je vous le dis sans parti pris, sans
« intention de critiquer et sans vouloir faire de person-
« nalités, dans la question du Tonkin, le gouverne-
« ment et ses représentants ont jusqu'ici fait fausse
« route sur toute la ligne et malheureusement on con-
« tinue à suivre la même voie.

.   .   .   .

« Au lieu de gagner la confiance des habitants, on
« l'a vue diminuer, notre influence n'a pas augmenté.
« J'affirme que la France est moins aimée au Tonkin
« et dans tout le royaume d'Annam qu'elle ne l'était
« avant notre expédition. Chez un grand nombre l'es-
« time et l'affection qui se manifestaient extérieure-
« ment ont fait place au mépris et à la haine. Au lieu
« de désirer comme autrefois notre action dans le pays
« on la redoute souverainement et un très grand
« nombre travaillent, les uns sourdement, les autres
« d'une manière ostensible, à la combattre par tous les
« moyens.   .   .   .   .

.   .   .   .

« Il faut nécessairement changer de système tant en
« politique qu'en administration. Je l'ai dit, je l'ai ré-
« pété des centaines de fois, mais je n'ai rencontré
« que préventions, manque de connaissance des

« hommes et des choses. Je suis convaincu qu'il y a là
« un véritable aveuglement des esprits que Dieu per-
« met pour châtier le royaume d'Annam et un peu la
« France qui a perdu ici tant de milliers d'enfants et
« tant de centaines de millions sans obtenir encore au-
« cun résultat définitif. »

Il n'y a point là d'exagération. L'anarchie véritable
et affligeante, sous l'influence de laquelle écrivait
Mgr Puginier, s'est prolongée pendant de longues années et le gouvernement indigène est encore au Tonkin le plus inquiétant des problèmes.

On s'était, en 1884, arrêté avec raison à la forme du
protectorat. Pour les provinces peuplées par la race
annamite, les plus importantes de beaucoup et les
seules qui nous occupaient à ce moment, c'était le
plus sage. Le traité de 1884 vint compliquer les choses
en nous retirant tout contrôle sur la cour de Hué. Il
était possible cependant de tirer parti de la situation
avec de la suite dans les idées et une politique très
stable. Mais là, plus qu'ailleurs, l'instabilité du personnel français devait paralyser tous les efforts.

Dans les affaires d'exploitation industrielle et commerciale, la métropole impose en effet, d'une façon
permanente, ses procédés administratifs et son contrôle.
Si les résultats sont mauvais, cela tient le plus souvent
à ce que ces procédés eux-mêmes sont mauvais ou mal
appropriés aux besoins du pays. En fait de politique
indigène, les règlements sont muets et le gouvernement central est obligé, à contre-cœur il est vrai, d'en
laisser l'initiative à ses représentants dans la colonie.
Il faudrait s'en féliciter si chacun d'eux avait le temps
de se faire une politique et de la suivre. Mais nous
sommes loin de compte.

Après avoir rappelé une tentative faite en 1885 pour revenir sur le malencontreux traité de 1884, M. de Lanessan, dans son ouvrage cité plus haut, résume ainsi nos rapports politiques avec les Annamites :

« A partir de ce jour, chaque résident général ou « gouverneur général en fit à sa guise, piétinant le « traité de 1884 ou en réclamant l'application suivant « le caprice des circonstances ou la direction des idées « régnantes; l'un s'efforçant de conquérir telles ou « telles parties de l'Annam central, l'autre renonçant « aux efforts faits par ses prédecesseurs dans cette di- « rection; l'un promettant tout, l'autre refusant « tout à la cour. Tous d'ailleurs ne montrant guère « aucun respect pour les autorités annamites, ni dans « l'Annam central, ni au Tonkin et laissant chaque « résident chef de province diriger les affaires à sa fan- « taisie. Tout cela sans règle ni méthode ou avec des « méthodes qui changeaient en même temps que les « chefs. Or de 1883 à 1891 il y a eu vingt résidents « généraux ou gouverneurs généraux sans parler de « huit résidents supérieurs du Tonkin et sept résidents « supérieurs de l'Annam. . . . . « . . . . de ces changements succes- « sifs, il ne pouvait sortir qu'une anarchie profonde. »

Le tableau n'est pas trop chargé et la conclusion est exacte. C'est en effet à une anarchie profonde qu'ont abouti pendant des années nos tentatives de gouverne- ment indigène. Cherchons la cause immédiate de cette impuissance.

Il s'agissait en 1884 de régler avant toute autre chose l'application du protectorat et de lui donner sa forme. Le pays possédait un outillage de gouvernement complet et en état de fonctionner. Il semble donc au premier abord qu'il eût suffi d'établir un réseau administratif à larges mailles, superposé au gouvernement existant pour en surveiller et en diriger le fonctionnement. Dans la pratique les choses n'allaient pas aussi simplement. Nos insuccès, nos inconséquences, nos discordes locales elles-mêmes viennent en grande partie de la difficulté d'utiliser le personnel administratif indigène. C'est encore actuellement une cause permanente d'insécurité d'autant plus dangereuse qu'elle est moins avouée.

Les données du problème sont simples, la solution l'est moins. Fallait-il accepter tel quel ce personnel indigène et gouverner par l'intermédiaire des mandarins officiels appartenant à la classe des lettrés ? Devions-nous au contraire chercher à former un nouveau cadre administratif avec des créatures à nous, choisies un peu partout, parmi les hommes qui semblaient dévoués au nouvel ordre de choses ?

Aujourd'hui, la cause est entendue. Les lettrés forment une élite intellectuelle en dehors de laquelle il serait impossible de trouver assez d'hommes instruits pour administrer le pays. Les exclure des charges de l'État serait certainement plus difficile que d'interdire en France les fonctions publiques à tout homme possédant son brevet de bachelier. Le peuple, en outre, tient à ses habitudes, il redoute les changements, et préfère, malgré tous les abus, conserver ses mandarins dont les grades, si laborieusement conquis à la pointe du pinceau, inspirent un respect traditionnel.

Pourquoi donc ne s'en pas reposer entièrement sur eux du soin de l'administration intérieure ? Cela demande explication. Les lettrés et les mandarins (qui ne sont que des lettrés en place) constituent un corps fermé auquel on n'accède que par une longue filière d'examens et de stages. Ils forment une société à part vivant aux dépens du peuple et au-dessus de lui, une aristocratie très nettement séparée du reste de la nation. Le roi n'est que le premier mandarin de son royaume et il s'honore de ce titre. L'établissement définitif de notre civilisation en Annam serait la ruine manifeste de la situation exceptionnelle des mandarins. Ils deviendraient de simples fonctionnaires plus ou moins bien rétribués et le peuple mieux instruit de ses droits leur échapperait peu à peu. Leur résistance permanente et sans merci à nos progrès est donc toute naturelle, c'est la lutte pour la vie.

Je ne veux point ici faire le procès de l'administration annamite. La réputation de rapacité, de cruauté et même d'incapacité qu'on a souvent voulu faire à son personnel est même, à mon sens, exagérée. Je reproche seulement à ce personnel de nous être irrémédiablement hostile. Les mandarins sont généralement des hommes intelligents, sachant bien leur métier et pas plus cruels, dans la pratique habituelle de la vie que ne le comportent les mœurs de leur race, à moins qu'il ne s'agisse de défendre leurs privilèges qu'ils croient menacés par la civilisation française et chrétienne; aucune trahison, aucune cruauté, aucune injustice ne leur coûte dans ce cas. Leurs exactions se limitent souvent à vivre largement sur le pays. C'est chose tolérée, entrée dans les mœurs et du reste nécessaire, car leurs fonctions sont rétribuées d'une façon dérisoire[1]. Ces mœurs donnent lieu cependant à de

1. Remarquons en passant que les mandarins payés par

graves abus. Il en résulte chez les mandarins une vénalité très générale et facilement explicable. Laisser aux fonctionnaires le soin de fixer eux-mêmes le prix de leurs services et une marque de confiance que ne méritent pas toujours ceux d'Extrême-Orient.

On a dit souvent que le recrutement des mandarins par voie de concours ouverts à tous devait constituer une administration démocratique, un personnel très rapproché du peuple et en communauté complète de tendances et d'idées avec lui. Rien n'est plus inexact. Les mandarins sortent du peuple comme un arbre sort de terre, ils ne conservent avec lui que les points de contact nécessaires pour en tirer leur subsistance. Aucune administration n'est plus fermée, plus oligarchique, plus hostile à tous les progrès. Cette sélection très sévère et cette éducation intellectuelle de forme immuable et compliquée, auxquelles sont soumis pendant de longues années les aspirants au mandarinat, font de la classe lettrée le résumé et comme la quintessence de la vieille civilisation annamite. Le mandarinat est la clef de voûte des sociétés d'Extrême-Orient; sa suppression amènerait la désagrégation du corps social dont il forme la charpente. Mais la réciproque est

nous le sont avec la même parcimonie qu'ils l'étaient autrefois par le gouvernement annamite. A titre d'exemple : le Tri-Chau (sous-préfet) de Dong-Dang touchait 24 piastres par mois, alors qu'il lui en fallait 60 ou 80 pour vivre très modestement dans sa situation. Son premier secrétaire, lettré, pourvu d'un grade de mandarinat, recevait 3 ou 4 piastres, alors que nos « boys » étaient payés 8 à 9 piastres, un cuisinier 10 à 14 et qu'un chef de chantier chinois pour la maçonnerie ou la charpente gagnait de 30 à 50 piastres. C'est une véritable prime à l'exploitation de l'indigène et nous arriverons difficilement ainsi à empêcher les mandarins de rançonner le contribuable.

vraie et les progrès de la civilisation occidentale dans les masses ruineraient peu à peu son prestige et menaceraient son existence. Toute tentative de transformation profonde et définitive de la race annamite, quelle que soit sa forme, se trouve donc en fin de compte dirigée contre cette institution. Les mandarins ont saisi dès le premier jour le caractère de cette lutte sociale et ils se défendent.

Autrefois le corps des lettrés n'était que l'ensemble des Annamites pourvus d'un brevet proportionné au nombre d'examens qu'ils avaient pu réussir et attendant leur nomination aux fonctions publiques. La cour d'Annam, qui pas plus aujourd'hui qu'en 1884 n'accepte sans arrière-pensée la tutelle de la France, a su tirer parti de l'hostilité naturelle de toute la classe instruite contre le nouvel ordre de choses. Elle l'a peu à peu transformée en un corps politique homogène et puissant, en y groupant par des examens plus faciles et plus nombreux, quelquefois même au moyen d'une sorte d'enrôlement, tous les représentants de la résistance à l'influence étrangère. Ce corps, devenu de la sorte beaucoup plus nombreux que ne le comportent les besoins de l'administration, renferme une foule de déclassés sans scrupules, aigris par la misère, prêts à toutes les besognes et qu'on tient en haleine en leur promettant des places . . . . . . après le départ des Français.

De tous temps ce personnel a été employé par les mandarins et la cour aux besognes qu'ils ne pouvaient se permettre ouvertement : massacres de chrétiens, représailles contre nos adhérents, rébellion, piraterie même et colportage de fausses nouvelles. Les personnages officiels peuvent ainsi rester dans la coulisse, ce qui leur convient à tous égards, la rébellion ouverte n'étant pas leur fait. Ils travaillent en cachette, traîtreusement et sous les dehors d'une soumission qui va jusqu'à l'obséquiosité. Tout le monde le sait et, chose curieuse, nous y sommes toujours pris.

En présence de cette situation, le plus sage eût été d'accepter franchement, dès le début, la nécessité de conserver les mandarins en place et de se servir d'eux en les surveillant de près et en ne tolérant pas le recrutement officiel des lettrés dans des proportions très supérieures aux besoins du gouvernement. Malheureusement, ceux qui furent aux prises avec les dangers et les trahisons de la première heure, frappés de l'hostilité indéracinable de la haute classe annamite, entreprirent de l'éliminer sans précautions et de créer de toutes pièces une administration nouvelle. La tentative ne fut pas heureuse. Les fonctionnaires improvisés qu'on avait choisis un peu au hasard dans les interprètes, les gradés de troupes indigènes, les notables de village, voire même quelquefois les « boys » qui affectaient de nous être dévoués, se trouvèrent sans plus de moralité que leurs prédécesseurs, incapables en outre et méprisés des habitants. Il fallut y renoncer.

Cet insuccès contribua aux réactions de la suite. On en revint sans précautions et sans réserve à l'administration des mandarins lettrés. Les fonctionnaires indigènes échappèrent bientôt complètement au contrôle des administrateurs français et on vit trop souvent ces derniers devenir le jouet de mandarins retors qu'ils avaient cru gagner par des concessions de toutes sortes. Tout à fait ignorants parfois des choses de l'Annam, où on venait de les transplanter sans direction et sans surveillance, quelques-uns n'hésitaient pas à acheter leur

tranquillité et la paix apparente de leur circonscription
au prix d'une véritable abdication de leur autorité ou
même d'une complicité réelle dans les œuvres de ran-
cune et de haine des mandarins provinciaux. Sous le
gouvernement heureusement intérimaire d'un M. Bon-
nal (avril 1890 à février 1891) la province de My-Duc vit
publier et afficher dans tous ses villages, des proclama-
tions timbrées du cachet de la résidence française ordonnant à tous les indigènes, devenus chrétiens depuis
quinze ans, de retourner au paganisme et faisant défense sous peine de mort de se convertir au christianisme. Ce n'est là heureusement qu'un fait exceptionnel, mais il est caractéristique. N'est-il pas honteux
qu'il ait pu se produire dans une colonie française ?

Dans d'autres provinces, au lieu d'être tout, les mandarins n'étaient rien. Conservés en place et responsables
de leurs fonctions, on leur refusait les moyens de les
remplir. Les résultats étaient aussi mauvais. Mis à
l'écart, humiliés quelquefois et maltraités au mépris des
usages locaux ils employaient l'influence morale, qu'on
n'avait pu leur enlever, à nous créer chaque jour de
nouveaux embarras, quand ils ne se transformaient pas
eux-mêmes en redoutables chefs de rebelles. Cette exagération alternant au gré de chaque résident ou chef de
cercle avec celle que nous avons signalée plus haut, ne
pouvait produire, comme le dit M. de Lanessan, qu'une
anarchie profonde.

Il est curieux de noter que ces divergences de vue
trop fréquentes sur la question de l'administration indigène furent une des causes qui contribuèrent à provoquer si souvent le déplorable antagonisme entre civils
et militaires au Tonkin.

Un « lettré français » publiait en septembre 1895, dans une revue de Saïgon, un article très soigné sur les lettrés annamites. Il y louait la philosophie aimable, le scepticisme un peu moqueur et l'absence de préjugés de ces « Normaliens d'Extrême-Orient », ajoutant que malheureusement les lettrés sont nécessairement méconnus par deux classes d'Européens : « Les missionnaires et les officiers de l'armée », dont le peu de culture intellectuelle et le manque de souplesse d'esprit ne peuvent sympathiser avec l'intellectualité subtile de la haute classe annamite.

Le lettré français a raison de dire que les officiers et les missionnaires n'aiment pas les mandarins, mais il exagère quand il oppose la délicatesse studieuse de ces derniers à la rudesse et au fanatisme des Européens. La vérité est que missionnaires et officiers ont généralement payé les frais de la délicate politique des mandarins et les ont trop souvent pris sur le fait pour conserver des illusions sur leurs dispositions.

Avec la finesse qu'on ne peut leur nier, les Annamites ont eu vite fait de discerner le tort que causait à nos progrès le désaccord trop fréquent entre les autorités civiles et militaires et se sont efforcés d'en tirer parti. Souvent maltraités, il faut l'avouer, surtout au début de notre occupation, par les militaires, les mandarins cherchent généralement à se faire bien venir des fonctionnaires civils, dont beaucoup n'ont pas connu les embûches et les trahisons des premiers temps. Ils y arrivent généralement au prix d'une obséquiosité qui leur est naturelle et des plus invraisemblables flagorneries. Ce premier point obtenu, ils profitent avec une étonnante dextérité de toutes les occasions pour entretenir et aviver les moindres désaccords entre les autorités françaises, souvent même pour les faire naître par de faux rapports ou des bruits habilement répandus, C'est une tactique qui leur a souvent réussi.

En fait, répétons-le, il nous faut pour le moment, en pays annamite, utiliser l'administration indigène telle qu'elle est en lui faisant loyalement la part d'autorité et de responsabilité qui lui revient; mais avec la conviction que c'est un instrument dangereux, exigeant une surveillance très active.

Ce n'est là évidemment qu'une solution provisoire, un « modus vivendi » que nous devons tendre à perfectionner graduellement. Toute action directe ayant pour but de modifier la classe dirigeante déjà formée pour la rapprocher de nous est vouée à l'impuissance. On n'améliore pas une récolte sur pied, on amende le sol et la récolte suivante est meilleure. C'est sur le milieu social qu'il faut agir pour l'amener progressivement à produire une aristocratie intellectuelle moins réfractaire à notre civilisation que celle des lettrés. Le peuple annamite est très malléable, très plastique, il faut le travailler, l'instruire, le civiliser. C'est ce travail social trop négligé jusqu'ici, qui aurait dû cependant absorber la plus grande part de nos travaux et de nos efforts au Tonkin.

Deux choses surtout, dit Mgr Puginier, sont le meilleur instrument de transformation d'un peuple : la religion et la langue. Aucun homme de bon sens et de bonne foi ne peut contredire à ce programme.

Les missions françaises assurent au peuple annamite ces deux bienfaits. C'est l'outil de colonisation par excellence et nous l'avions dans la main. Non seulement nous n'avons pas su en tirer parti, mais en étudiant l'histoire de nos débuts, on est un peu surpris de voir comment la France officielle en a usé avec ses missions du Tonkin. Nos missions catholiques ne demandent cependant pas les subsides et la protection agressive que l'Angleterre accorde si généreusement à ses pasteurs ; elles n'en ont du reste pas besoin et ne réclament que la liberté et un peu de bienveillance. Cette liberté, cette bienveillance et quelquefois la plus simple justice leur ont été mesurées avec une parcimonie incroyable. On peut affirmer que, dans la pratique et sous prétexte de neutralité, les chrétientés indigènes ont été souvent moins bien traitées que les villages païens.

Une conduite si peu conforme à nos traditions et à nos intérêts a été dictée quelquefois par des méfiances d'exportation. Certains administrateurs, épaves des luttes électorales, apportant avec eux les idées étroites de la politique intérieure, ne voyaient dans les missions que des écoles cléricales. Ce parti pris est rare ; le plus souvent, les arrivants n'ont aucune notion du but et de la portée sociale des missions, ils y voient seulement un élément de discorde et une cause de mécontentement pour les mandarins qu'ils tiennent à ne pas indisposer. Le souci, légitime en théorie, mais peu réfléchi dans l'espèce, de laisser son autonomie complète à l'administration indigène, leur fait considérer les différends entre les missions et les petits mandarins locaux aussi bien que les disputes entre païens et chrétiens, comme des affaires sans importance relevant seulement des autorités annamites. Ce désintéressement est injuste. La classe annamite instruite n'a pas de haine plus profonde que celle des chrétiens et des missions qu'elle considère avec raison comme la seule base solide de notre prise de possession définitive. Demander une impartialité même relative aux mandarins dans les affaires de ce genre est une injure au sens commun.

La cause avouée de nos interventions successives en Extrême-Orient a toujours été la protection de nos missionnaires. Laisser égorger par milliers les chrétiens après notre conquête, puis nous en désintéresser officiellement, est une attitude que les indigènes ne peuvent attribuer qu'à la faiblesse ou à la mauvaise foi. Elle nous a fait dans le peuple annamite un tort moral considérable.

Mais ce n'est là qu'un côté de la question, elle doit être envisagée à un point de vue plus large et plus général. Le changement de religion est le premier et le plus important des facteurs de transformation sociale [1].

1. Il n'est pas possible de le contester. Les professionnels de l'athéisme aussi bien que les anarchistes impénitents ne font aucune difficulté pour reconnaître, avec Bakounine et tant d'autres, que « la religiosité » est le premier sentiment qui élève l'homme primitif au-dessus de la brute. Dans les premières phases d'ascension vers le progrès, des races neuves, chaque stade est marqué par une forme caractéristique du sentiment religieux. Un peu plus tard, quand ces tentatives grossières sont remplacées par des religions proprement dites, chacune d'elles peut amener l'homme jusqu'à un certain degré de formation morale et sociale, mais pas plus loin. Si la Chine est restée depuis des milliers d'années dans un état de stagnation sociale presque complète, elle le doit aux rites immuables de son cadre religieux qui lui interdit tout mouvement en avant. Le mahométisme a pu mener les Turcs à la conquête du monde, mais ne leur a pas permis le progrès moral nécessaire pour suivre les nations chrétiennes. Leur société en contact avec une civilisation plus haute aurait disparu depuis longtemps sans le parti pris de ses puissants tuteurs qui seul en arrête la décomposition matérielle et le démembrement. C'est une loi naturelle qu'il n'est pas en notre pouvoir d'éluder. Si nous

Un indigène converti par des missionnaires français est aux trois quarts français, car il a donné à notre civilisation le gage d'attachement le plus profond et le plus sûr qui soit. Il faut amèrement regretter que cette question si claire et si évidente quand on est hors de France, devienne à ce point délicate et compliquée quand on y rentre qu'il soit compromettant pour tout homme en place, d'y faire allusion. Parler des missions officiellement serait risquer de compromettre la tolérance tacite dont elles bénéficient et ce silence obligatoire nous mène à de déplorables inconséquences.

Au Tonkin que nous occupons depuis quatorze ans, la moité du pays (toute la rive gauche du fleuve Rouge) dépend encore des missions espagnoles. C'est une faute politique très grave. L'indigène converti dans ces régions est en effet chrétien mais pas Français. Il y a là un nouveau travail à faire et beaucoup de forces perdues. Quelques-unes de ces chrétientés étrangères n'ont

voulons transformer moralement nos clients et nos protégés : faisons-leur connaître une religion qui comporte un degré supérieur de civilisation.

Quant à la forme de cette religion, nous n'avons pas le choix. Malgré les dénégations intéressées et les tentatives souvent faites pour en détourner l'attention, il existe un fait indiscutable. L'action politique extérieure des puissances qui visent à une expansion considérable, se confond le plus souvent avec une forme spéciale de propagande religieuse. En France, nous ne pouvons pas avoir d'autres missions nationales que les missions catholiques. Les établissements protestants qui pourraient revendiquer ce titre ne trouvent point chez nous les ressources nécessaires pour leur assurer l'indépendance matérielle qui seule pourrait leur donner l'indépendance morale. Il leur faut pour vivre s'inféoder aux sociétés bibliques dont les Anglais commencent à inonder la France et se contenter le plus souvent, dans la pratique, du rôle modeste d'annexes de leurs puissantes protectrices, les missions anglaises.

pas, au début, caché leurs sympathies pour la rébellion. De quel droit leur en faire un crime dans un pays où, venus par la force, nous n'étions pas encore capables de nous protéger nous-mêmes et alors que notre prise de possession avait été le signal d'une persécution sanglante et générale? Pour qui ne connaît pas les misères de notre politique intérieure, il est impossible de comprendre comment la métropole n'a pas dès le début pris cette affaire en main. On pouvait sans expropriation violente racheter les missions espagnoles et les donner avec les moyens de les entretenir à des missionnaires français.

Toutes les missions d'un pays qu'on veut conquérir définitivement doivent être nationales. L'indigène, en changeant de religion, devient nécessairement le client du missionnaire; il ne faut pas que le missionnaire soit le client de l'étranger.

À côté de la religion c'est la langue française qu'il faut répandre dans nos colonies. La question n'est pas aussi simple qu'on serait tenté de le croire. Elle a donné lieu souvent à de graves divergences de vues. On a dit, avec quelque raison, que les écoles de Français deviennent des manufactures de déclassés n'ayant comme débouché que la carrière d'interprète. Il serait donc prudent de n'arracher au travail des champs pour les attirer dans ces écoles qu'un nombre d'indigènes proportionné aux besoins de l'administration et du commerce.

L'objection a de la valeur, aussi n'est-ce point seulement en créant des écoles d'interprètes dans les centres importants que nous répandrons utilement la langue française. Il existe au Tonkin une classe nombreuse de jeunes Annamites, les plus intelligents et les plus laborieux, qui consacrent leur vie à la poursuite des grades de lettrés et plus tard aux fonctions du mandarinat. C'est eux qu'il serait utile d'amener à étudier et à parler le français. Le moyen est facile et peu coûteux. Il suffit de faire des avantages sérieux aux fonctionnaires connaissant le français et de leur donner la préférence sur leurs concurrents, en attendant le moment où il sera possible de rendre progressivement la langue française obligatoire pour toutes les fonctions publiques en commençant par les moindres. Cela vaudrait mieux à mon sens que d'encourager, comme on l'a fait au Tonkin, les études des lettrés dans leur forme ancienne et incompatible avec notre civilisation, en donnant à leurs examens un éclat tout à fait officiel par la présence des hauts fonctionnaires français. Nous avons accepté le cadre de l'administration indigène avec son mode de recrutement ; il n'est pas plus en notre pouvoir de changer brusquement l'esprit des études nécessaires pour y arriver que d'en détourner sans précautions la foule de jeunes gens qui s'y livrent. Obligeons-les seulement pour recueillir le fruit de leur labeur, c'est-à-dire pour avoir des places, à apprendre le français. Sans produire un déclassé de plus, nous aurons des maîtres d'école capables d'enseigner le français dans les villages et une administration avec laquelle les fonctionnaires français pourront enfin s'entendre.

Mais la langue ne suffit pas : après en avoir assuré la diffusion il faudrait songer à doter largement l'Indo-Chine de l'éducation professionnelle, puis des hautes études pratiques. Aucun pays n'est plus propre à profiter de cette éducation. Le peuple remplira les écoles professionnelles et l'industrie locale s'améliorera rapidement. L'enseignement de la médecine, de la pharmacie, de la mécanique, de l'architecture est assuré de la même fortune et les élèves ne manqueront pas. En éclairant l'indigène vous le civiliserez. En donnant aux jeunes gens désireux de percer, le goût des études utiles, il deviendra possible de dériver peu à peu vers un but plus pratique, la somme considérable de travail gaspillé chaque année dans le labeur interminable et sans portée de la préparation aux examens de lettrés. La connaissance des caractères chinois et de la philosophie de Confucius y perdra peut-être, mais vous soustrairez ainsi tous les ans un plus grand nombre de jeunes hommes laborieux et intelligents à cette formation intellectuelle qui les rend irrémédiablement réfractaires à notre civilisation. Le peuple annamite se trouvera de la sorte amené progressivement à produire de lui-même une classe dirigeante, non plus figée dans le formalisme stérile du mandarinat actuel, mais vivante, instruite et susceptible de progrès. Cette transformation n'est pas une utopie et il suffit, pour en escompter les résultats, de voir ce que deviennent les jeunes Annamites envoyés en France pour y faire leur éducation. Quelques années de notre régime scolaire suffisent à faire de ces mandarins en herbe des candidats heureux à nos examens universitaires et à nos grandes écoles.

Voilà où est la solution définitive de la question si délicate aujourd'hui du gouvernement indigène. Amendons la terre, la moisson sera meilleure. Malheureusement nous ne touchons pas au but, car il faut pour l'atteindre du temps, de la patience et de la suite dans les idées.

Avant de passer à l'étude de la pacification dans les hautes régions, il nous faut chercher une conclusion aux notes un peu confuses qui précèdent. Nous avons dit : colonisons pour les colonies, civilisons nos conquêtes. Je n'ignore pas les objections nombreuses et fortes que rencontre cette théorie. La discussion en est difficile. Nous sommes tellement désorientés, nous sentons en nous des symptômes si graves de maladie sociale, nous avons jusqu'ici, dans nos nouvelles tentatives de colonisation, si complètement échoué qu'il est presque impossible, à l'heure actuelle, de trouver un fait acquis, un principe vérifié, pour servir de base à cette discussion. Notre expérience est tout entière négative et s'il est facile de dire : « Nous avons mal agi », il est très hardi d'affirmer : « Voilà ce qu'il faut faire pour réussir. » Essayons cependant.

Nous ne pouvons plus prétendre à faire des colonies de peuplement car nous n'exportons pas d'hommes.

L'exploitation à la mode anglaise nous est également interdite. Elle répugne à notre caractère, nous n'avons pas assez d'hommes disponibles pour la mener à bien. Nous n'y entendons rien.

Nos institutions métropolitaines administratives et commerciales sont plutôt faites pour tuer un pays prospère que pour mettre en valeur un pays neuf.

On ne peut guère compter sur une transformation intérieure de notre corps social suffisante pour changer dans un avenir rapproché les données du problème.

Faut-il alors proclamer avec quelques-uns que nous sommes définitivement impuissants ? Pas encore. Le français mis en liberté retrouve en partie ses qualités de race. Il faut donc poursuivre deux idées : mettre dans nos colonies le Français en liberté et trouver une méthode de colonisation conforme aux facultés de notre race. Je ne vois qu'une solution : colonisons pour les colonies, soustrayons-les, par tous les moyens, aux germes morbides de la métropole, donnons-leur de l'air, décentralisons-les. Cherchons à en faire des pays prospères par eux-mêmes, civilisons-les. Sera-ce là faire œuvre de dupes ? Je ne le crois pas.

Une œuvre bonne en soi, comme le progrès général de la civilisation, ne peut en aucun cas nuire à celui qui l'entreprend. La force n'est pas le droit, même de nos jours, et les nations pas plus que les individus ne peuvent vivre impunément en dehors du droit. Rappelons-nous que c'est « la colonisation morale » qui a de tous temps le mieux réussi en France. La protection des lieux saints et des chrétiens d'Orient a plus fait pour notre prospérité commerciale que toutes nos colonies ensemble.

Les bénéfices ont diminué du jour où nous avons répudié les charges de ce protectorat. Il n'en est pas moins vrai que la « francisation » des Échelles du Levant et des côtes voisines avait suffi pour faire de nous les maîtres de la Méditerranée. Ceci prouve que les idées grandes et généreuses ne sont pas toujours des idées de dupes.

Par ailleurs, vouloir exploiter à l'anglaise les immenses territoires occupés par nous serait en faire la proie immédiate des commerçants allemands et anglais, ce qui serait la pire des duperies.

L'objection la plus sérieuse à la théorie civilisatrice est celle qu'on pourrait appeler « historique ». Nulle part on n'a civilisé les races conquises ; on les a détruites. Deux civilisations étant mises en présence, la plus avancée ne transforme pas l'autre ; elle la supprime.

Il serait trop long de discuter en détail les nombreuses preuves qu'on en fournit. Elles sont de valeurs très différentes.

Laissons de côté d'abord l'extermination voulue et préméditée des races asservies dont le conquérant convoitait la place au soleil. Le fait s'est produit souvent ; il ne vaut pas plus contre nous que l'expropriation d'un essaim d'abeilles par un autre plus fort ou la disparition d'une espèce de fauves, moins bien armée pour le combat que ses farouches voisins.

Arrêtons-nous au contraire au cas le plus général et le plus caractéristique où les races indigènes, mises en contact avec la civilisation européenne, se sont corrompues avec une incroyable rapidité, ont perdu toute vitalité et sont tombées peu à peu dans un tel état de faiblesse et d'abjection que le colonisateur s'est trouvé naturellement amené à les balayer de ses nouveaux domaines par mesure de salubrité publique.

Ainsi définie, l'objection est forte ; mais elle n'est pas sans réplique.

Il est possible, en effet, d'enrayer cette démoralisation que le colonisateur apporte avec lui ; en outre, les exemples généralement invoqués s'appliquent mal au cas qui nous occupe.

Je sais que les races conquises, surtout si leur état social est rudimentaire et leur civilisation très primitive, prennent avec une facilité extrême les vices de leurs conquérants et difficilement leurs qualités. C'est un fait trop souvent constaté et qui frappe l'observateur le moins perspicace. J'ai vu, sur le bord du fleuve Rouge, un lettré annamite faisant jouer le bonneteau avec une dextérité et un « bagou » qui auraient fait honneur à un professionnel de la banlieue

parisienne. Une autre fois, un de mes administrés *thô*
vint se plaindre qu'un cabaretier chinois de Dong-Dang
faisait payer l'absinthe « dix sous — fini sucre », esti-
mant que pour ce prix, il pouvait prétendre à la « purée »
complète. Il serait facile de multiplier ces exemples.

La chose est naturelle. Dans une civilisation vieillie
comme la nôtre, il y a deux parts distinctes. On trouve,
en l'analysant, le fond commun de principes formé peu
à peu par le travail des siècles, le façonnement du cer-
veau, les sédiments déposés dans l'âme par d'innombrables générations chrétiennes. Tout cela se transmet
inconsciemment dans la partie saine de la race et constitue proprement ce que nous appelons « civilisation ».
Mais il faut, pour atteindre cette base solide, traverser
une écume, une couche de vices et de germes morbides,
produit des fermentations sociales.

Ces germes, quand la fermentation devient très active
et que les parties profondes de la civilisation ne se renou-
vellent plus aux sources qui les ont produites, se développent et empoisonnent peu à peu l'organisme. On
comprend combien leur action doit être plus immédiate
et plus funeste sur des sociétés en enfance qui n'ont point
amassé au cours des siècles, pour résister au mal, les
réserves de santé morale et de vitalité que nous avons
encore. C'est la décomposition sans remède.

La démoralisation rapide et complète des races conquises, leur effondrement tient donc à ce fait qu'on les
met en contact d'abord avec les éléments toxiques de
nos sociétés. Il s'agit, en effet, de créer des besoins nouveaux à ces troupeaux humains et de les faire produire
pour payer leur consommation — c'est là le dernier
mot de la civilisation commerciale. On connaît la méthode pratique : flatter leurs mauvais instincts, les

empoisonner d'opium, les abrutir d'alcool puis les écraser, prétextant qu'ils vivent de peu, sous un travail mal rétribué et disproportionné aux forces humaines. Comme contre-poison, comme enseignement, on ne trouve à leur offrir ensuite que des théories abstraites sur la fraternité des peuples, le code Napoléon, des journaux à un sou, quelquefois le suffrage universel.., et tout cela est accompagné trop souvent par une leçon de choses qui en fait ressortir le vide et en souligne l'ironie : l'injustice légale, le mépris du faible.

Ce sont des hommes cependant, et si nous affichons la prétention de les civiliser, il faut leur enseigner la voie que nous avons suivie, les mener aux sources où nous avons puisé. Il faut leur apprendre notre religion et notre langue, diriger leurs efforts vers des études plus utiles et leur faire reconnaître notre supériorité de race non point en exploitant leur faiblesse et en aggravant leurs misères mais en les faisant plus heureux matériellement et moralement. Matériellement, en leur rendant moins dure la lutte pour l'existence ; moralement, en leur donnant la justice pratique.

Du reste, nous l'avons dit, l'objection s'applique mal dans l'espèce. Les exemples sont tirés le plus souvent de races sauvages et de contrées peu peuplées. Or, notre empire indo-chinois compte déjà vingt millions d'habitants et nous ne pouvons songer à supprimer la race annamite.

Mais alors, dira-t-on, si nous lui enseignons sans précautions le secret de notre supériorité, elle en abusera contre nous et rejettera l'élément étranger dès qu'elle n'en aura plus besoin. Servons-nous donc des habitants, dressons-les pour en faire un outillage excellent et gardons-nous de les faire penser.

La réponse est facile : « il n'est plus temps ». Les Annamites ne sont pas des sauvages. Leur civilisation est très différente de la nôtre, mais elle existe. L'instruction primaire dans certaines contrées du Tonkin est aussi développée que dans plusieurs provinces de France. L'instruction secondaire et supérieure y est plus en honneur que partout ailleurs. Nous avons à faire à un peuple qui travaille et qui pense. Nous pouvons en user avec lui de trois façons :

1° Entraver l'instruction d'une façon générale, faire reculer le peuple annamite, le tenir par la force dans l'ignorance, tarir le recrutement des hommes instruits. C'est un peu ce qu'ont fait pendant tant d'années les Anglais aux Indes. Nous ne le voulons pas et nous ne le pouvons pas. Le peuple annamite est plus instruit dans sa masse que ne l'était le peuple hindou. Nous ne pourrions fournir un cadre suffisant pour remplacer partout l'indigène instruit. Ce serait d'ailleurs une solution provisoire : bon gré, mal gré, les peuples avancent. Les Anglais commencent à s'en apercevoir ;

2° Maintenir la culture intellectuelle dans sa forme ancienne, l'y encourager et vouer ainsi le peuple annamite à l'impuissance pratique. C'est la méthode suivie jusqu'ici. Nous avons vu que cela nous mène à prolonger une situation dangereuse pour notre sécurité. C'est perpétuer un état d'hostilité redoutable et arrêter tout progrès matériel. L'état social qui repose sur le mandarinat ne comporte qu'une prospérité agricole très relative à l'exclusion de tout développement industriel ou commercial ;

3° Instruire les Annamites en leur donnant le goût des études pratiques. Introduire peu à peu notre langue et notre religion nationales. Répandre sans arrière-pensée notre civilisation dans le peuple. Il en résultera : la sécurité, la suppression graduelle des difficultés de politique intérieure, le progrès économique et industriel du pays. La nationalité annamite résidant surtout dans la classe lettrée, perdra peu à peu son relief et les tentatives séparatistes deviendront moins à craindre.

C'est alors qu'il faudra penser aux Anglais, méditer leurs procédés administratifs et commerciaux, délivrer nos colonies de la tutelle qui décourage les bonnes volontés et de la routine qui tue les initiatives. Nos colons, nos commerçants et nos industriels trouveront, sans qu'il soit nécessaire de les y pousser, les moyens de s'établir et de prospérer dans un pays riche, tranquille, presque français qui, s'il rapporte peu à la spéculation, arrivera au moins dans la suite à ne plus rien demander au budget de la mère-patrie.

Qu'il me soit permis, en terminant cette première partie, d'affirmer encore et de préciser l'idée dominante que j'en voudrais voir se détacher.

J'ai cherché à démontrer que nous avons eu tort de suivre les Anglais dans la forme de leur exploitation coloniale. Je crois que ce fétichisme irréfléchi, cette « anglomanie » nous a fait un tort grave. Il a contribué pour une bonne part à faire dévier nos efforts et à les rendre stériles. Mais à côté de leur férocité dans l'exploitation, de leur mépris pour les races conquises, de leur égoïsme cauteleux, les Anglais ont une qualité qui suffit à expliquer l'extraordinaire fortune de leurs entreprises et à retarder le règlement du compte que leur demanderont un jour les millions d'hommes asservis et ruinés pour l'enrichissement de la métropole.

L'absence de tout mobile généreux et désintéressé est racheté chez eux par le respect profond de l'individu (quand il est citoyen anglais), l'amour et l'habitude de la liberté pratique. Voilà ce qu'il faut leur envier ; c'est le secret de leur force et le ressort de leur puissance.

Chaque nation a ses plaies. Nous avons les nôtres, graves et profondes. Si nous avons à cœur de les cicatriser, il ne faut pas nous contenter d'admirer passivement ce bienfait de la liberté et du respect de l'individu, comme un fruit exotique et précieux incapable de s'acclimater sur notre terre de France. Chacun de nous doit s'habituer à en faire le but direct de ses efforts et à le considérer comme le terme d'une évolution sociale désormais nécessaire. Notre vitalité économique et morale fera le reste.

CHAPITRE IV

L'organisation des hautes régions dans ses rapports avec la pacification générale. — Politique des races. — Situation dans la région
de Langson en fin 1893.

Obligés, comme nous l'avons vu, de conserver dans
le Delta un *statu quo* plus dangereux et plus instable
que quelques-uns n'ont voulu le reconnaître, c'est une
très heureuse et féconde idée d'avoir entrepris de soustraire aussi complètement que possible les hautes régions à l'influence annamite, de nous attacher plus
étroitement leurs habitants et de nous préparer ainsi
des alliés sûrs, aussi bien contre la piraterie extérieure
que contre les troubles toujours possibles des basses
provinces. L'occupation, militaire complète et l'organisation, dans ce but, des immenses territoires vagues qui
forment comme une ceinture aux riches plaines du
Delta, devaient avoir pour résultat immédiat d'isoler
ces dernières des frontières chinoises. C'était un coup
mortel porté à la 'grande piraterie en même temps que
le plus sûr moyen d'enlever aux mandarins mécontents
du Tonkin, sinon la volonté, au moins les moyens de
nuire en les privant de leurs auxiliaires habituels, les
pirates chinois.

L'application régulière de ces vues amènera certainement dans un avenir rapproché, si une nouvelle saute

de vent ne vient pas tout remettre en question, une pacification complète et durable du Tonkin. Les résultats obtenus en 1894-1895 ont été assez rapides et brillants pour rendre l'expérience concluante. Ces principes, du reste, et les procédés de gouvernement qu'ils comportent ne sont pas nouveaux. Ils se sont dégagés peu à peu des leçons de l'expérience. Depuis bien des années, les officiers qui occupaient les régions frontières avaient réclamé une à une et essayé, dans la limite de leur indépendance et de leurs ressources, la plupart des réformes dont nous allons voir l'application. Mais c'est au colonel Gallieni que revient l'honneur de les avoir fait accepter après en avoir arrêté les lignes définitives et d'en avoir assuré le succès avec une netteté pratique dans les vues, une largeur dans les idées et une énergie dans l'exécution devant lesquelles il faut s'incliner.

M. de Lanessan, d'abord hésitant, ne s'était décidé à entrer dans cette voie que devant les troubles de plus en plus graves qui dévastaient les hautes régions. Mais il serait injuste de ne pas reconnaître que, du jour où il fut convaincu de la nécessité d'aller jusqu'au bout, il ne ménagea au colonel Gallieni ni la confiance, ni les moyens d'action dont il avait besoin ; sortant résolument parfois des ornières tracées pour aller droit au but, au prix même des dissentiments les plus graves avec ses conseillers naturels, les chefs des services du protectorat.

Sur plusieurs points, cependant, l'entente n'était pas complète au début et il fallut user de diplomatie. M. de Lanessan était un partisan convaincu des mandarins annamites. Dès son arrivée, apportant à ce sujet des idées très arrêtées, il leur avait rendu officiellement une situation stable, un rang honorable et la part d'autorité que comportaient leurs fonctions. On ne peut nier qu'une grande détente et une pacification extérieure presque complète dans les basses régions furent le résultat de cette ligne de conduite régulièrement observée pendant plus de trois ans. De là à déclarer que le rapprochement est définitif et que nos bons procédés nous ont fait des amis sincères de tous les mandarins, il n'y avait qu'un pas. On le fit un peu prématurément, car la sourde hostilité du vieux parti national nous ménage encore pour l'avenir bien des mécomptes.

En tous cas, à ce moment, il eût été peu politique de présenter comme but principal des réformes considérables qu'on réclamait, une assurance à prendre contre un danger qu'il était à l'ordre du jour d'ignorer. On parla donc surtout de l'extinction de la piraterie chinoise et de la nécessité de donner aux frontières une très solide organisation militaire. C'était, en effet, le plus pressé. Le rappel des mandarins annamites qui administraient les provinces habitées par les Muongs, démandé plus tard, ne fut accordé qu'à regret et un peu pour faire honneur à l'engagement pris de laisser carte blanche à l'autorité militaire[1]. C'était cependant le point capital et la première application officielle d'un principe de gouvernement colonial qui a fait ses preuves depuis.

[1]. Cette mesure figurait, il est vrai, depuis deux ans déjà, dans le programme du gouverneur général. (Circulaire du 3 séptembre 1891).

Mais, à cause des difficultés d'exécution et surtout de l'hostilité déclarée des hauts mandarins annamites qu'on ne voulait pas mécontenter, elle était demeurée, jusque-là, lettre morte.

A ce moment encore (fin 1893), sa réalisation immédiate et totale était jugée peu opportune, sinon par le gouverneur général lui-même, au moins par l'administration supérieure française.

Tout pays, s'il est riche, peuplé et d'une certaine étendue, mais de civilisation encore incomplète (comme l'Indo-Chine ou Madagascar) manque de cohésion politique. On y trouve toujours une race conquérante, plus intelligente, plus forte ou simplement plus prolifique, en train d'exploiter les peuplades aborigènes et de se substituer à elles, en les refoulant progressivement dans les parties les moins riches et les moins accessibles du pays.

Au Tonkin, les Annamites venus par mer, ayant le nombre et une organisation sociale beaucoup plus avancée, exploitaient depuis des siècles les races primitives après les avoir expropriées des plaines riches.

Un nouveau conquérant de civilisation supérieure, se présentant dans ces conditions, a nécessairement comme adversaires irréconciliables ceux qui exploitaient le pays à leur profit, avant son arrivée. Son intérêt est évidemment de soustraire toutes les races de sang différent à cette autorité exercée de force et acceptée à contre-cœur. Il en tire un double avantage : diminuer d'autant les ressources et l'influence de son seul adversaire sérieux et se faire bien venir des peuplades exploitées, en leur donnant spontanément le bien qu'elles prisent le plus, la liberté pour chacun d'être administré par des hommes de sa race.

On est en droit de s'étonner qu'une conception si claire en théorie et si féconde dans la pratique soit encore discutée tous les jours à propos de Madagascar. La qualité de ses adversaires habituels permet, il est vrai, de leur prêter d'autres préoccupations que celle de la vérité. Mais leur argumentation est parfois spécieuse et la question mérite qu'on y insiste.

En prenant possession d'un pays tel que nous l'avons

caractérisé, composé de populations diverses mais possédant une race dirigeante et un outillage gouvernemental, ayant une vie politique, il semble que le plus simple, après avoir vaincu cette race, soit de s'entendre avec elle et de prendre la suite de ses affaires en la conservant comme intermédiaire. Il y a, dans cette façon de procéder, économie de temps, d'hommes et de travail.

Partant de ce principe, nous avons voulu au Tonkin superposer notre autorité à l'ordre existant sans y rien changer, dans l'intention de laisser au gouvernement annamite la charge de l'administration dont nous entendions seulement réclamer les bénéfices. Les résultats ont été naturellement médiocres.

Après avoir occupé par la force les domaines d'un propriétaire, sous prétexte qu'ils sont mal administrés et que ses fermiers s'en plaignent, il serait hasardeux déjà de le conserver comme régisseur et il ne viendrait à personne l'idée d'en faire son homme de confiance. C'est cependant ce que nous avons tenté au Tonkin. Si les mandarins annamites ont accepté ce rôle ce n'est pas sans arrière-pensée. Ils y trouvent la possibilité de nous faire du tort tout en soignant leur fortune personnelle. C'est tout profit. N'ayant plus aucun intérêt à ménager le travailleur, ils ne reculent devant aucun moyen pour l'exploiter, quitte à rejeter ensuite l'odieux de leurs exactions sur l'autorité française. Dans les provinces surtout, où les Annamites administraient en notre nom des populations de race différente, ces exactions ne connaissaient plus de mesure.

La seule ligne politique raisonnable en pareil cas est non pas de se superposer, mais de se substituer à la race dominante, aux exploiteurs précédents, pour toutes les affaires de gouvernement. La nouvelle autorité doit tendre à devenir le seul lien entre les groupes ethniques de l'ancienne agglomération politique et ne permettre en dehors d'elle aucun groupement général. En plus des avantages matériels qu'il retirera de cette conduite, le colonisateur chrétien y trouvera un bénéfice d'ordre supérieur. La suppression d'un intermédiaire le rapprochera des populations et lui permettra de leur assurer, dans une plus large mesure, un bienfait qui suffirait à lui seul pour légitimer toutes les conquêtes et les rendre définitives. Ce bienfait, il faut l'avouer, est rarement accordé aux vaincus ; c'est la justice.

Nous avons vu qu'en présence de la densité de population et du sentiment national très développé dans le bas Tonkin, la forme du protectorat s'est imposée tout d'abord à notre occupation et qu'il s'en est suivi l'obligation de conserver en place le personnel annamite. Il est inutile de revenir sur les tâtonnements, les fautes et les déboires que nous a valu l'emploi d'un instrument aussi défectueux. Les circonstances nous l'ont mis de force dans la main ; il faut donc s'en servir ; mais la prudence exige que son fonctionnement soit surveillé avec soin et strictement limité à son rayon d'action obligatoire.

Essayons de montrer comment les populations des hautes régions pouvaient sans peine lui être soustraites et quels avantages nous avons tirés de cette réforme[1].

---

1. Le retard apporté à la publication de ce volume permet de constater quels résultats ont donné jusqu'ici ces principes et les procédés d'application qui vont être exposés plus loin.

Depuis leur mise en pratique, les hautes régions du IIe territoire n'ont pas cessé de jouir d'une tranquillité complète et les quelques troubles, dont les journaux nous apportent encore parfois l'écho, ont toujours lieu en terre annamite et du fait de malfaiteurs annamites. Il en sera ainsi tant que les hautes

A la fin de 1895, le colonel Gallieni, commandant le deuxième territoire militaire, voulant établir le bilan de vingt mois de travaux consacrés à la pacification et au relèvement de régions qu'il avait trouvées dévastées par la piraterie et en partie dépeuplées, demanda aux commandants de secteur un relevé des résultats acquis et un exposé des moyens propres à les rendre définitifs. Il estimait à bon droit que cet examen pouvait seul mettre dans leur jour les principes directeurs de son œuvre et donner pour la suite les éléments d'une ligne de conduite raisonnable.

Je viens d'écrire le mot « secteur », en voici la définition. Une des innovations les plus fécondes du colonel Gallieni fut la création, sous ce nom, de commandements territoriaux peu étendus et exactement délimités, où le commandement militaire et l'administration politique réunis dans une seule main, permettaient d'appliquer très largement ces deux principes fondamentaux de toute entreprise sérieuse: l'initiative et la responsabilité. La division des cercles importants en petits gouvernements de ce genre devint la base de l'organisation nouvelle des territoires militaires. C'est l'installation et le fonctionnement de l'un d'entre eux que nous allons étudier.

Les notes qui suivent sont extraites en grande partie du mémoire établi à cette époque pour le secteur de Dong-Dang, dans le cercle de Langson. Les indications topographiques et les quelques détails de métier qui à dessein y ont été conservés, offrent par eux-mêmes peu d'intérêt; mais voulant éviter à ce travail le reproche,

régions resteront protégées contre la piraterie chinoise et soustraites à l'influence des Annamites (mars 1898).

si généralement mérité, d'être de seconde main et de généraliser trop facilement des observations locales, il m'a semblé intéressant de lui laisser ce poinçon d'authenticité qui en précise le sens et en limite la portée. J'ajouterai que la plupart des procédés d'administration qui y sont exposés sont devenus depuis tout à fait officiels, sous le gouvernement de M. Rousseau. Le secteur de Dong-Dang s'étant trouvé, par suite de sa situation particulière et de l'intérêt que présentait sa pacification, en avance sur les circonscriptions voisines, le mémoire qui en traite a servi de type pour l'organisation de plusieurs autres.

En octobre 1893 et depuis longtemps déjà, on vivait d'expédients dans les hautes régions. L'attention du gouverneur général en avait été détournée par des embarras économiques et politiques de toutes sortes. M. de Lanessan qui avait toujours espéré voir la pacification s'étendre naturellement de l'intérieur vers les frontières, désirait avant tout s'assurer le bénéfice d'une situation nette dans le Delta. En attendant, il se refusait à voir autre chose, dans les graves avertissements qui se succédaient, que des actes de brigandage sans portée et il acceptait difficilement l'expression d'une opinion différente. Son optimisme dans l'espèce était compliqué d'un peu de parti pris et sous prétexte d'appliquer toutes les ressources disponibles à la mise en valeur des provinces basses, qui seules, en effet, se prêtent actuellement à une exploitation productive, on avait, de propos délibéré, réduit l'occupation des territoires montagneux à une surveillance tout à fait insuffisante. La consigne était : pas de renforts, pas d'argent, pas d'histoires.....

Le calcul était mauvais ; il fallut le reconnaître. Sur ce sujet, du reste, les idées de M. de Lanessan se modifièrent par la suite et il semblait, à la fin de son séjour, en communauté de vues complète avec le colonel Gallieni.

Les demi-mesures avaient fait leur temps, la situation s'aggravait tous les jours et, à la fin de 1893, le pays n'était plus tenable.

Dans le seul secteur de Dong-Dang, aux portes de Langson, où nous allons désormais fixer notre attention, du 24 septembre au 27 octobre, nous avions à enregistrer : un gros convoi pillé et six ou huit hommes tués à 1,500 mètres du poste principal, une escorte de six tirailleurs tonkinois massacrée quelques jours après sur un autre chemin, un officier (le lieutenant Langroguet, de l'infanterie de marine) tué en installant un blockaus, sans parler des courriers assassinés, des villages brûlés, des habitants enlevés...

Une forte colonne conduite par le colonel Servière, refoulait, vers la fin d'octobre, les grosses bandes installées à demeure dans les cirques calcaires de la frontière chinoise à quelques heures de Dong-Dang. La situation, en novembre, n'en était pas moins inquiétante.

Sur la frontière, un pays dévasté, des cantons entiers abandonnés, les chemins assez peu sûrs pour rendre très aléatoire le ravitaillement des postes. De petites escortes, des courriers, des habitants journellement attaqués et massacrés.

Dans l'intérieur, à part certains villages possédant quelques fusils et en état de se faire respecter, les habitants ruinés, inquiets et sans confiance sont constamment pris entre les exigences des pirates qui les exploi-

tent sans pitié et les représailles des Français, incapables
de les protéger, qui leur font un crime de payer tribut
aux pirates.

Comme occupation militaire : une trentaine d'hommes
à Dong-Dang ne pouvant suffire aux escortes et quelques
détachements indigènes, répartis dans trois ou quatre
blockaus de bois et de torchis, isolés, sans liaison, à
peine en sûreté et vivant au jour le jour.

C'est dans ces conditions que M. de Lanessan, reconnaissant la nécessité d'agir, se décida à tenter l'essai en
grand des réformes appliquées déjà avec succès dans le
premier territoire militaire (Sept-Pagodes, Moncaï) par
le colonel Gallieni. Il l'appela au commandement du
deuxième territoire, lui donna des hommes, de l'argent
et la liberté d'agir. Les résultats ne devaient pas se faire
attendre. Nous avons essayé tout à l'heure de définir le
but et l'idée générale de cette réorganisation des hautes
régions dans ses rapports avec la pacification générale,
il nous reste à en suivre le détail dans les limites que
nous nous sommes imposées.

La tâche entreprise pouvait se résumer ainsi :

Nettoyer le pays des grosses bandes de pirates ; protéger efficacement les habitants contre leur retour ; les
armer contre le brigandage ; leur inspirer confiance, les
surveiller effectivement et se les attacher, en améliorant
leur vie.

Nous allons en étudier le développement dans les
chapitres suivants où nous examinerons successivement
l'organisation militaire, l'organisation politique, la
situation économique et l'avenir possible d'un élément
de territoire militaire pendant sa période de transformation et de définitive pacification.

CHAPITRE V

La pacification des hautes régions du Tonkin, occupées par la grande piraterie, exige une opération préliminaire, exclusivement réservée à l'action militaire. La forme de cette action vient d'être étudiée d'une façon claire et complète par le commandant Chabrol[1], plus à même que tout autre d'en parler en connaissance de cause. Nous n'aurions rien à ajouter aux conclusions qu'il formule. L'historique de chacune des colonnes chargées de combattre les grosses bandes dans le voisinage de Dong-Dang demanderait, par ailleurs, des développements qui sortiraient de notre cadre. Contentons-nous de quelques principes.

Les colonnes militaires ne peuvent avoir la prétention de détruire les bandes pirates. Alors même qu'elles le pourraient, le résultat ne serait pas en proportion avec l'effort nécessaire car le personnel qui alimente ces bandes est illimité. On a trop souvent, cependant, poursuivi ce résultat, sans succès du reste. C'est une

1. *Opérations militaires au Tonkin*. Commandant breveté Chabrol. Paris, Lavauzelle, 1897.

erreur qui nous a coûté cher. L'action militaire proprement dite a pour but de dissocier les rassemblements organisés, de les chasser de leurs repaires et d'en poursuivre les débris pour les empêcher de se ressouder. On les met ainsi à la merci de la police faite par les habitants armés et convenablement soutenus qui les détruisent en détail ou les forcent à quitter le pays. En présence de vastes territoires, occupés par des bandes puissantes qu'il n'a pas été possible d'isoler, le rôle des opérations militaires peut se trouver réduit à « un coup de balai » qui nettoie le pays dans des limites fixées d'avance. Cet effort est alors immédiatement suivi par l'établissement d'une ligne de postes provisoires destinée à endiguer le territoire laissé à la piraterie et à permettre le repeuplement et l'organisation du terrain reconquis. Dès que les circonstances permettent une nouvelle poussée, la barrière de postes est reportée aux limites de la nouvelle zone balayée. C'est par ce procédé lent mais sûr que nous avons entrepris de refouler peu à peu les restes de la grande piraterie vers le nord des territoires de Ha-Yang et de Bao-Lac.

Dans les contrées limitrophes de la Chine, dès que la reprise de possession du sol par la force, atteint la frontière, il faut y installer non pas un barrage provisoire mais une ligne de postes fixes, assez forte pour constituer un obstacle définitif aux mouvements des bandes. Mais ce dispositif de défense, quelque solide et serré qu'on le suppose, ne suffirait jamais à doter la frontière d'une imperméabilité suffisante pour résister à la pression de l'inépuisable réservoir de pirates qu'est la Chine et empêcher l'infiltration des éléments de brigandage. Son rôle est donc seulement d'arrêter les bandes déjà formées et de forcer les petits groupes qu'il

ne peut arrêter, à pénétrer sous une forme assez disso-
ciée et assez peu dense pour n'être pas en mesure de
résister par la force à une police indigène solidement
organisée en arrière. Ainsi constituée et soutenue par
la population armée, cette organisation présente de
sérieuses garanties de sécurité. Une bande même assez
forte qui aurait réussi à forcer le passage ne pourrait
subsister dans l'intérieur. Il lui faut, en effet, pour
vivre et se dérober aux poursuites, la complicité des
habitants et, pour exercer son industrie, sa libre communication avec la Chine. Le jour où nous serons par-
venus à rendre les entreprises de la piraterie assez hasar-
deuses et ses bénéfices assez incertains pour dégoûter
les bailleurs de fonds qui commanditent les bandes,
nous serons tranquilles dans le Haut-Tonkin.

Nous prendrons ici l'organisation du tronçon de frontière dépendant de Dong-Dang, au moment où l'effort
militaire proprement dit vient de disperser et de refouler les rassemblements pirates établis à demeure.

Après la colonne du Po-Mou conduite en octobre
1893 par le colonel Servière, le voisinage immédiat de
Dong-Dang se trouvait débarrassé de ces rassemblements. Quelques groupes avaient gagné au sud-ouest
les rochers du Caï-Kinh, que les colonnes de décembre
1893-janvier 1894 devaient nettoyer ; d'autres, plus
nombreux remontant la frontière vers le nord, étaient
allés se reformer dans un canton voisin, le Han-Lu,
d'où ils continuaient à désoler les rives du Song-Ky-
Kong jusqu'en mars 1894. A cette époque, une nouvelle
colonne conduite par le lieutenant-colonel Chapelet,
purgera ces parages et y laissera les détachements chargés
d'occuper définitivement la frontière.

Cependant, les cirques calcaires des Lung-Qué, entre Na-Han et Léo-Kao (au nord de Dong-Dang), étaient encore infestés par les débris des anciennes bandes qui, après avoir trouvé un abri momentané en Chine, rentraient au Tonkin et y signalaient journellement leur présence par quelque tentative de pillage. En décembre 1893, deux convois escortés sont attaqués la même semaine et en plein jour à quelques kilomètres de Dong-Dang. En janvier 1894, un gros village entre Dong-Dang et Langson est l'objet d'un attaque de nuit. Les habitants armés, accourus au nombre d'une centaine et soutenus par un détachement de la garnison, reconduisent les assaillants en Chine en leur infligeant quelques pertes. Au commencement de février des maraudeurs viennent même, à la faveur des fêtes du « Têt », tirer des coups de fusil jusque sur le village de Dong-Dang.

Il serait sans intérêt de rappeler tous les menus faits de brigandage qui marquent les derniers efforts de la piraterie dans les quatre premiers mois de 1894. Incapables bientôt de tenir la campagne, les quelques groupes armés, encore sur pied, n'opèreront plus que dans le voisinage immédiat de la frontière ; séjournant en Chine d'où ils ne sortent que pour tenter quelques coups de main et y rentrant en hâte dès que leur présence est éventée. Ce sont désormais les progrès d'une occupation militaire plus complète, le repeuplement des cantons de la frontière, l'armement des villages et une surveillance très active qui vont amener leur diminution progressive puis leur disparition complète.

C'est après la colonne de mars 1894, balayant la frontière depuis Dong-Dang et Na-Han, jusqu'au delà du Song-Ky-Kong à hauteur de Dong-Ké, que l'occupation militaire du secteur de Dong-Dang prend sa forme définitive. Avant d'aborder cette organisation militaire quelques données sur la physionomie du pays sont indispensables.

Le secteur de Dong-Dang est, au nord-est et sur un développement d'une trentaine de kilomètres, limité par la Chine. La ligne frontière depuis la porte d'Aï-Ro, au nord du poste de Bao-Lam, court d'abord N.-E.-S.-O., à travers une région de grands mamelons herbeux, jusqu'à la porte de Nam-Quan ($3^{km},700$ de Dong-Dang). Elle s'infléchit ensuite E.-O. en abordant un massif rocheux, vient toucher la route de Dong-Dang à Na-Cham et Cao-Bang (à 1,500 mètres de Dong-Dang) pour remonter ensuite dans une direction générale S.-N. jusqu'au Song-Ky-Kong (poste de Bi-Nhi). Le territoire chinois forme ainsi, en face de Dong-Dang, un saillant très prononcé que la configuration du sol n'explique pas. Ce tracé peu naturel a dû être accepté pour laisser à la Chine la porte de Nam-Quan et les innombrables fortifications qui barrent la route de Langson à Long-Tchéou (route impériale de Hué à Pékin), la plus connue et actuellement la plus fréquentée des communications par terre entre le Tonkin et la Chine.

De Bao-Lam à Nam-Quan la zone traversée est couverte de grands mamelons enchevêtrés, déboisés, tapissés de « brousse » et à peu près inhabités. En dehors de la cuvette assez fertile de Bao-Lam, les rares cultures qui s'y cachent au fond d'étroits vallons font vivre seulement quelques hameaux clairsemés. A partir de la porte de Nam-Quan, la frontière chemine péniblement à travers un véritable chaos de rochers calcaires en partie boisés. Malgré l'âpreté de ce massif, d'assez nombreux cirques cultivables y pourraient recevoir une population moins rare et moins misérable peut-être que celle des grands mamelons.

Les reliefs du sol, collines de terre ou cimes rocheuses, protégés contre les agents d'érosion par une végétation très active, ont conservé le plus souvent des profils fortement dessinés : pentes raides, escarpements, pointes aiguës. Il en résulte que toutes les régions montagneuses du haut Tonkin présentent d'une façon exceptionnellement accusée la physionomie caractéristique des terrains à charpente de calcaire dur. L'altitude habituelle de ces reliefs ne dépasse guère deux à trois cents mètres ; quelques-uns d'entre eux cependant peuvent atteindre cinq à six cents mètres. De l'autre côté de la frontière, le pays est le même : des traînées de rochers calcaires souvent boisés, puis, à perte de vue, le moutonnement des grands mamelons broussailleux qui ont fait donner à la partie sud de la province du Quang-Si le nom de région des Cent-Mille-Monts. Les sommets dans le voisinage de Nam-Quan se hérissent de forts et d'ouvrages chinois peu redoutables de près mais bien placés pour frapper l'imagination des habitants. Malgré l'état généralement déplorable de ces constructions et leur armement insignifiant elles n'en formeraient pas moins, le cas échéant, un obstacle avec lequel il faudrait compter. C'est contre la deuxième ligne de ces fortifications, que le soir de la prise de la porte de Nam-Quan et à la veille de la retraite de Langson, vint en 1885 se briser l'effort des colonnes françaises.

Dans toute cette contrée, la population indigène est de même origine que celle du haut Tonkin et parle la même langue. Les Chinois l'occupent comme les Annamites occupaient Langson et Cao-Bang, pour gou-

verner et exploiter. Mais les mesures prises dans le but
de protéger les frontières de l'empire l'ont transformée
en une sorte de confin militaire dont la physionomie
est assez spéciale pour qu'il soit utile d'en dire quelques
mots.

On parle souvent de « réguliers » chinois pour dé-
signer les soldats qui tiennent garnison dans ces
parages. Le mot est inexact ; ce sont des mercenaires ne
comptant pas dans l'armée régulière, recrutés et entretenus à l'« entreprise » par les mandarins responsables
de la sécurité des frontières. Des renseignements très
complets sur l'organisation de cette milice figurent
dans l'ouvrage publié en 1895 par le commandant
Famin[1], il est inutile d'y revenir. Ces mercenaires, gens
sans aveu et sans ressources, venus d'un peu partout et
quelquefois de très loin, ne sont habituellement employés et payés que d'une façon intermittente. Après
leur service, ils s'établissent souvent sur place et forment des villages militaires dans le voisinage des forts.
Leurs mandarins les y encouragent et se constituent de
la sorte une grosse réserve d'hommes disponibles qui
leur permet en temps ordinaire de réduire leurs effectifs
et de faire des économies. Cette réserve, il est vrai,
servait surtout au recrutement des bandes et la piraterie
du Tonkin trouvait sa meilleure clientèle dans cette
population d'aventuriers. La prospérité de leur trafic
avait attiré sur les marchés voisins une foule de commerçants louches, vendeurs d'opium et acheteurs de
femmes, qui ne relevaient pas le niveau moral du milieu.

____

1. *Au Tonkin et sur la frontière du Kwang-Si.* Commandant P. Famin. Paris, Challamel, 1895.

La crainte des incidents de frontière et la pauvreté de notre occupation avaient jusque-là tenu nos postes à distance respectueuse de la Chine. Il s'était ainsi formé une zone inoccupée où pirates et soldats chinois fraternisaient en sécurité et faisaient leurs affaires. Les postes chinois qui jalonnaient la frontière servaient surtout à couvrir la retraite des pirates, quand par aventure une colonne les serrait de trop près. Du reste, la misère endémique dans ces agglomérations militaires, trop considérables pour une contrée pauvre qui ne peut pas les nourrir et la façon par trop sommaire de payer la solde même aux soldats en activité, faisaient à tout ce monde une nécessité de voler pour vivre. Nous verrons que l'embauchage et l'emploi régulier à Dong-Dang de six à huit cents coolies chinois pendant plusieurs mois, en donnant aux pirates sans travail et aux soldats sans place, le moyen de vivre honnêtement, diminua dans des proportions considérables le brigandage local et nous donna le répit nécessaire pour réorganiser le pays.

Les mandarins eux-mêmes ne négligeaient pas à l'occasion les profits que leur assurait une bienveillance avouée pour les pirates. Ils trouvaient commode de laisser leurs soldats en congé rentrer ainsi dans leurs arriérés de solde et donnaient aux chefs de bande toutes facilités pour leurs opérations au Tonkin moyennant l'engagement de ne point exercer leur profession en territoire chinois. Cette entente, quelquefois tout à fait explicite, fut la cause principale de l'émigration presque générale des habitants tonkinois de la zone frontière. Certains villages, pour trouver une tranquillité relative, n'avaient eu qu'à se déplacer de quelques centaines de mètres. Dès que leurs cabanes en paillottes étaient reconstruites de l'autre côté de la borne, ils jouissaient de l'immunité assurée aux villages chinois; à la condition, bien entendu, de payer tribut au mandarin local qui voyait d'un très bon œil ce supplément de revenus et ne négligeait aucun moyen pour peupler de la sorte son gouvernement. Aussi l'exemple avait-il été suivi et les populations désertaient en masse nos cantons les plus maltraités pour aller vivre en Chine.

Pour tenir tête à un aussi dangereux voisinage, nous avions au Tonkin quelques postes installés sans plan d'ensemble et à mesure des besoins, pour la protection des voies de communication ou des rares villages encore habités. Ces postes, toujours placés assez loin de la frontière, avec leurs garnisons insuffisantes, leurs communications difficiles, leur autorité nulle sur les habitants, sans lien entre eux et sans surveillance, rendaient peu de services. Le plus souvent constitués par quelques cases en paillotes entourées d'une palissade de bambous, ils étaient toujours à la merci d'un coup de main ou d'un incendie. Les garnisons mal ravitaillées et à peine à l'abri y souffraient beaucoup. Enfin, l'aspect misérable de ces établissements que leur isolement et quelque vieux pavillon déteint, flottant au sommet d'une perche de bambou, distinguaient seuls des pauvres hameaux de la montagne, permettait aux Chinois de répandre périodiquement le bruit vraisemblable de notre prochain départ.

Avant de fixer la forme définitive d'une occupation plus efficace et plus honorable de la frontière chinoise, il fallait connaître le pays. Le commandant du territoire fit procéder à cette étude par les commandants des secteurs en formation et leur prescrivit de lui soumettre

sans retard leurs propositions. Il me semble intéressant
de citer ici textuellement le rapport qui lui fut adressé
en février 1894 pour le secteur de Dong-Dang. Ce document permettra de saisir sur le vif le plan qu'on se
proposait de suivre, et les idées du moment :

« Mon colonel, vous avez bien voulu me demander
« un rapport au sujet des travaux à exécuter dans la
« circonscription de mon poste et sur le mode d'occu-
« pation qu'il conviendrait d'y adopter. Je viens d'étu-
« dier le tronçon de frontière qui me regarde. De cette
« étude, non encore terminée dans tous ses détails,
« résulte le projet d'ensemble que j'ai l'honneur de
« vous soumettre ci-après.

« Avant d'aborder la question du placement des
« ouvrages sur le terrain, il importe de préciser les
« bases du travail, tant au point de vue des effectifs à
« prévoir que de la forme définitive à donner à notre
« occupation.

« Le but proposé est la constitution d'une sorte de
« zone militaire solidement appuyée sur des garnisons
« européennes et suffisamment surveillée pour que le
« séjour et le passage de toute bande un peu nombreuse
« y soient rendus impossibles. Une partie de cette mis-
« sion, surtout la répression du brigandage, incombe
« aux habitants armés et installés dans un petit nombre
« de villages fortifiés, construits à proximité de nos
« postes. Mais il nous faut avant tout organiser une
« surveillance directe et protéger efficacement les indi-
« gènes.

« Il est difficile de saisir l'idée d'ensemble qui a
« présidé jusqu'ici au choix des points occupés. On est
« frappé surtout, dans l'organisation actuelle, du
« manque de lien entre les postes et de la passivité de

GRANDMAISON 6

« notre occupation. Ce sont là, je crois, les causes
« principales de l'inutilité relative des efforts très réels
« mais intermittents et insuffisamment coordonnés,
« faits jusqu'ici. Ces postes et blockaus indépendants,
« semés un peu au hasard, tout en immobilisant d'assez
« gros effectifs, sont nécessairement frappés d'impuis-
« sance. Chacun d'eux est censé répondre aux nécessités
« d'un séjour et d'un ravitaillement réguliers, d'une
« défense propre sérieuse et d'une surveillance directe
« étendue. L'impossibilité de sacrifier l'une ou l'autre
« de ces conditions dans l'établissement d'un poste
« isolé, fait que le plus souvent ils ne répondent com-
« plètement à aucune. La plupart des chefs de poste
« pensent beaucoup à leur sécurité, un peu à leur ravi-
« taillement et pas du tout à la surveillance des environs.
« C'est donc l'ordre et surtout la vie qu'il faut essayer
« d'introduire dans cette organisation morte.

« Le plan proposé comporte trois sortes de postes :

« 1° Les garnisons ou postes principaux avec cir-
« conscription territoriale (centres de secteur) ;

« 2° Les postes ou blockaus annexes ;

« 3° Les postes de garde ou petits blockaus.

« Ainsi le poste principal de Dong Dang, comprenant
« comme circonscription territoriale le chau de Van
« Uyen, comporterait trois postes ou blockaus annexes :
« Bao-Lam, Ta-Laï et un ouvrage dans le massif du
« Po-Mou. Chacun de ses ouvrages, plus ou moins
« vaste suivant l'importance de son rayon d'action ou
« mieux du réseau de chemins dont il doit assurer la
« surveillance, serait installé dans des conditions de
« sécurité lui donnant une résistance propre suffisante
« pour laisser à la plus grande partie de sa garnison la
« liberté de sortir en tout temps. Sa position devrait

« lui assurer, en même temps que des facilités de ravi-
« taillement suffisantes, des vues et un commandement
« permettant l'usage d'un hotschkiss ou même d'une
« pièce de montagne.

. « Chacun de ces postes annexes serait complété, sui-
« vant les besoins, par des postes de surveillance ou
« blockaus de garde et un réseau de bons sentiers per-
« mettant l'accès facile non seulement des blockaus de
« garde, mais de tous les points à surveiller.

« Chacun des petits blockaus de garde aurait une
« garnison permanente mais relevée tous les jours.
« Cette obligation de la relève quotidienne ou au moins
« très fréquente, assurerait une unité complète d'ac-
« tion dans le rayon du poste annexe, permettrait de
« réduire à une réserve fixe insignifiante le ravitaille-
« ment des postes de garde et surtout donnerait, par
« la circulation incessante qu'elle exige, la vie qui
« manque à notre occupation actuelle.

« La construction et l'emplacement de ces petits
« blockaus différeraient complètement des conditions
« d'installation des blockaus isolés à garnison auto-
« nome. Une simple tour crénelée de quelques mètres
« carrés, solidement fermée, avec une toiture incom-
« bustible serait très suffisante. Ces tours seraient
« placées sur les chemins mêmes et aux points de pas-
« sage obligés, sans préoccupation de leur donner un
« commandement ou une vue très étendue.

« La surveillance serait complétée par des postes de
« partisans aux abords des villages.

« Tel est l'ensemble de ce dispositif qui n'exigerait
« pas un effectif considérable. On pourrait adopter,
« comme base de calcul, vingt hommes de garnison au
« poste annexe pour chaque poste de garde (trois relèves

« de six hommes) avec une réserve de dix ou quinze
« hommes.

« En appliquant ces données au secteur de Dong-
« Dang, on arriverait aux conclusions suivantes : etc...

« . . . .

« En présence des travaux et des effectifs demandés
« pour une bande de terrain relativement assez étroite
« et représentant une trentaine de kilomètres de fron-
« tière, il faut remarquer qu'il s'agit d'une prise de
« possession définitive de la frontière, que ce tronçon
« présente une importance et des difficultés spéciales,
« qu'enfin le plan proposé se prête très bien à la réduc-
« tion progressive des effectifs par l'abandon successif,
« aux partisans, des postes de surveillance.

« Avant de vous soumettre un projet comprenant
« l'ordre d'urgence des travaux à exécuter, je désirerais,
« mon colonel, avoir votre approbation en ce qui con-
« cerne les bases du travail et l'économie générale de
« l'organisation.

« Cette économie peut se résumer ainsi :

« *Postes principaux* avec garnison européenne, cir-
« conscription territoriale et commandement effectif
« sur tous les postes compris dans la circonscription.

« *Postes ou blockaus annexes.* Ouvrage sérieux à
« garnison indigène relativement forte, avec cadres
« européens.

« *Postes de surveillance ou petits blockaus,* dé-
« pendant directement des postes annexes et alimentés
« par leur garnison ; à relève quotidienne ou très fré-
« quente.

« *Réseau de sentiers* militaires autour de chaque
« poste annexe.

« Les avantages sont : 1° La création non pas d'une

« ligne mais d'une zone assez profonde de surveil-
« lance ;

« 2° L'ordre assuré par le classement en catégories
« fixes, de tous les postes et leur subordination rela-
« tive qui assure en même temps la transmission régu-
« lière des renseignements et l'unité d'action ;

« 3° Le remplacement d'une occupation passive par
« une surveillance vivante, quelles que soient par ail-
« leurs la valeur et l'énergie des chefs de poste. »

Comme on le voit, ce projet insiste sur la nécessité
de coordonner, avant toute autre chose, l'action des
troupes et de fixer exactement leur subordination.

Cette préoccupation était en concordance absolue
avec les idées du colonel Gallieni qui, dès le début,
remit entre les mains des commandants de secteur
toutes les ressources de leur circonscription. Il put
ainsi leur imposer, dans les limites de cette circonscription, toutes les charges du commandement militaire et la responsabilité de la sécurité du pays.

Ainsi fixé sur ses droits et ses devoirs, chacun se mit
à l'œuvre. Il serait sans intérêt de détailler ici les
opérations et les travaux de chaque jour, poursuivis
depuis cette époque, pour arriver peu à peu à reconquérir la frontière, à s'y installer et à faire entrer dans
le domaine de la pratique les principes résumés dans
le rapport que nous avons cité. Une esquisse de l'organisation telle que nous la trouvons en fin 1895 sera suffisante.

A la bifurcation des routes de Langson à Cao-Bang
et de Langson à Long-Tchéou (4 kilomètres de la
porte de Chine de Nam-Quan), se trouve le gros village
de Dong-Dang, marché important et siège de l'admi-

nistration indigène du chau (sous-préfecture) de Van-Uyen. C'est le centre du secteur, le poste principal. Les cases de torchis, couvertes en paillottes, qui depuis des années servaient d'habitation à sa petite garnison, ont été remplacées par de magnifiques casernements achevés en mai 1895. Ils sont occupés par une compagnie de la légion et une cinquantaine de soldats indigènes qui forment une solide réserve toujours sur pied et toujours disponible dans la main du commandant du secteur.

A quatre kilomètres de Dong-Dang, au point où la grande route de Chine entre au Tonkin, un blockaus honorable, solidement construit en maçonnerie, comportant l'usage d'un hotschkiss et une garnison de trente indigènes commandés par un sergent européen, surveille et protège le mouvement, actif déjà et destiné à le devenir davantage, de cette voie importante.

Au nord-est, la région des grands mamelons est surveillée, à la corne de la frontière et en face des ouvrages chinois d'Aï-Ro et de Cao-Gap, par le poste de Bao-Lam. Ce poste sert de liaison avec le secteur voisin (Banh-Danh), protège le centre habité de Bao-Lam et tient le chemin assez fréquenté qui entre en Chine à la porte d'Aï-Ro. Le parcours relativement facile de cette partie de la frontière a permis de s'en tenir comme poste fixe, à celui de Bao-Lam, dont la reconstruction en briques se poursuivait en fin 1895 pour trente indigènes et un sous-officier européen. Ce détachement a dû, malgré tout, pendant plusieurs mois, occuper comme poste de garde avec six ou huit hommes fréquemment relevés, le petit blockaus en pisé de Coc-Tong. Le sentier qui y passe entre Nam-Quan et Bao-Lam était souvent emprunté par les petits groupes de pillards en quête d'un coup à faire ou même par les convois des bandes de l'intérieur qui envoyaient leur butin sur les marchés chinois voisins de Nam-Quan. Dans la suite les habitants armés de Coc-Long relevèrent les tirailleurs de Bao-Lam.

Au nord-ouest, l'organisation du massif rocheux et la surveillance de ses nombreux couloirs présentait des difficultés spéciales. Il fallait à tout prix assurer la sécurité si longtemps incertaine, de la route de Cao-Bang qui longe la frontière à courte distance en suivant le pied de falaises rocheuses couvertes de bois et faites à souhait pour les embuscades. Les attaques de convois et de détachements y étaient d'autant plus faciles et fructueuses que tous les mouvements de troupes et d'approvisionnements destinés aux garnisons échelonnées depuis Dong-Dang jusqu'au delà de Cao-Bang doivent l'emprunter. De fait il existe au Tonkin peu de passages où les embuscades et les pillages aient été aussi fréquents que sur ce tronçon de route.

Un poste annexe important commandé par un officier sert de centre à l'occupation. Placé près du village de Na-Han, il porte le nom du lieutenant Langrognet tué là d'une balle dans la tête, le 26 octobre 1893, en installant un blockaus provisoire au milieu des repaires que les pirates, refoulés vers le nord, allaient abandonner définitivement. Le poste Langrognet, solidement reconstruit en maçonnerie dans le courant de 1895, peut recevoir une garnison de 60 à 70 indigènes avec un officier et deux sous-officiers européens. Quatre postes de garde lui servent d'avancées. Chacun d'eux est occupé par un détachement de six à quinze hommes, dont l'officier de Na-han règle la force et fixe la relève, d'après les instructions du commandant du secteur.

1° Le blockaus de Son-Tu sur un chemin venant de Chine et servant de liaison avec le secteur de Na-cham au nord (en pisé couvert en tôle, construit en 1894) ;

2° Le blockaus de Bo-Sa au sud, sur un chemin fréquenté qui échappait à la surveillance de Na-Han (construit en maçonnerie en 1894) ;

3° Le blockaus du Po-Mou, destiné à disparaître et conservé provisoirement contre le brigandage ;

4° Le blockaus de Pac-Luong sur la grand'route, à moitié chemin entre Dong-Dang et Na-cham. En présence du transit important et de la circulation active qu'il faut protéger contre le brigandage toujours possible, il a été reconstruit en 1894 et reste occupé d'une façon permanente.

La préoccupation de tenir la frontière et de protéger la route entre le groupe de Na-Han et Dong-Dang a décidé la création du blockaus de Leo-Kao, établi sur un rocher de la frontière et commandant un réseau de mauvais sentiers trop connus des pirates. Ce petit ouvrage, construit en maçonnerie, au prix de grands efforts, sur une pointe rocheuse difficilement accessible, est vu de très loin en Chine et prend à revers tous les vieux ouvrages de Nam-Quan ; aussi son effet moral fut-il considérable sur les Chinois qui tentèrent, dans leur mauvaise humeur, de faire arrêter les travaux en chicanant sur le tracé de la frontière. Il remplace un poste provisoire établi sur la route, à Ta-Laï, pendant la période de pacification et dépend directement de Dong-Dang.

En dehors des chemins créés pour assurer l'accès direct de tous ces blockaus, il fallut construire et par endroits, tailler dans le roc un chemin de ronde longeant la frontière par Ky-Da, Leo-Kao, Bo-Sa, Na-Han et Son-Tu. La surveillance active de cette nouvelle voie eut une influence immédiate et décisive sur la tranquillité de l'intérieur. Les routes et les chemins sont le premier et le véritable élément de pacification d'un pays. Pour être efficace, une occupation doit être vivante et les postes ne doivent être que les points d'appui d'une circulation incessante. Le chemin de Léo-Kao et Na-Han, pour ne citer que cet exemple, fut tous les jours et pendant plusieurs mois, battu par une ou deux patrouilles obligatoires, indépendamment des reconnaissances, escortes et mouvements de troupe qui s'en servaient journellement.

Cette reprise de possession de la frontière n'alla pas sans quelques froissements de la part des autorités chinoises. Certaines habitudes, celle par exemple qu'avaient les soldats chinois de circuler au Tonkin comme chez eux et d'y marauder à leur aise, furent difficiles à déraciner. Il fallut y mettre beaucoup de formes, beaucoup de patience et beaucoup de fermeté. Le succès ne s'achète qu'à ce prix et la brutalité ou la hâte sont, avec les orientaux, d'aussi mauvais procédés que la faiblesse. Nous voyant décidés à aller jusqu'au bout de notre droit, les mandarins de la frontière se plièrent cependant sans trop de difficultés au nouvel ordre de choses. Ils nous prêtèrent même parfois dans la suite un secours qui ne fut pas inutile. L'un deux surtout fit preuve d'une bonne volonté assez rare chez ses pareils.

Le nom du maréchal ou général Sou, commandant en chef les troupes de la frontière dans le Quang-Si, a été souvent prononcé, et ses rapports avec les autorités françaises sont diversement appréciés. Il est intéressant d'en dire un mot. On a souvent voulu, surtout dans certains milieux au Tonkin, que ses services et son influence eussent été fort exagérés. Ses entrevues officielles avec M. de Lanessan et M. Rousseau, ainsi que les relations très suivies qu'entretenait avec lui le colonel Gallieni, après le colonel Servière, furent même parfois blâmées avec aigreur.

Un fait existe cependant, qu'il est impossible de méconnaître. Toute la partie de la frontière dont il avait la garde fut rapidement pacifiée. Le mouvement des bandes pirates y devint bientôt à peu près nul. Nous n'avions eu depuis de longs mois aucun incident sérieux à y relever, alors que sur les frontières du Quang-Tong et du Yunnan la piraterie s'exerçait encore ouvertement sous l'œil bienveillant et avec la complicité des mandarins.

On pourrait citer nombre de faits précis dénotant chez le commandant des troupes du Quang-Si le désir d'arriver à ramener la tranquillité et à établir de bons rapports entre les deux pays. La meilleure preuve qu'il donne de ce bon vouloir est de se prêter volontiers aux explications directes et de les provoquer au besoin. Cela est tout à fait exceptionnel chez un Chinois de son rang et les mandarins importants sont généralement introuvables. On ne voit jamais que des comparses qui se dérobent à toute discussion, faute de pouvoirs. Il est impossible de s'entendre dans ces conditions. Sou se montre, cause volontiers et recherche les occasions de traiter les affaires directement. Il affecte même de se plier à nos habitudes pour rendre les rapports plus faciles et plus fréquents. J'ai conservé, comme détail curieux de cette coquetterie, une lettre écrite en français sur du papier exactement semblable à notre papier officiel avec l' « En tête » imprimé :

EMPIRE CHINOIS

<table>
<tr><td>Troupes
DU
QUANG-SI
——
Nᵒ
OBJET
——</td><td>A Long-Tchéou, le   189 .

Le Directeur Général Sou, Comm^t
en chef les troupes du Quang-Si,
à M. . . . .</td></tr>
</table>

La lettre qui n'est du reste qu'une demande de sauf-conduit pour un interprète, est signée, avec l'assurance de sa haute considération.

P. O. Général Sou,

Le secrétaire général,

Vu-Thong.

L'ensemble est complété par un joli cachet rouge, délicat et compliqué, qui donne seul un peu de saveur locale à ce document d'une si complète correction administrative. Cette enveloppe « bulle » et ce papier « coquille » m'ont fait regretter, il est vrai, au point de vue artistique, les précédentes enveloppes minces et longues, fermées d'une bande rouge et bariolées de signes curieux, contenant une légère feuille de papier de soie, cinq ou six fois pliée, sur laquelle s'alignent en colonnes régulières ces petites architectures mystérieuses qui sont des idées dessinées. Mais cela facilite beaucoup les relations quand on ne sait pas le chinois.

Le commandant des troupes du Quang-Si est donc, extérieurement au moins, très aimable pour les Français et leur a souvent rendu service. Cette attitude a de quoi surprendre en présence de l'aversion si générale que ne nous cachent guère ses collègues. Elle serait même inquiétante s'il n'était possible de lui trouver une explication. Au fond de tout cela, il y a une ligne de conduite arrêtée et un assez bon calcul.

Plus intelligent que la moyenne et plus curieux des détails de notre civilisation, le général Sou, en fréquentant des Français[1], n'a pas tardé à se convaincre que notre intention est réellement de rester au Tonkin et que tôt ou tard nous réussirons à y être chez nous. Au lieu donc de chercher à enrayer cet établissement pour conserver les bénéfices que pourrait lui rapporter l'exploitation de la piraterie, il s'est décidé à le favoriser pour en tirer profit. Son ambition serait d'arriver peu à peu au commandement de toutes les frontières du sud de l'empire et dans la suite peut-être à la dignité de vice-roi des deux Quang (Quang-Si et Quang-Tong) ou du Yunnan. Mais, bien qu'étant déjà un gros personnage, portant tunique jaune et bouton de jade, sa qualité de militaire lui crée une certaine infériorité en face de la caste lettrée, et il manque de famille à la cour.

Pour racheter cette infériorité, Sou travaille de son

---

1. Il est juste de citer ici avant tout autre, notre consul à Long-Tchéou, M. Bons d'Anty. Les relations d'amitié que sa parfaite connaissance de la langue chinoise lui a permis de lier avec le général Sou sont une des causes les plus actives de l'évolution de ce personnage.

Il serait heureux que les intérêts français à l'étranger fussent toujours défendus avec autant de capacités et de dévouement.

mieux à se créer des protecteurs, fût-ce à l'étranger. C'est dans ce but qu'il s'efforce de devenir *Persona grata* auprès du gouverneur général de l'Indo-Chine et de notre ministre à Pékin, espérant bien à l'occasion en tirer quelque profit. Cet espoir n'est pas chimérique et les autorités françaises furent amenées une première fois, en 1895, à demander au gouvernement chinois l'extension de son commandement. Voici dans quelles circonstances.

Une assez forte bande venue du Quang-Tong réussissait vers cette époque à enlever, près des charbonnages de Ké-Bao, un employé français, M. Lyaudey, et sa famille, puis regagnait la Chine. Les mandarins locaux, après avoir accueilli les pirates et leur prise, restaient comme d'habitude, introuvables. La rançon demandée était énorme et le protectorat se refusait à l'accorder pour éviter de donner une nouvelle prime à ce genre d'industrie. La responsabilité du gouvernement chinois ne faisait pas de doute, mais il fallait agir vite et sans trop d'éclat afin de ne pas attirer sur les otages enlevés de cruelles représailles. Il fut décidé qu'on tenterait auprès du général Sou, une démarche officieuse pour lui demander son intervention. Cette démarche fut faite par le colonel Gallieni accompagné de M. Bons d'Anty, consul de France à Long-Tcheou. J'assistais à l'entrevue. — Dès les premiers mots, après les habituelles congratulations, Sou déclara sans réticences que les mandarins du Quang-Tong avaient un gros intérêt dans l'affaire et devaient partager les bénéfices éventuels de la bande. Il en était désolé, mais se trouvait dans l'impossibilité de nous rendre service, n'ayant aucune autorité dans la province voisine. Le colonel fit alors entrevoir la possibilité d'obtenir pour lui le commandement des troupes du Quang-Tong. Jouant quelque surprise, notre Chinois feignit d'abord d'entrer par condescendance dans cette combinaison, objectant les difficultés de la chose, puis déclara, en fin de compte, qu'avec le commandement des deux provinces, il en viendrait à bout.

L'affaire fut en effet négociée à Pékin. On accorda la commission provisoire demandée et, quelques semaines plus tard, les prisonniers étaient rendus, sans rançon.

C'est un premier succès pour le général Sou qui espère ainsi devenir le pacificateur nécessaire de la frontière et le garant des bons rapports entre la Chine et le Tonkin. Une ambition de ce genre nous est trop avantageuse pour qu'il ne soit pas raisonnable de la cultiver.

Malgré cette bonne volonté, intéressée mais très réelle, il n'est pas toujours simple dans la pratique de s'entendre sur les petites contestations qui surviennent. Un mandarin, quelle que soit sa dignité, ne peut, sous aucun prétexte, converser sans témoins avec un Européen. Il se mettrait, en violant cette prescription, une mauvaise affaire sur les bras. Les entrevues sont donc toujours publiques et pour ne pas « perdre la face », le mandarin ne doit jamais avouer devant d'autres Chinois qu'il a tort ou qu'il s'est trompé. Cela complique singulièrement la conversation. Une anecdote suffira pour montrer comment s'en tire un mandarin spirituel et bien disposé, quand il a tort.

Nous venions d'entreprendre le blockaus de Léo-Kao. Ce travail inquiétait fort les Chinois et, pour gagner du temps, le petit mandarin de Nam-Quan avait à tout hasard avisé ses supérieurs que nous voulions construire un fort en Chine. Le général Sou en écrivit au colonel Gallieni, manifestant le désir de traiter la question de vive voix. Le lieutenant colonel Clamorgan, commandant le cercle de Langson, fut chargé de cette démarche et se rendit à Nam-Quan où je l'accompagnai, emportant, avec les cartes d'abordement, un levé à grande échelle et même une vue du rocher en litige.

Le plus simple examen des documents suffisait à prouver que le commandant de la Porte de Nam-Quan s'était trompé de rocher et que nos travaux étaient, sans conteste, au Tonkin. Sou ne tarda pas à en être convaincu mais il fallait sauver « la face. » Après avoir fumé quelques pipes d'opium et soigneusement examiné croquis et cartes avec ses énormes lunettes rondes à monture d'écaille, il prit son air le plus souriant pour nous faire la déclaration suivante : « Avec le colonel, nous sommes des amis et nous avons entrepris de travailler ensemble à la tranquillité du pays. J'ai toute confiance en lui et vous lui direz que puisqu'il juge utile, pour garder la route, de construire un fort en cet endroit, non seulement je ne m'y oppose pas mais j'en suis très content. » Après un remerciement, le lieutenant colonel Clamorgan, pour bien marquer nos droits, reprit deux ou trois fois sa démonstration. La réponse, accompagnée il est vrai d'un coup d'œil explicatif, fut toujours la même : « Du moment qu'il s'agit de la sécurité du pays, je suis très content que le colonel construise un fort en cet endroit. » Il ne s'agissait plus que de laisser tomber la conversation et de passer à un autre sujet. L'affaire était entendue et il n'en fut plus question.

Devant l'attitude de leur chef, les petits mandarins

de la frontière avaient dû faire contre fortune bon cœur. Nos relations avec eux étaient fréquentes et extérieurement cordiales. Il fallait cependant les tenir de près pour obtenir autre chose que de vagues protestations.

Au début surtout, il se produisait assez souvent sur la frontière, de menus actes de brigandage. Une dizaine de Chinois, armés de vieux pistolets et de quelques fusils, enlevaient une femme, arrêtaient un paysan isolé, ou tentaient même d'incendier un hameau pour y faire un peu de butin. Ces maraudeurs sortaient habituellement de quelque village militaire et il nous était souvent possible de connaître, par nos espions en Chine, le nom des meneurs ou au moins du village. Il s'ensuivait des réclamations précises, demandant la punition des coupables aux autorités chinoises. Celles-ci d'ordinaire traînaient les choses en longueur et finalement n'arrêtaient personne. L'armement des habitants du Tonkin avait cependant un peu réveillé les mandarins qui craignaient des représailles.

De fait, le brigandage avait cessé d'une façon complète, lorsque, vers le mois de mai 1895, une corvée de quelques soldats indigènes sans armes, passant le long de la frontière près du blockaus de Léo-Kao, fut assaillie à coups de fusil, l'un d'eux resta sur le terrain. Le lendemain, un petit hameau non armé était attaqué de nuit, deux femmes et trois enfants enlevés et conduits en Chine. Il s'agissait donc d'une véritable bande en formation et il devenait urgent de couper le mal dans la racine. On fit des réclamations assez vives, spécifiant le nom de quelques-uns des meneurs, et indiquant leur village d'origine. Après s'être fait attendre, la réponse du mandarin de Nam-Quan fut évasive et il fallut avoir recours à des moyens plus énergiques.

Je fis venir un gradé intelligent des troupes indigènes, né dans le pays ; celui-là même qui était tombé avec ses hommes dans l'embuscade de Léo-Kao et lui expliquai que je verrais sans déplaisir une promenade nocturne en Chine de quinze ou vingt montagnards bien armés et choisis dans les cantons de la frontière. Il partit enchanté de cette marque de confiance. . . .

. . . . Au bout de trois jours, une lettre du mandarin de Nam-Quan m'avisait qu'une bande pirate, venue du Tonkin, avait brûlé un gros village chinois, donné la chasse aux habitants et poussé l'audace jusqu'à tirer sur les soldats du poste voisin. La nouvelle ne me surprit que médiocrement car j'avais dû, le matin même, faire quelques remontrances à mon « Condottiere » pour s'être trompé de village et avoir brûlé celui d'à côté. Je conseillai cependant poliment à mon collègue chinois de prendre des mesures très sévères pour éviter le retour de semblables accidents et lui déclarai qu'il pouvait compter sur ma vigilance.

Notre correspondance en resta là. Mais le général Sou, informé, faisait quelques jours plus tard arrêter et décapiter neuf membres de la petite bande objet de nos réclamations, renvoyait à Dong-Dang les femmes enlevées et ordonnait que les têtes des deux chefs fussent exposées à la frontière, soigneusement emballées, suivant l'usage, dans un panier plein de sel, sur lequel une étiquette rouge portait en caractères chinois le nom des délinquants. Il avait prié seulement le colonel Gallieni, d'une façon générale et sans insister, de s'employer à empêcher les représailles de la part des habitants du Tonkin.

Ce sont là des procédés un peu vifs qu'il ne faut encourager que tout à fait exceptionnellement. Dans l'occasion, cet incident survenant après un incursion plus sérieuse, en Chine, de quelques tonkinois armés, du cercle de Cao-Bang, ne fut pas inutile pour suggérer aux mandarins d'utiles réflexions.

Sans insister davantage, constatons que sur toute la frontière du Quang-Si, l'hostilité ouverte des autorités chinoises s'est transformée en une neutralité plutôt bienveillante. Mais il ne faudrait pas oublier que la politique, en Extrême-Orient, est chose instable, sans autre ressort que l'intérêt du moment. Du jour où par suite d'un changement d'équilibre dans nos relations ou dans nos forces, les mandarins trouveront leur profit à retourner aux anciens errements, pas un n'hésitera. Une très grande suite dans les idées pourrait seule donner un peu de consistance au *modus vivendi* si péniblement obtenu.

Quoi qu'il advienne dans la suite, nos rapports suivis avec les Chinois et le parti pris de cordialité observé des deux côtés ont beaucoup facilité notre tâche. La frontière aujourd'hui est devenue une réalité et la permanence de notre occupation n'est plus mise en doute. Les résultats sont là : repeuplement, remise en culture, sécurité très réelle depuis les premiers mois de 1894. Nous y reviendrons.

Le souci de mettre un peu d'ordre dans ces notes nous oblige à étudier successivement les principaux facteurs de la pacification. Chacun d'eux étant « fonction » de tous les autres, il a fallu dans la pratique les mener de front. L'occupation militaire n'aurait pu donner aussi rapidement son maximum d'effet, si elle n'avait été appuyée sur la réorganisation politique du territoire et accompagnée de toutes les mesures propres à assurer, dans la mesure du possible, le bien-être des troupes et la liberté d'action du commandement.

Nos soldats européens et indigènes souffraient beaucoup dans la haute région. La consommation d'hommes y était énorme et tout à fait disproportionnée avec les résultats obtenus.

Nous avons montré la déplorable installation de nos postes. Le manque de logements salubres et le surmenage imposé aux garnisons par l'insécurité de leurs abris étaient des causes permanentes de démoralisation et de maladies.

L'amélioration des casernements, les constructions considérables et les travaux de toutes sortes poursuivis pendant ces deux ans (1894-1895) ont absorbé une bonne part de l'activité et des ressources dépensées dans le secteur de Dong-Dang. Cet élément de progrès est assez intéressant pour mériter quelques développements dans un des chapitres suivants.

Mais si nos troupes étaient mal logées, elles n'étaient parfois pas nourries du tout. Le service des subsistances devait en théorie ravitailler directement et au fur à mesure des besoins, tous les postes. En dehors d'un petit nombre de magasins entretenus dans quelques centres importants, aucunes réserves n'avaient été créées. Ces magasins du reste étaient souvent eux-mêmes dépourvus de tout. Dans un pays où les communication étaient souvent interrompues par la piraterie ou par l'état des chemins, cette organisation donnait tout naturellement de déplorables résultats. Malgré de très lourdes dépenses, le ravitaillement régulier n'était assuré nulle part. Les pertes étaient considérables et une véritable disette régnait à l'état endémique dans les garnisons éloignées.

Faut-il citer des exemples pour n'être pas taxé d'exagération? Mais ce sont les postes où les soldats touchaient leur ration tous les jours qu'il faudrait mentionner. La liste n'en serait pas longue.

En juin 1893, le poste de Pho-Binh-Gia, tout à fait isolé dans une région tenue par la piraterie, est investi à l'improviste par de fortes bandes pirates — une colonne partie de Langson le débloque au bout de neuf jours. — La garnison dès le 3e jour réduit la ration et peut vivre jusqu'à sa délivrance, grâce à l'eau du ciel qui vient, fort à propos, remplir les trous creusés à la hâte dans le sol. Les quelques kilogrammes de riz qui permirent de subsister et d'éviter un désastre étaient dus à la prévoyance personnelle de l'officier commandant qui en faisait acheter d'avance par ses tirailleurs indigènes.

A la fin de 1893, le cercle entier de Cao-Bang, par suite d'un retard de convoi, subit pendant plusieurs semaines une véritable disette. Les soldats européens y vivaient d'eau et de riz.

Enfin, dans le poste même de Dong-Dang, possédant déjà cependant une annexe de magasin, qui aurait dû ravitailler une dizaine d'autres postes ou blockaus, à 15 kilomètres du magasin central de Langson, il m'est arrivé plusieurs fois de ne pouvoir pas faire les distributions réglementaires.

Il faut ajouter que le fractionnement des soldats européens par petits groupes dans des postes lointains et d'accès difficile, où ils auraient dû recevoir chaque jour leur ration en nature, venait encore compliquer le fonctionnement si défectueux déjà du service des vivres.

Toutes ces misères ne sont pas le fait, malheureusement, d'erreurs de détail facilement réparables. Il s'agit là encore d'une véritable antinomie administrative. L'organe est incapable de remplir sa fonction.

On admet sans discussion, sur le continent, que les services auxiliaires d'une armée (vivres, transports, service de santé, etc...) doivent être subordonnés au commandement. Nos règlements ont, depuis longtemps déjà, consacré ce principe. Il n'en va pas de même aux colonies où l'administration des services administratifs est absolument indépendante des autorités militaires.

Le ravitaillement des troupes dans les hautes régions du Tonkin serait, en tout état de cause, une opération coûteuse et difficile ; nous avons trouvé le moyen de la rendre à peu près impossible par une dualité aussi préjudiciable au bien-être des troupes qu'aux intérêts du protectorat. Cette juxtaposition de pouvoirs indépendants est impossible à justifier et cependant le fait existe et existera longtemps encore, parce que l'ornière est tracée et surtout parce qu'on se heurte, dans l'espèce, à une administration fermée, à un mandarinat qui défend ses privilèges et son indépendance *unguibus et rostro*.

Nous avons tous connu au Tonkin des commissaires coloniaux soucieux avant tout, du bien général et cherchant à limiter par leur amabilité personnelle les inconvénients de cette situation. Ce palliatif est insuffisant. Le bon sens, à défaut de l'expérience, suffirait à le prouver. Un maçon auquel on refuserait le droit de faire marcher le porteur de mortier descendrait de son échafaudage laissant son mur inachevé et on trouverait qu'il a raison. Pourquoi s'obstiner à considérer le sens commun comme chose nécessaire aux petites gens et tout à fait inutile aux services publics ?

Les accidents, les désastres même peuvent se produire; du moment que les règlements ont été observés à la lettre et que les écritures sont régulières, les mandarins portant le bouton du service idoine seront indemnes. Ils ne sont pas responsables du manque de personnel, des ordres du commandement, de l'insécurité du pays......

Le commandement, de son côté, accusera l'imprévoyance des services, leur inertie, parfois même leur mauvaise volonté. Cependant, les hommes meurent, les colonnes se fondent, les postes sont affamés, les approvisionnements se perdent et tout le monde couvre sa responsabilité avec des papiers encombrés de chiffres et des procès-verbaux de force majeure.

Je ne veux citer ni nom, ni date, mais j'affirme avoir été témoin du fait suivant :

Dans un des postes de transit les plus importants de la haute région, entre Dong-Dang et Cao-Bang, les approvisionnements se perdaient en quantités considérables, faute de magasin pour les abriter. Il en résultait un préjudice grave pour le protectorat. Devenu responsable, comme nous le verrons tout à l'heure, de la conservation de ces vivres, l'officier commandant le secteur réussit, moyennant une somme minime et tout à fait insuffisante, à construire un magasin convenable en utilisant dans une large mesure les ressources locales. La comptabilité justifiant l'emploi de cette petite somme ne s'étant pas trouvée, paraît-il, régulière, les services administratifs adressèrent des observations dans une forme blessante pour l'officier constructeur. Celui-ci fut couvert par ses chefs et, au cours de la correspondance qui s'ensuivit, un haut fonctionnaire écrivait qu'il eût préféré voir les approvisionnements continuer à se perdre plutôt que d'autoriser la construction d'un magasin par des procédés qui n'étaient pas réglementaires !

Cette note caractérise assez bien la largeur de vues de nos administrations et il n'est pas sans intérêt de voir en passant ce que vaut ce rigorisme de forme. Au Tonkin, les crédits accordés [1] pour les réparations ou les petites constructions dans les postes ne sont payés que sur factures justificatives acquittées. Or, dans la brousse, on ne trouve pas d'entrepreneurs pour faire l'avance des matériaux ou de la main-d'œuvre et il faut payer au jour le jour — d'où la nécessité d'envoyer des factures fictives pour avoir l'argent avant de faire les travaux. — Tout le monde le sait ; tout le monde le sait, La faute en est aux règlements ou à ceux qui les appliquent aussi étroitement. Les fonctionnaires du commissariat sont mieux que personne, au courant de ces usages, mais les règles de la comptabilité publique sont matériellement appliquées et peu importe que les factures soient fictives, pourvu qu'elles soient d'un format régulier.

En prenant possession du IIe territoire, le colonel Gallieni réclama le service du ravitaillement comme une des plus indispensables prérogatives du commandement militaire, se refusant formellement à accepter pour son compte l'état de choses existant. Il l'emporta de haute lutte. Devant son inébranlable résolution de se retirer s'il n'obtenait pas satisfaction, M. de Lanessan passa outre à l'opposition très vive des services administratifs et prit un arrêté qui remettait à titre

1. Par le service de construction, quand il s'agit de bâtiments militaires. Par les services administratifs, pour les magasins annexes.

d'essai, dans le II° territoire, le ravitaillement entre les mains de l'autorité militaire.

C'était une grosse affaire. On ne crée pas sans difficultés un service aussi lourd et aussi complexe. Après avoir vaincu la résistance de principe et soigneusement réglé les détails techniques de l'exploitation, il fallut avoir raison des répugnances du personnel militaire. Ce surcroît de besogne inattendu et surtout la crainte si générale des responsabilités ne rendit pas très populaire tout d'abord le nouveau régime. Il était si commode de se plaindre du ravitaillement, sans en avoir la charge, que cette quiétude compensait bien l'ennui de quelques privations, dont souffraient surtout les soldats détachés dans les postes isolés. La bonne volonté cependant ne fit pas défaut et, les premiers résultats aidant, le service fonctionna bientôt dans de bonnes conditions. La création des secteurs et le groupement des postes facilita singulièrement l'organisation du ravitaillement qui, du haut en bas de l'échelle, fut ajouté aux attributions du commandement militaire.

Le commandant du territoire prenait en charge à Langson les approvisionnements nécessaires aux troupes sous ses ordres, puis les répartissait directement ou par l'intermédiaire de magasins annexes (That-Ké, Cao-Bang) entre les chefs-lieux de secteur. Les denrées reçues, dans son magasin, par chaque commandant de secteur étaient entretenues et distribuées sous sa responsabilité par un sous-officier chargé de la gestion et de la comptabilité. Le secteur ravitaillait à son tour ses postes et blockaus. Pour réduire les frais de transport, on s'approvisionnait au moyen d'achats directs dans le pays, des vivres qu'il produit : sucre, sel, thé, riz, bestiaux sur pied.

La réunion, en gros détachements, des troupes européennes dans les postes principaux était venue du reste simplifier le service dans une large mesure. On y pouvait régulièrement cuire le pain, abattre des bœufs et entretenir des cultures maraîchères très fructueuses. Nos soldats ne tardèrent pas à y trouver un bien-être inconnu jusque-là.

L'envoi des rations en nature dans les postes annexes, souvent éloignés et d'accès difficile, était une cause permanente de pertes et de difficultés. Les denrées n'arrivaient pas ou arrivaient avariées, les réclamations étaient continuelles. Le droit à ces rations fut remplacé, pour tous les Européens détachés des postes principaux, par une indemnité journalière calculée pour chaque poste, de façon à couvrir largement le prix de la ration et les frais de transport. Chacun organisait ensuite son ravitaillement, faisant prendre s'il le désirait à ses risques et périls des vivres au magasin du secteur et les remboursant directement.

Dès les premiers mois de 1894, le colonel Gallieni avait fait aligner tous les postes à un an ou à six mois de réserve (suivant leur facilité d'accès) en farine, vin, talia, biscuit....... Ces réserves étaient renouvelées une ou deux fois par an. Les garnisons se trouvaient de la sorte à l'abri du besoin et les transports se faisaient seulement aux époques les plus favorables.

Le droit au transport gratuit, des bagages et colis pour les officiers et la troupe, donnait lieu depuis longtemps à des plaintes justifiées. La dépense était très forte et les résultats médiocres. Le service des transports, annexe de celui des vivres, fut réorganisé en même temps. L'attribution d'une indemnité représentative d'un abonnement, fixé pour chaque poste, en remplacement de ce droit aux transports, tout en diminuant les charges du protectorat, permit de constituer, surtout dans les troupes indigènes, des « masses » dont les bonis étaient employés à la création progressive dans chaque poste annexe, d'une réserve de vivres appartenant à la garnison.

Notre cadre ne se prête pas à l'examen détaillé de ces méthodes nouvelles. Ce qui précède suffira pour en faire saisir les lignes générales : la remise des services entre les mains du commandant du territoire est le retour au principe nécessaire de toute entreprise sérieuse : l'unité de direction. C'est là le point capital, mais il est intéressant de suivre en outre dans la forme de l'exploitation, l'application de procédés d'administration trop peu goûtés dans nos colonies. Il s'agit en effet de décentralisation et d'un effort tenté en sens inverse des tendances de notre régime administratif.

Nous l'avons noté déjà et déploré, la caractéristique de ce régime est l'effacement de l'individu et son idéal est « l'État Providence ». Le service des vivres au Tonkin, puisque c'est de lui qu'il est question, devait tous les jours, comme un père de famille prévoyant, apporter à chaque soldat, dans les blockaus les plus inabordables et les plus lointains, son morceau de pain, sa ration de viande et son verre de vin, sans que le soldat ou son chef eût à s'en préoccuper. Tout cela, il est vrai, n'arrivait pas ou arrivait en mauvais état et le protectorat parvenait, au prix de sacrifices énormes, à faire mourir de faim ses soldats. L'administration s'en lavait les mains, car elle avait, sur le papier, prévu tous les besoins ; quant aux intéressés, ils n'avaient pas voix au chapitre. Devant l'impuissance des règlements, il fallut avoir recours au sens commun.

Un service public d'entretien, comme l'alimentation des troupes, doit répondre à deux conditions : assurer la satisfaction de certains droits et sauvegarder les intérêts de l'État.

La première sera certainement remplie si, après avoir simplifié les détails et délimité très exactement les droits et les responsabilités, on s'en repose pour l'exécution sur les intéressés.

Pour satisfaire à la seconde et permettre à l'État de remplir à bon marché ses obligations, il faut réduire ses frais d'exploitation et surtout limiter sa responsabilité. Le plus sûr moyen d'y parvenir est d'éviter, quand on le peut, les fournitures directes en nature, de tout ramener à l'« abonnement », au « forfait ». Tout le monde y gagne : l'ayant droit, qui s'occupe lui-même de ses affaires, et l'État qui, moyennant une redevance fixe, se libère de ses obligations. L'augmentation qu'il est obligé de consentir, dans le calcul de l'abonnement, en raison du déplacement de la responsabilité, est largement compensée par la limitation des risques et la suppression du gaspillage.

Cela n'est pas nouveau et l'administration de la guerre est entrée depuis longtemps dans cette voie. Mais nous parlons ici d'administration coloniale.

En fait, malgré des chicanes incessantes et la véritable animosité qu'avait rencontrée dans certains milieux cette expérience, les résultats furent excellents. Le protectorat aussi bien que les troupes y trouvèrent largement leur profit.

Avant de suivre le commandant du secteur dans ses rapports avec les indigènes, nous pouvons apprécier dès maintenant le caractère de sa fonction militaire.

Le voici en fin 1895 dans sa capitale de Dong-Dang où tiennent garnison sa compagnie de légion au complet et une quarantaine de soldats indigènes. Cent cinquante tirailleurs tonkinois ou linh-cô (milice locale) garnissent la frontière et occupent huit postes ou blockaus solidement installés. Trois officiers le secondent dans sa tâche; chaque jour il reçoit les rapports de ses détachements et en règle le service. Le pays est bien connu et journellement exploré. Aucun convoi ou détachement ne traverse sa circonscription sans qu'il en soit avisé. Ceux d'entre eux qui y séjournent passent de droit sous ses ordres (quand un officier plus ancien ou de grade supérieur n'en a pas le commandement).

Au commandement militaire ont été joints tous les services publics dont il a la charge. Il emploie pour l'aider dans ces multiples fonctions les gradés européens des troupes sous ses ordres. Un caporal est télégraphiste et agent des postes, un sous-officier gérant des vivres et des transports, un gradé français s'occupe de la police, d'autres sont chefs de chantier ou piqueurs de route; on trouverait même à Dong-Dang un caporal jardinier. . . . . Ce qui n'empêche pas ces braves gens de laisser là, plume, niveau ou arrosoir pour reprendre leur fusil et s'en aller battre la brousse quand il le faut.

Mais si on a fait aussi large, sa part d'autorité, au commandant du secteur, il a dû accepter la responsabilité totale de l'entreprise. Sécurité des convois, des détachements, des isolés, tranquillité des villages et protection des indigènes, service de la poste et du télégraphe, police, travaux, ravitaillement, tout le regarde. C'est un propriétaire qui garde son bien; il ne peut s'en prendre qu'à lui-même si on le vole ou si ses domaines ne prospèrent pas.

Voici le cadre militaire sur lequel nous allons appuyer le repeuplement puis la réorganisation politique et économique du pays. Aucune bande pirate ne peut pénétrer ou au moins séjourner dans le secteur sans être immédiatement signalée et poursuivie par une force militaire sérieuse et toujours prête. C'est bien le but que doit se proposer l'occupation militaire. Mais, après la piraterie, nous allons trouver le brigandage, plaie des provinces voisines de la Chine.

Aussi bien que la piraterie, le brigandage prend des formes différentes suivant le degré de pacification d'une région. Les bandes fortes et organisées visent aux coups de force fructueux. Pillage de convois d'armes et de munitions, exportation en grand de femmes et de buffles, enlèvement d'Européens valant une forte rançon.

Après la dispersion des groupes importants, les débris de bande, encore assez forts pour travailler à leur compte, mais mal outillés pour tenir la campagne contre les troupes régulières, se rabattent sur l'exploitation des villages qu'ils attaquent généralement de nuit, pour y ramasser quelques femmes ou quelques buffles, butin toujours bien accueilli et d'un écoulement facile sur les marchés chinois.

A mesure que l'occupation du pays se fait plus dense et plus active, ce brigandage ouvert devient dangereux et peu productif. Les risques surpassent bientôt les bénéfices et il faut y renoncer. C'est alors que le vol à main armée se transforme en une industrie véritable où la force n'entre plus guère que comme moyen d'intimidation.

Les régions confinant à la Chine et suffisamment peuplées connaissent seules cette dernière forme de brigandage, aussi démoralisante pour les habitants que difficile à extirper. Le secteur de Dong-Dang lui est particulièrement propice. Nous avons, au début de ce chapitre, esquissé sa physionomie topographique et signalé la composition toute spéciale de la population qui l'avoisine. Les chemins et les routes les plus fréquentés longent la frontière à courte distance, la circulation commerciale y est assez active, les abords en sont rocheux, coupés, sillonnés de couloirs et semés de cirques, véritables coupe-gorges envahis par le bois et la brousse. Tout est disposé pour rendre facile et fructueux le vol à main armée. D'autre part, le personnel ne manque pas, c'est une profession qui demande peu d'apprentissage. Les villages chinois de la frontière regorgent, du reste, de sujets qui y sont passé maîtres.

Quand le travail chôme ou que la solde se fait attendre, ils vont trouver un de ces petits entrepreneurs qui prêtent des armes moyennant une grosse part dans les bénéfices, se groupent autour de quelque professionnel, très heureux de faire le chef, et se mettent en quête d'un coup à faire.

L'entrepreneur lui-même joint souvent à plusieurs autres professions celles d'indicateur et de recéleur. Dans ce cas, les hommes qu'il arme travaillent à son compte. En dehors des vols matériels, qu'ils ne négligent pas, ces industriels ont généralement pour but de faire enlever par surprise et autant que possible sans éclat, des indigènes aisés, des enfants ou des femmes aussitôt conduits et séquestrés en Chine. Au marché prochain, des intermédiaires (ordinairement des femmes vendeuses de légumes et de fruits) viennent traiter avec les familles le prix de la rançon. La crainte de représailles pour les otages, empêche le plus souvent les intéressés de dénoncer ces entremetteuses et de se plaindre avant que l'affaire soit terminée.

C'est là certainement une des formes les plus rémunératrices du brigandage, ce fut aussi de tous temps la plus fréquente dans les pays troublés. Les mœurs de l'Extrême-Orient y ajoutent une note inconnue ailleurs et assez curieuse. La mémoire et les restes des ancêtres sont l'objet d'un culte réel, le seul à proprement parler qu'aient conservé les populations du Haut-Tonkin. L'ascendant direct, le père, après sa mort, est considéré par le chef de famille comme réellement présent et veillant sur sa maison. Il en résulte de bizarres coutumes ; celle, entre autres, de récompenser un mandarin en accordant un titre nouveau à son aïeul défunt.

Un sentiment aussi profond prête à l'exploitation et j'ai vu plusieurs fois voler les os de son père à quelque habitant notable. Ces restes, cachés en Chine, étaient tenus à sa disposition, moyennant une somme proportionnée à sa fortune.

Si le caractère sacrilège d'un semblable vol n'en avait fait un acte exceptionnel, même chez des aventuriers dépourvus de tout sens moral, il y aurait eu là une profession très lucrative à exercer. Un Tonkinois n'hésite devant aucun sacrifice pour rentrer en possession des restes de ses ancêtres. Le cas s'était produit pour le Tong-Doc (gouverneur de 1re classe) de la province de Langson, le vieux Vi-Van-Li. Quelques voleurs audacieux réussirent à violer la tombe de son père. Ce fut une bonne affaire, car il dut verser une grosse somme. Mais il est imprudent de s'attaquer à aussi forte partie et Vi-Van-Li le fit bien voir à ses voleurs. Il employa tout ce qu'il avait de richesse, de patience et de crédit à se faire livrer le principal coupable, puis dans sa maison, à huis clos, devant les mânes de son père, il le fit périr au milieu d'effroyables supplices. — L'autorité française dut fermer les yeux sur cet acte de piété filiale un peu asiatique, qu'elle ne connut que plus tard et le vice-roi du Tonkin fit conférer aux cendres du vieux mandarin si heureusement retrouvées une dignité qu'il n'avait point de son vivant.

De toutes les industries dérivées de la piraterie, la plus développée est certainement l'exportation des femmes. L'esclavage n'existe cependant pas plus en Chine qu'au Tonkin et il ne s'agit pas d'une traite comparable à celle des noirs en Afrique. Mais la population chinoise des contrées avoisinant la frontière, composée en majorité d'aventuriers sans famille, a besoin de femmes pour s'établir.

L'intérieur de la Chine n'en fournit pas, car la population féminine y est très réduite par les mœurs des habitants. En voyant les Chinois, très attachés aux enfants qu'ils élèvent, remplir largement envers eux les devoirs de la paternité, on a souvent traité les affirmations des missionnaires sur ce sujet, de légendes destinées à exciter la pitié et à provoquer la générosité du public. Les abandons d'enfants nouveau-nés sont fréquents cependant, et le fait est affirmé par tous les hommes de bonne foi ayant séjourné dans les régions populeuses de l'intérieur. Cette sélection s'exerce surtout au profit des enfants mâles et les familles chinoises ne conservent qu'un petit nombre de filles. La prépondérance constatée de l'élément masculin dans beaucoup de provinces suffirait à le prouver.

L'article « Femmes » est donc très demandé sur les marchés chinois et les Tonkinoises s'y vendent toujours avantageusement. Leur sort matériel est souvent meilleur chez leurs nouveaux maîtres que dans leur village natal. Elles y fondent des familles et vivent tranquilles. Aussi le nombre est-il très restreint des femmes exportées en Chine qui cherchent à rentrer dans leur patrie, quand elles n'y ont pas laissé une famille déjà faite.

Il n'est pas du reste toujours nécessaire de faire violence aux femmes annamites pour les expatrier. De véritables agences chinoises les recrutent dans les cantons peuplés du Delta et les décident, moyennant quelques cadeaux et beaucoup de promesses, à se laisser conduire secrètement en Chine. Il m'est arrivé de découvrir dans un village, à quelques kilomètres de Dong-Dang, le dernier gîte d'étape d'une de ces agences. Les sujets raccolés y arrivaient sans attirer l'attention, un jour de marché, et attendaient la nuit pour passer la frontière par des sentiers détournés.

Aussi bien que le brigandage ouvert, les enlèvements clandestins sont fort difficiles à atteindre et nous sommes désarmés en face de ces désordres qu'il est indispensable cependant de faire disparaître, si on veut donner au pays la sécurité réelle dont il a besoin pour produire et pour progresser.

Là encore, c'est aux intéressés qu'il faut remettre le soin de leurs affaires. Les habitants sauront se garder et faire la police chez eux, à condition d'être armés et soutenus. La distribution de fusils et de munitions aux indigènes avait longtemps soulevé de graves objections. On redoutait de fournir ainsi des armes à la piraterie ou de favoriser la rébellion. Cette mesure était surtout discutée, il est vrai, par ceux qui connaissaient seulement les provinces basses. Jusque-là, malgré les efforts et les tentatives de presque tous les officiers servant dans les hautes régions, elle n'avait été admise que dans des proportions tout à fait insuffisantes.

Se basant sur la connaissance des races qui peuplent le Haut Tonkin, le colonel Gallieni l'avait inscrite dans son programme, au nombre des plus urgentes. Il fut assez heureux pour trouver dans cette question de l'armement, comme en toute occasion, un appui très sûr chez le général en chef [1] qui s'en montra partisan décidé. L'armement immédiat et complet des cantons de la frontière fut demandé. On l'obtint d'autant plus facilement que la dépense était insignifiante. Le protectorat possédait une réserve d'excellents fusils modèle 1874 versés par les troupes européennes au moment où fut distribué le fusil modèle 1886 et les munitions sont facilement cédées par la métropole qui ne sait qu'en faire.

Dès le début de 1894, les commandants des secteurs déjà formés reçurent fusils et munitions en quantité suffisante pour assurer dans de bonnes conditions l'armement de tous les villages importants.

Les chefs de canton présentaient pour chaque commune un certain nombre d'hommes valides qui recevaient un fusil et cinquante cartouches. Ces armes soigneusement enregistrées sont soumises à des revues

1. Qu'il me soit permis de le déclarer ici une fois pour toutes : si l'action du général en chef des troupes de l'Indo-Chine, M. le général de division Duchemin, n'apparaît pas à chaque page de ces notes telle qu'elle s'est constamment montrée, bienveillante, active, toujours prête à soutenir les initiatives et à en donner l'exemple, cela tient à deux motifs : je n'ai pas qualité pour apprécier les actes militaires du commandement et je n'étais pas en situation d'en suivre personnellement le détail.

périodiques et la commune en est responsable. La distribution, du reste, avait été faite par le commandant du secteur dans la mesure qu'il jugeait prudente et aucune précaution ne fut négligée pour éviter les pertes et les vols. Le vol d'armes assimilé à un acte de piraterie était puni de mort et indépendamment du châtiment des coupables, le village était passible, en cas de perte, d'une forte amende. Aucun village ne fut armé, dans les premiers temps, sans avoir assuré sa défense par une solide clôture et quelques maisons ou blockaus en pisé, lorsque le voisinage d'un rocher ne permettait pas, comme en beaucoup d'endroits, d'organiser une sorte de réduit dans une grotte.

Les résultats dépassèrent notre attente et dans un délai très court on vit diminuer puis disparaître le brigandage intérieur. Les habitants ayant repris confiance ne se contentaient plus de recevoir les maraudeurs à coups de fusil. Des services de garde et de patrouilles s'organisaient sur les points les plus exposés et on entreprenait de véritables chasses au pirate, souvent fructueuses, après lesquelles tous les habitants du village venaient en corps faire hommage au commandant du secteur de quelque tête à longue tresse. Après avoir remplacé les cartouches brûlées, je récompensais habituellement leur zèle par une gratification analogue à celle qu'accorde le protectorat pour la destruction d'un animal nuisible, tigre ou panthère. Il devint prudent, toutefois, de limiter ces encouragements pécuniaires. Dans un pays où l'argent est rare et où la vie d'un homme compte peu, une tête qui vaut dix piastres, fût-elle sur les épaules du plus honnête coolie chinois, est fort exposée au coin d'un bois quand la nuit tombe. Quelques contrebandiers d'opium, inoffensifs par ailleurs, payèrent peut-être un peu cher l'imprudence de s'être promenés sur les chemins après le coucher du soleil. Entre deux maux, on choisit le moindre et les victimes, s'il y en eut, étaient peu intéressantes. Les Chinois de la frontière perdirent rapidement l'habitude de venir faire leurs provisions au Tonkin. C'était le principal.

L'armement des populations avait une autre utilité. Les cinq cents fusils distribués dans la circonscription de Dong-Dang créaient, entre les mains du commandant du secteur, une très sérieuse réserve d'auxiliaires toujours prêts à marcher. Ces partisans ont depuis longtemps fait leurs preuves et rendu souvent de bons services. Mais ils étaient peu nombreux et armés quelquefois seulement au moment du besoin. Actuellement on peut, à Dong-Dang, réunir cent fusils en quelques heures et deux cents en deux ou trois jours, sans trop dégarnir les villages. Ces auxiliaires sont fort utiles à condition de les employer judicieusement [1].

Aucun des inconvénients prédits par les adversaires de l'armement ne se sont produits. Le gaspillage des munitions est limité à quelques chasses aux fauves. Les pertes et les vols de fusils sont tout à fait exceptionnels. En vingt mois, sur près de cinq cents fusils, deux seulement ont été volés et deux autres brûlés dans des incendies. Pour ces derniers les pièces en métal étaient rapportées sans qu'il y manquât une vis. Quant aux deux premiers, l'un fut enlevé près de Bao-Lam, tout

____

1. C'est-à-dire en les utilisant véritablement comme des « auxiliaires » et non pas en les transformant, comme on l'a essayé quelquefois, en soldats de complément.

Voir l'ouvrage déjà cité du commandant Chabrol, *Opérations militaires au Tonkin*, p. 287.

à fait au début, par un domestique chinois servant depuis longtemps chez le détenteur du fusil qui croyait pouvoir compter sur lui. Le voleur gagna la Chine. Le second fut emporté par un « Nung » de passage qui avait reçu l'hospitalité dans le village de Quang-By. Après deux mois de recherches, les habitants responsables réussirent à faire arrêter le coupable et ses complices sur un marché des environs.

On aurait pu craindre, et c'était l'objection la plus sérieuse, de donner, en les armant, aux communes importantes, des velléités d'indépendance et de favoriser les rixes entre villages. Il n'en fut rien. Je n'ai pas constaté, en deux ans, une seule dispute à main armée. Le fait, en outre, d'avoir reçu des fusils, d'en être responsables, de les présenter à' des inspections périodiques et d'être appelés quelquefois à marcher avec les troupes régulières, créa entre l'autorité française et les villages armés une sorte de lien militaire de subordination qui les rendait plus dociles et plus maniables.

Devant un effort aussi considérable de notre part pour assurer la tranquillité des populations, il était juste de les faire participer d'une façon plus directe aux charges de l'occupation. De tout temps, le pays a fourni une sorte de milice locale chargée, sous la main des mandarins, d'un service de police et de garde. Ce sont les Linh-Cô. Cette milice, échappant à tout dressage sérieux, ne rendait aucun service. Elle se trouvait du reste très réduite et on avait, en échange, recruté dans les hautes régions un certain nombre d'hommes destinés aux tirailleurs tonkinois.

Dans les premiers mois de 1894, le colonel Gallieni

obtenait l'autorisation de lever une assez forte compagnie de Linh-Cô. Cette augmentation était compensée par la libération des tirailleurs encore sous les drapeaux. Mais, au lieu de les rendre aux mandarins qui n'en avaient que faire, il en forma une véritable troupe indigène entre les mains des commandants de secteur. Recrutés sur place, instruits et commandés par des gradés choisis dans la compagnie de légion, ces détachements devinrent excellents et fournirent un appoint sérieux à l'occupation militaire. En cas de besoin, ils constituaient, avec les soldats européens, une troupe mixte remarquablement appropriée au service et aux opérations militaires dans le Haut-Tonkin. Les Linh-Cô de Dong-Dang s'entendaient à merveille avec les légionnaires, au feu comme ailleurs.

Cette forme donnée au service militaire dans les provinces frontières est avantageuse. Les Thôs montraient une répugnance extrême à servir loin de chez eux dans les régiments de tirailleurs tonkinois. Le service local auquel ils sont faits depuis longtemps et la certitude de voir leurs hommes directement employés à la protection de leurs foyers, rendent certainement moins impopulaire l'impôt du sang. Les Annamites besogneux achetés au rabais par les villages thôs pour payer en qualité de remplaçants, leur dette militaire, deviennent rares. La surveillance est plus facile et les communes, obligées de fournir un autre homme et de payer une amende en cas de désertion, ont intérêt à envoyer des gens sûrs.

Mais il importe de mesurer cette charge. Car si les Linh-Cô entretenus à frais communs par leur commune d'origine et le protectorat, forment une milice peu dispendieuse pour le trésor public, il n'en est pas de même pour les populations. Chacun d'eux devait, dans le principe, recevoir de son village le riz en nature. Il en naissait de continuelles réclamations et cette contribution fut, dans la suite, remplacée par une taxe mensuelle de deux piastres par homme au service. De ce chef, le Chau de Van-Uyen (secteur de Dong Dang) doit verser annuellement une somme de 2,300 piastres environ, sensiblement supérieure au total de l'impôt personnel et foncier.

Cette participation directe aux charges de la pacification est juste, nous l'avons dit. Mais il eût été imprudent d'exiger davantage à ce moment, dans une contrée si cruellement éprouvée par la piraterie.

CHAPITRE VI

Rapports avec les habitants. — Organisation politique. — Régime militaire et régime civil. — Mesures à prendre pour rendre les résultats définitifs.

En examinant le cadre et le fonctionnement de notre occupation militaire dans un secteur de la frontière, nous avons signalé la nécessité d'appuyer cette occupation sur la réorganisation politique du pays. Ces deux opérations ont naturellement été menées de front ; nous sommes obligés de les étudier ici successivement. C'est la seconde d'entre elles, la réorganisation politique, qui fait l'objet de ce chapitre.

Il est indispensable d'abord de faire connaissance avec les habitants. Voici donc quelques notes sur chacune des races qui se rencontrent dans la région de Langson. Ce n'est point une étude d'ensemble sur la population du Haut-Tonkin que je veux entreprendre ici et je me contenterai de présenter mes administrés de Dong-Dang tels que je les ai vus.

Le territoire de Dong-Dang (comme la zone frontière du Quang-Si et toutes les contrées montagneuses du Haut-Tonkin) est habité par un grand nombre de races juxtaposées sans ordre apparent et dans des proportions très variables. Cela constitue une véritable mosaïque à laquelle la domination annamite n'a pu donner, en plusieurs siècles, qu'une cohésion très instable et un vernis tout à fait superficiel.

A l'exception des immigrants chinois, tous les habitants des hautes régions sont qualifiés par les Annamites de « Muongs »; appellation plutôt méprisante que n'emploient jamais, en parlant d'eux-mêmes, les gens du pays[1].

La race autochtone paraît être dans ces parages la race « thô ». Tout porte à croire que les Thôs, comme les Laotiens, les Mans ou Méos, etc..., représentent les vestiges des migrations primitives venues de l'intérieur pour occuper la presqu'île indo-chinoise. En tous cas, les Annamites, rameau détaché de la race chinoise, n'y sont venus, par mer, que beaucoup plus tard. Les Thôs forment la majorité et la partie la plus importante de la population. On trouve à côté d'eux, répartis en proportions très différentes, des Nungs, des Mans ou Méos, des Thô-ti, des Annamites et des Chinois.

Les Thôs en qualité de premiers occupants sont possesseurs de la plus grande partie du sol réellement productif. Ils étaient même primitivement les seuls à posséder les terres arrosables produisant le riz.

Casaniers et tranquilles, les Thôs sont habitués depuis des siècles à vivre sous la domination des races voisines (Chinois et Annamites). N'ayant aucune notion de nationalité et à proprement parler, aucune religion, une seule chose les touche, leur intérêt. Ils obéissent

1. « Muongs » dans son sens le plus répandu chez les gens du Delta pourrait se traduire : Sauvages de la montagne. Ce terme est employé quelquefois d'une façon un peu plus déterminée en parlant de certaines peuplades de la Rivière Noire. Je donne ici son sens courant le plus habituel chez les Annamites.

sans arrière-pensée à celui qui est le plus fort et préfèrent le maître qui les vole le moins, sans souci de son costume.

Faciles à conduire mais détestant les corvées, ignorant le commerce, ils aiment l'argent comme une chose rare, mais leur incurable paresse les empêche de produire au delà de leurs besoins. Ils ne refusent pas le travail qu'on leur impose, mais ne l'acceptent volontairement à aucun prix.

On trouve chez les Thôs de la région de Langson une aristocratie de village composée de petits propriétaires dont l'influence ne dépasse guère la commune ou le canton. Écartés jusqu'ici des fonctions publiques importantes, ils n'ont pas d'instruction et peu d'expérience administrative. Dans certains villages, où existent depuis longtemps des familles aisées, on rencontre cependant un certain nombre d'hommes instruits (bien que non lettrés au sens annamite du mot) et capables de faire des fonctionnaires excellents[1].

1. Par exemple, le Tri-Chau (chef d'arrondissement, Tri-Uyen en pays annamite) de Dong-Dang, Hun-viet-Than, actuellement An-Satt (2e mandarin provincial, chargé de la justice) de Langson. Propriétaire aisé du village de Ha-Lung, près de Dong-Dang, il était en 1893 un des rares fonctionnaires nés dans le pays.

Intelligent, énergique, connaissant à fond le pays, il a constamment fait preuve de capacité et d'un véritable attachement pour nous. Je lui dois personnellement beaucoup de reconnaissance pour les services qu'il m'a rendus et en particulier pour les renseignements qu'il m'a fournis sur les races, les mœurs, le caractère et la valeur de nos administrés communs. Tous ceux qui ont vécu au Tonkin savent combien les indigènes répugnent en général à ce genre d'information et combien il est difficile de se renseigner et de s'orienter.

L'avancement inespéré de ce petit propriétaire rural, non lettré, aux premières charges de la province, est d'un excellent

Très amateurs de distinctions, les Thôs recherchent les grades du mandarinat, les titres, les décorations. Ils aiment les armes et font de bons soldats.

La race est en général vigoureuse et saine. Les mœurs sont supérieures à celles des Annamites. La famille est, chez les Thôs, la base de la société, et le culte des ancêtres remplace à peu près pour eux toute autre pratique religieuse.

Très attachés au sol, ils font des agriculteurs suffisants à l'exclusion de toute autre profession ; aussi, sont-ils pour leurs besoins de chaque jour, tributaires des autres races, surtout des Chinois (par exemple pour le travail du bois et du fer, les briques, les constructions, les ustensiles les plus simples).

Moins obséquieux que les Annamites, les Thôs ont pris cependant leurs interminables formules de politesse et leurs marques officielles de respect. Leur carac-

exemple. Le meilleur procédé de gouvernement par tout pays est encore de récompenser très largement les services rendus.

Après lui avoir fait accorder un titre de mandarinat plus élevé que ne le comportait d'habitude sa fonction, une médaille d'or et la décoration du dragon de l'Annam, je l'avais en plusieurs circonstances signalé au colonel Gallieni qui déjà, à la fin de 1894, lui avait fait proposer l'emploi d'An-Satt, emploi qu'il remplit actuellement en attendant peut-être celui de Thuan-Fu (gouverneur de 2e classe). Il avait fait preuve en la circonstance d'un désintéressement qui donne un trait de mœurs curieux de la vie sociale des villages Thôs. Tout en se montrant très reconnaissant de cette ouverture, Huu-viet-Than m'avait expliqué que dans son village de Ha-Lung, vivait encore le précédent Tri-Chau de Dong-Dang et que ce personnage lui étant supérieur par la naissance, l'âge et les services, c'est à lui que revenait la dignité offerte ; ajoutant que lui-même accepterait la place quand son prédécesseur l'aurait remplie. Les offres faites à l'autre vieux notable furent acceptées et Huu-viet-Than resta deux ans encore Tri-Chau de Dong-Dang.

tère est simple et assez droit, ils sont capables d'attachement et de confiance et montrent volontiers dans leurs rapports une certaine bonhomie communicative qu'on trouve rarement chez les Annamites.

La langue courante du pays se parle fort loin en Chine et avec quelques modifications, paraît-il, jusqu'au Mé-Kong. Elle se rapproche beaucoup du Laotien, dont elle n'est qu'un dialecte ou même un patois, car elle ne s'écrit pas.

L'annamite est la langue officielle, tous les notables et les gens un peu instruits la parlent et souvent la lisent.

Les Thôs payent sans trop de difficulté l'impôt quand ils ont de l'argent, mais leur imprévoyance est telle que le plus souvent les échéances, même prévues depuis longtemps, les mettent dans l'embarras. L'économie et le souci de thésauriser leur sont inconnus. Alors même que la récolte est largement suffisante pour assurer ses besoins de l'année, il est rare que le paysan Thô ne soit pas obligé de s'endetter pour vivre en attendant la récolte suivante. Leur caractéristique est en somme la paresse et l'imprévoyance; ils sont faits pour être exploités et l'ont toujours été. Ce sont du reste, en général, de braves gens et si on voit beaucoup de pauvres chez eux, on n'y trouve pas de mendiants.

Les Nuxgs sont d'origine chinoise et proviennent de migrations anciennes venues pour cultiver le sol que les Thôs, décimés par des troubles périodiques, ne suffisaient plus à peupler. Ces migrations se sont produites peu à peu et sans aucun caractère de violence. Les nouveaux arrivants se contentaient d'occuper les terres disponibles, généralement les mamelons et les bois ; les terres arrosables restant aux premiers occupants, les Thôs.

Ce mode d'installation amiable, par petites fractions, sur les reliefs du sol laissés libres, explique l'enchevêtrement des Nungs et des Thôs mêlés dans les mêmes cantons où ils vivent en assez bonne intelligence mais dans des villages séparés. Souvent même ils forment des communes à part et parfois la commune Nung s'est simplement superposée à la commune Thô. On ne pourrait dans ce cas représenter sur une carte le territoire de la commune Nung que par une série d'enclaves correspondant aux parties élevées du terrain et figurant vaguement des courbes de niveau. C'est une véritable difficulté pour l'administrateur nouveau qui cherche naturellement et sans pouvoir y parvenir à délimiter les cantons et à y juxtaposer les communes.

Les Nungs sont, du reste, très différents entre eux et forment moins une race unique que le résidu d'immigrations successives de même origine. On pourrait actuellement les répartir en deux groupes principaux :

Ceux d'entre eux qui, arrivés les premiers, ont pu trouver des terres à riz encore disponibles. Les derniers venus, obligés de se contenter des versants de mamelons et des bois.

Les premiers se sont peu à peu modelés sur les Thôs ; vivant de la même vie, ils ont adopté leurs mœurs et leurs usages. On les en distingue difficilement : même costume, mêmes qualités, mêmes défauts.

Les autres, plus nombreux, ont dû pour vivre, se créer des ressources en se livrant à certaines industries primitives. Les femmes tissent de grossières étoffes et les teignent pendant que les hommes travaillent le bois dans la forêt. Ils cultivent le maïs, le riz de montagne, le coton, l'indigo.

Leurs mœurs sont nécessairement restées plus rudes et leurs traditions plus vivantes. Moins tranquilles et moins sûrs que les Thôs, ils ont, à l'occasion, sur la frontière, piraté un peu pour leur compte.

Ces Nungs de montagne n'ont pas toujours adopté la coiffure annamite (tous les cheveux relevés en chignon et cachés en partie par un turban). Ils portent encore souvent la queue de leurs ancêtres chinois. Cette mode leur a même parfois attiré des désagréments. Il y a quelques années, plusieurs officiers, insuffisamment documentés sur cette question, ayant reçu l'ordre, au fort de la piraterie, d'interdire sous peine de mort la circulation des Chinois, avaient prescrit de couper, sans autre procès, toutes les têtes ornées de ce malencontreux appendice. Les Nungs trouvèrent la mesure un peu radicale.

Voici, pour compléter la physionomie sociale des Nungs, un fait caractéristique. Il prouve que leurs mœurs sont en effet restées rudes et que leur moralité est intransigeante.

Aux environs du mois de juin 1895, on trouva dans l'arroyo de Dong-Dang trois femmes Nung d'un village voisin, attachées ensemble et noyées. J'entrepris une enquête sur les causes de ce singulier accident et constatai non sans étonnement qu'aucune réclamation ne se produisait. Il ne s'agissait donc pas d'une vengeance, comme je l'avais cru d'abord. Je craignis alors d'y trouver une sorte de meurtre rituel, reste des mœurs chinoises. Une sécheresse désastreuse pour le pays avait en effet provoqué des démonstrations religieuses tout à fait exceptionnelles et je savais d'ailleurs par de vieux indigènes qu'à Langson même, les Chinois, en pareil cas, noyaient encore, il y a peu d'années, quelques femmes dans le Song-Ky-Kong. Le pagodon qui servait à ces cérémonies, rares il est vrai et le plus souvent clandestines, existe encore sur le chemin de Ky-Lua. Trois femmes pour un pauvre village de la montagne me semblaient cependant une bien forte offrande... Dès le premier jour, le vieux Tri-Chau m'avait fait entendre que mon enquête n'aboutirait pas. Tous les intéressés, parents ou notables du village, déclaraient avec un ensemble remarquable qu'on se trouvait en présence d'un triple suicide : « Lui triste, lui content faire mort... » Impossible d'en tirer autre chose et je dus me contenter de cette explication douteuse, après avoir, pour la forme, infligé une amende aux notables qui n'avaient pas rendu compte de la chose.

Il s'agissait simplement, je le sus plus tard, de trois maris soupçonnant leurs femmes de s'être trop amusées au marché voisin...

Actuellement, les Nungs forment une fraction très importante de la population, dans les cantons de la frontière (la moitié environ). Ils sont, d'une façon générale, nombreux dans les cantons pauvres, couverts de rochers et de bois ; plus rares dans les vallées riches et cultivées.

Un peu surveillés et bien traités, ils ne formeront point un obstacle à la pacification définitive. Ce sont de hardis chasseurs, aimant les armes et capables de faire de très bons partisans.

Les Maxs ou Méos sont rares dans le Chau de Dong Dang. Ils vivent en véritables nomades sur les massifs montagneux que les Nungs eux-mêmes n'abordent pas, déboisant les sommets pour y semer le maïs et le riz de montagne, puis transportant ailleurs leurs cabanes de branchages quand la terre ne produit plus assez. C'est une race belle et vigoureuse mais difficile à fixer et à apprivoiser.

Les Mans ne vivent pas toujours en très bonne intelligence avec leurs voisins qui les craignent. Leurs déplacements s'opèrent cependant à l'amiable et après entente avec les autorités de la commune sur le territoire de laquelle ils veulent s'établir. Le droit de séjour leur est accordé moyennant une redevance annuelle par famille. Mais cette obligation d'avoir recours aux notables Thôs ou Nungs et de leur payer cette sorte de tribut occasionne souvent des difficultés.

J'avais tenté, pour rendre stable une assez forte colonie de Mans (40 ou 50 familles) venant des montagnes du Mau-Son, de leur reconnaître un territoire et d'en former une commune à part, soumise au droit commun et administrée par le chef de la tribu (Truong-Man). Les choses allaient bien au début ; nos Mans semblaient goûter cette autonomie, étaient reconnaissants des 15 ou 18 fusils qu'on leur avait confiés, se soumettaient volontiers aux inspections et vivaient en paix avec leurs voisins. Mais on ne fixe pas facilement des nomades habitués à cultiver le sol en le déboisant, sans souci du lendemain et jaloux avant tout de leur indépendance. Il est à craindre qu'ils ne reprennent tôt ou tard leur exode [1].

Les mœurs des Mans se ressentent de leur habituel

---

1. Dans certaines parties du Tonkin, surtout dans la province de Cao-Bang, les Mans forment des noyaux beaucoup plus importants et plus fixes.

isolement dans des massifs difficilement abordables. Ils forment de véritables tribus et vivent sous le régime d'un droit coutumier patriarcal, en dehors des règlements et des lois administratives qu'ils ne croient point faits pour eux.

Le Truong-Man, mis en confiance par nos précédentes entrevues, vint un jour me prier de lui prêter soixante piastres pour faire le commerce de l'opium. Je lui expliquai qu'il aurait peu de clients et qu'il fallait d'abord obtenir une licence et payer patente. — Sur quoi, il me fit entendre, sans le moindre embarras, qu'il voulait justement utiliser ses fusils et les remarquables capacités de ses hommes en fait de contrebande, pour ne rien payer de tout cela. Il fut assez difficile de faire comprendre au vieux montagnard que je ne pouvais guère lui fournir des fonds pour une semblable entreprise.

La politesse annamite est naturellement inconnue aux Mans, qui se dispensent des salamalecs et des hommages officiels. Leur chef cependant venait rarement à Dong-Dang sans m'apporter, en témoignage d'amitié, une bouteille pleine de miel sauvage. Je lui offrais le plus souvent en échange une bouteille de rhum ; puis le vieil homme maigre, à la barbe rare et au large turban bleu, après avoir terminé son palabre et secoué sa pipe à petit fourneau de cuivre, prenait congé, non sans dignité, pour regagner la montagne escorté des jeunes gens armés de sa tribu.

De taille moyenne, vigoureux et bien pris, ses hommes avaient bon air. Ce sont de hardis chasseurs et surtout d'infatigables marcheurs, capables de se transformer à l'occasion en redoutables partisans.

Les Mans ont la curieuse particularité d'un soin et d'une recherche dans leurs vêtements qu'on ne retrouve guère chez les autres races, surtout chez les Annamites. Leurs femmes portent des costumes ornés de broderies de forme originale et souvent assez seyants.

Les Thô-ti sont les descendants des mandarins et des soldats annamites envoyés, il y a quelques cent ans, pour gouverner et occuper le pays. Installés définitivement sur place, ils ont fait souche avec des femmes Thô mais ne se sont pas fondus. Leur origine constituant pour eux une sorte de noblesse leur conférait quelques privilèges en voie de disparaître (exemption de corvées, indépendance relative en face des chefs de commune ou de canton.....).

Ce sont gens plus intelligents et plus cultivés, mais plus dangereux que les Thôs et les Nungs. Très jaloux de leurs prérogatives, ils ont hérité de la fourberie annamite et ne regardent pas aux moyens quand leur intérêt est en jeu. Nous en avions seulement quelques familles dans le secteur de Dong-Dang ; ailleurs ils forment parfois d'assez gros villages.

A l'extérieur, rien ne distingue ces Thô-ti qui se faisaient passer pour Thôs auprès de nous, quitte à faire sonner haut leur origine auprès des mandarins annamites et formaient une sorte de franc-maçonnerie redoutée des autres habitants. Ils avaient réussi de la sorte à se cacher longtemps. Bien des administrateurs et des officiers n'en ont pas soupçonné l'existence avant le changement de régime de 1894. Le Tong-Doc de Langson, nommé à cette époque, Vi-Van-Li, était un Thô-ti que longtemps on avait cru de race indigène.

Apres au gain et sans scrupules, les Thô-ti sont d'autant plus à craindre qu'ils méprisent les races locales et n'ont aucun attachement pour le milieu social où ils vivent.

A une lieue de Dong-Dang, demeurait, au commencement de 1894, un ancien fonctionnaire, notable et riche, dont le village avait été seul respecté dans un canton dévasté par les pirates. Ce fait ayant paru suspect, il fut arrêté et je pus saisir chez lui une correspondance considérable ainsi qu'un rôle d'impôts très bien tenu. — Il servait d'indicateur et d'intermédiaire au principal chef pirate de la frontière et se chargeait de faire rentrer pour lui les redevances de toute la contrée. C'était un Thô-ti qu'on n'avait pas osé dénoncer plus tôt dans la crainte de représailles. Son frère et tous ses parents craignant d'être compromis, avaient du reste dès le premier jour « pris la brousse », après avoir brûlé la maison d'un notable Thô qu'ils soupçonnaient d'avoir dénoncé le vieux pirate.

Comme il convenait de ne pas examiner de trop près les antécédents des habitants de la frontière qui demandaient à rentrer dans leur village, j'autorisai, quelques mois après, sur les pressantes instances du Tong-Doc de Langson, toute la famille à rentrer chez elle. — Personne ne se montra dans la suite plus souple et plus prévenant.

Les Thô-ti sont de véritables Annamites habillés en Thôs. Ils constitueront une gêne et quelquefois un danger tant qu'ils ne seront pas complètement rentrés dans le droit commun. Le départ des mandarins annamites a porté un coup mortel à leur influence qui ne peut dans la suite que diminuer et disparaître peu à peu.

Les Annamites n'étaient représentés jusqu'en 1894,

dans les hautes régions, que par les fonctionnaires et quelques colporteurs. Les grands travaux entrepris et surtout l'ouverture du chemin de fer ont beaucoup favorisé l'exode naturel vers les hautes terres, du trop-plein de population des provinces maritimes. C'est un élément social avec lequel il faudra compter dans quelques années. Il semble avantageux d'encourager cette poussée dans la plus large mesure au point de vue commercial et industriel, mais de n'autoriser qu'avec prudence la colonisation en masse et l'occupation de la terre par les Annamites, si une tendance de ce genre venait à se produire. La répugnance de l'Annamite pour les régions montagneuses rend, il est vrai, cette prise de possession peu à craindre pour le moment.

CHINOIS. — La région de Dong-Dang est habitée par un grand nombre de Chinois venant d'un peu partout et très différents entre eux. L'invasion jaune préoccupe assez les esprits pour qu'il soit intéressant de rappeler les données générales de la question.

Les Chinois qui s'établissent au Tonkin, comme en Amérique et sur toutes les côtes du Pacifique, y viennent habituellement pour chercher fortune et avec l'idée fixe de revoir la mère patrie, vivants ou morts. Dès qu'un noyau d'immigrants s'est formé quelque part, tout nouvel arrivant est sûr d'y trouver des associations, des sociétés de secours, des syndicats de toutes sortes qui le reçoivent, le placent et le soutiennent.

Au Tonkin, les Célestes sont soumis à un régime spécial. Ils relèvent directement pour la police, la justice, les impôts, des autorités françaises et n'ont rien à faire avec l'administration indigène. La législation qui leur est imposée se propose un double but. Permettre de surveiller leurs agissements et limiter leur immigration par un impôt spécial.

Ces mesures de protection paraissent du reste insuffisantes aux colons français auxquels les Chinois font partout, aussi bien au point de vue industriel qu'au point de vue commercial, une concurrence meurtrière.

S'il est juste de protéger nos colons et de les encourager, il est prudent cependant de n'agir dans cette voie qu'avec circonspection. Le petit nombre de nos nationaux installés au Tonkin et trop souvent, il faut le dire, leurs exigences rendraient impossible tout progrès et ruineraient le protectorat si on leur accordait ce qu'ils réclament : une sorte de monopole. Car c'est en somme ce monopole, cette absence de concurrence que poursuivent sous différents prétextes et en y mettant quelques formes, presque tous les industriels et commerçants européens dans leurs revendications et leurs incessantes campagnes contre la liberté laissée aux Chinois. Je dis « Européens » avec intention, car si cette campagne était toujours menée par des Français et dans l'intérêt des Français, je serais prêt à m'y associer dans une large mesure. Mais, au train où vont les choses, je ne vois pas la nécessité pour le protectorat d'achever la ruine du commerce et de se mettre dans l'embarras en supprimant la concurrence asiatique au bénéfice de maisons anglaises ou allemandes. La juste mesure à établir dans cet ordre d'idées me paraît une des plus délicates parmi les questions qui intéressent la colonisation.

Ne serait-il pas sage de s'en tenir à notre formule : « Colonisons pour les colonies. » Aucune conception n'est plus stérile et plus fausse que celle qui propose comme but unique et immédiat à la colonisation, l'enrichissement de quelques centaines d'Européens. Cherchons donc à créer des établissements prospères et vivants, à posséder des colonies qui produisent et qui trafiquent, fût-ce avec l'aide des Chinois. Quelques Français y perdront au début, mais la France y gagnera dans la suite.

La chose est délicate, répétons-le, et difficile à dire, car les réclamations contre la concurrence chinoise sont violentes et très générales dans la colonie européenne, celle qui fait l'opinion en France et n'hésite pas à déclarer qu'on veut la mort du commerce français et que l'argent chinois pourrait bien y être pour quelque chose.....

Il reste bien entendu que la concurrence ne peut pas être libre. On doit s'armer et se défendre. — Le Tonkin deviendrait une colonie chinoise..... Il faut donc y garder largement la place de nos colons, les favoriser par des commandes, faciliter et encourager leurs essais. — C'est un devoir strict et il serait absurde de le discuter. Mais ce n'est pas là le but final. La prospérité générale de la colonie, son développement propre doit passer avant tout. On peut affirmer du reste que la concurrence chinoise n'est qu'une difficulté secondaire pour nos colons. Elle n'empêche pas le commerce européen de prospérer à Singapour et à Hong-Kong. Les entraves administratives et nos extraordinaires règlements commerciaux (droit au pavillon, douanes, taxes de ports, protection exagérée des industries métropolitaines, défaut d'outillage commercial, de voies de communication.....) sont un obstacle autrement sérieux aux progrès et à la réussite de nos nationaux. C'est par là qu'il faudrait commencer les réformes.

Le but de la législation spéciale imposée aux Chinois est, nous l'avons dit, de rendre la surveillance possible et de limiter la concurrence dans une mesure telle que les intérêts du protectorat et le développement du pays n'aient point à en souffrir.

Au lieu de chercher à détruire le groupement des Chinois et leurs associations, ce qui n'aurait eu d'autre résultat que de les rendre clandestines, et par conséquent plus dangereuses, on a voulu les régulariser et les utiliser comme moyen de surveillance en leur donnant une existence officielle.

Dans chaque centre important, les Chinois forment une société, une congrégation, sous l'autorité d'un de leurs notables, véritable fonctionnaire rétribué par le protectorat et appelé « chef de congrégation[1] ». Ces fonctionnaires, munis de pouvoirs de police et de surveillance suffisants, deviennent responsables de leurs compatriotes inscrits sur les contrôles de la résidence.

Presque tous les Chinois du Tonkin proviennent de la province de Canton ou de celle de Foc-Yen et dans les villes importantes, ils se groupent suivant leur provenance sous l'autorité de deux chefs de congrégation ; un pour les Cantonnais et un autre pour les gens de Foc-Yen.

Malgré l'inconvénient réel de créer ainsi des centres nombreux et puissants exclusivement chinois, cette utilisation de la solidarité chinoise, cette sanction officielle donnée à leurs sociétés produit de bons résultats.

---

1. Dans les agglomérations moins importantes, comme Dong-Dang, le titulaire de cette fonction est appelé « Chef de Marché » (Banh-Truong). Il n'est pas rétribué, mais il est autorisé à faire un léger prélèvement en nature sur le marché, deux ou trois fois par an.

C'est le seul moyen, du reste, d'avoir sur eux une action sérieuse.

Tout Chinois débarquant au Tonkin doit, pour être autorisé à y séjourner, se faire délivrer par l'autorité française et sur la présentation du chef de congrégation de la localité où il veut s'établir, une carte d'identité, portant son signalement, sa photographie et l'indication de sa profession [1].

Pour compenser l'impôt personnel qu'il ne paye pas, l'immigrant chinois doit, en échange de sa carte, verser une somme proportionnée à sa profession et à sa richesse (c'est l'impôt de capitation, indépendant de la patente et dont la quotité varie suivant la catégorie où est inscrit le titulaire). Une fois inscrit et classé, s'il veut se déplacer, il doit déposer sa carte à la résidence et en retirer un permis de circulation valable pour un temps déterminé et spécifiant les villes où il est autorisé à séjourner.

Ce régime correspond assez bien aux besoins des centres commerçants du Delta, pour lesquels il a été fait. Mais c'est le lieu de remarquer, une fois de plus, qu'une mesure bonne à Hanoï peut être, dans certains

---

1. En outre de la photographie, souvent absente dans les hautes régions, la carte porte le « Diem-Chi », indication anthropométrique en usage depuis des siècles dans les pays d'Extrême-Orient. Pour l'obtenir, le titulaire place la carte entre l'index et le médium de la main gauche de telle sorte que l'index se trouve allongé tout entier sur la carte, le long d'une ligne tracée dans ce but. On marque alors d'un trait de plume ou d'un coup de pinceau sur cette ligne, la place des plis intérieurs des phalanges, la racine de l'ongle et l'extrémité du doigt.

Il suffit pour constater l'identité, de faire placer son index au porteur de la carte, dans la même position et de vérifier si les indications sont exactes.

cas, mauvaise à Dong-Dang et de regretter encore
le manque d'élasticité de nos institutions administratives.

Nous devions employer sur nos chantiers de routes
et de constructions un grand nombre d'ouvriers et de
coolies chinois embauchés au moment du besoin dans
les villages voisins de la frontière et renvoyés chez eux
quand le travail ou l'argent venaient à manquer. Il eût
été raisonnable de ne leur point délivrer de cartes
d'identité mais des permis de séjour, limités au lieu
même où ils travaillaient et valables seulement pour un
temps très court. C'est ce que j'ai fait le plus souvent
possible. Mais cette façon de procéder n'eut pas l'agré-
ment de l'administration centrale, émue d'une situation
qualifiée d'irrégulière. Sur ses ordres réitérés et formels,
il fallut imposer la capitation totale et distribuer des
cartes à une grande partie de nos travailleurs. On pensait probablement, en leur faisant payer deux piastres
un morceau de carton, les transformer en gens inoffensifs. En fait, la mesure était mauvaise. Au point de vue
fiscal, il s'agissait d'une recette supplémentaire minime.
La concurrence n'était pas à craindre, car les ouvriers
manquaient ; enfin c'était un véritable danger de donner
de force à une quantité de Chinois inconnus et sans profession le droit de vivre et de circuler au Tonkin. On
enlevait ainsi toute valeur réelle à la carte d'identité,
car il devenait impossible d'imposer au chef de congrégation la responsabilité de cinq à six cents Chinois
recrutés directement par nous et qu'il déclarait ne pas
connaître.

Dans notre secteur de Dong-Dang, la proximité de la
frontière donne à la colonie chinoise une physionomie
tout à fait spéciale et on y rencontre certains types

inconnus dans le Delta. On peut y distinguer trois groupes principaux de Chinois :

1° Les Chinois agriculteurs installés isolément depuis longtemps dans les villages Thôs, propriétaires par voie d'achat et habituellement banquiers. Ils payent les mêmes impôts que les autres habitants, ne sont plus soumis à la capitation et se distinguent malaisément des indigènes dont ils ont pris les usages et jusqu'aux détails du costume.

Cette catégorie peu nombreuse, soumise au droit commun et généralement composée de gens notables et aisés, n'a besoin d'aucune surveillance spéciale[1].

2° Les Chinois commerçants installés à demeure et groupés dans les marchés de la frontière, quelquefois depuis plusieurs générations. Ils ne font plus partie d'aucune congrégation en Chine, enterrent régulièrement leurs morts au Tonkin, mais continuent à payer la capitation et sont restés, malgré tout, Chinois de mœurs et d'aspect. Ce sont gens tranquilles, ayant intérêt à voir le pays prospérer, parce qu'alors le commerce marche mieux. Mais il ne peut être question avec eux d'attachement ou de fidélité. Jamais ils n'hésiteront à renseigner les pirates, s'il le faut pour se mettre à couvert, ou même à partager le bénéfice d'une prise, si l'occasion s'en présente. Tout profit leur est bon.

3° La population flottante de marchands et de coolies

1. Un exemple rappellera aux camarades qui me liraient ce que sont ces Chinois agriculteurs. Tous ceux qui ont suivi la route de Langson ou Dong-Dang à Pho-Binh-giã connaissent le plus notable d'entre eux : le Ba-hô de Duc-hin et surtout sa femme « la mère Duc-hin ». Ils ont gardé certainement bon souvenir de l'hospitalité reçue chez cette vieille dame et de sa curieuse collection d'autographes, recueillis en réclamant de chaque passager un certificat de satisfaction toujours accordé.

venus pour chercher du travail ou exercer leur commerce. C'est de beaucoup la catégorie la plus nombreuse et la seule qu'on trouve dans les provinces basses.

Plus adroit et plus intelligent que le Thô, le Chinois dans la région de Dong-Dang possède le monopole du commerce et de tous les travaux demandant un apprentissage (briques, maçonnerie, forge, charpente...).

Le marchand venu pour faire fortune (quelquefois du Foc-Yen, mais plus souvent de Canton), souple, adroit, quelquefois très intelligent et toujours sans scrupules, demande une forte surveillance. Il exerce tous les métiers, y compris souvent celui d'usurier. S'il réussit généralement, c'est qu'il apporte dans le commerce un sens très développé et de remarquables qualités professionnelles.

Aussi droits et faciles en affaires que leurs mandarins se montrent tortueux en politique, les Chinois commerçants se contentent, quand il le faut, d'un bénéfice insignifiant. Serviables, d'une complaisance inépuisable, toujours prêts à transiger, à s'arranger, à entreprendre une affaire, leur parole commerciale est très sûre. Pratiques, en outre, et persévérants, ils ont le crédit très faciles, en usent beaucoup entre eux et s'associent avec une extrême facilité. Soumis à la justice française au Tonkin, ils y ont recours le moins possible et préfèrent régler sans frais leurs différends au moyen d'arbitrages[1].

_____

1. Les Chinois de Dong-Dang venaient assez souvent me soumettre leurs contestations et je me rappelle entre autres avoir réglé la faillite d'un cabaretier-restaurateur ruiné surtout, il faut l'avouer, par le trop large crédit ouvert aux soldats européens de passage. Sur leur demande, je réunis les 14 ou 15 créanciers et chacun donna son compte certifié par l'intéressé. La maison et le fonds de commerce furent vendus pu-

Les coolies et les ouvriers chinois employés en grand nombre dans la haute région ne ressemblent en rien à ces petits Cantonnais jaunes qu'on voit courir le monde pour leur commerce. Ce sont le plus souvent des paysans de l'intérieur de la Chine, bien bâtis, d'une taille au moins égale à celle des Européens, forts, assez travailleurs, doux de nature et très enfants. Bien traités et régulièrement payés, ils sont faciles à conduire, ne volent pas pour leur plaisir comme les Annamites et ne se font pirates, en somme, qu'à défaut d'un métier plus lucratif et moins dangereux.

J'avais dû réunir pour nos travaux de Dong Dang un grand nombre de ces ouvriers chinois et, pendant plusieurs mois, le village donna l'hospitalité à six ou huit cents gaillards dont un tiers au moins avaient servi l'année d'avant dans les bandes pirates des environs. On nous avait prédit des désastres et je n'étais pas moi-même au début sans quelque inquiétude. L'expérience fut heureuse et nous eûmes certainement avec nos six cents chinois moins de difficultés que. s'il avait fallu employer un pareil nombre d'Annamites ou même de chemineaux piémontais sur un chantier de France.

J'avais été obligé de faire couper la tête à deux d'entre

bliquement quelques jours après pour établir l'actif, puis au cours d'une seconde réunion, après discussion au sujet d'une créance que contestaient les autres créanciers, sous prétexte qu'elle était présentée par un Chinois associé aux affaires du failli, on transigea séance tenante. La répartition faite par moi (environ 35 pour 100) fut acceptée, chacun toucha sa part, donna quitus et il n'en fut plus question. Le failli rentrait le lendemain comme employé chez un de ses créanciers, en attendant qu'il pût reprendre une affaire à son compte.

Ces arrangements amiables sont tout à fait dans les habitudes des Chinois qui savent fort bien cependant, à l'occasion, s'adresser aux tribunaux et se servir des moyens judiciaires.

eux formellement reconnus par des habitants du village qu'ils avaient enlevés quelques mois avant sur la route. Ceux dont la conscience était un peu trop chargée quittèrent sans bruit le Tonkin : les autres continuèrent à travailler en ouvriers inoffensifs et tranquilles.

La poussée des Annamites vers les hautes régions rendra moins nécessaire l'élément chinois dans la vie économique du pays et lui fera peu à peu une véritable concurrence. Dans la suite l'Annamite supplantera le Chinois pour tous les travaux où l'adresse entre en jeu (maçonnerie, menuiserie, charpente, travail du fer....) mais pas plus que le Français il ne prendra sa place commerciale.

Cette revue nécessairement incomplète des éléments sociaux qui peuplent la région de Langson suffira cependant à faire saisir la physionomie du milieu. En fait, le gros de cette population disparate est formé par les Thôs et les Nungs. Leur langue, leurs mœurs, leurs besoins sont les mêmes. C'est eux qu'il faut gouverner et apprivoiser.

Mais il est utile, avant d'en étudier les moyens, de rechercher comment s'était formé le lien politique qui unissait toutes ces races et de voir à l'œuvre l'administration annamite.

La race thô, la plus ancienne et la plus nombreuse, n'est pas capable de s'imposer aux peuples voisins (Chinois et Annamites) qui lui sont intellectuellement supérieurs. Elle est d'ailleurs trop peu nombreuse et trop mêlée à des éléments hétérogènes pour former une nationalité. Les Thôs ont en effet de tous temps été soumis aux Annamites ou aux Chinois qui les ont successivement exploités. Il semble. qu'en principe le pays de Langson ait, depuis des siècles, reconnu la souveraineté de l'Annam. Dans la pratique cette souveraineté était vague et les populations de la frontière ont vécu longtemps sous le régime d'une féodalité puissante.

Nous avons vu, au début de cette étude, les rois Lê en luttes continuelles avec leurs vassaux, les seigneurs de Cao Bang et de Langson. Ceux-ci payaient tribut tantôt à l'Annam, tantôt à la Chine. Quelquefois aux deux s'ils étaient faibles ou à personne quand ils étaient forts.

C'est à cette époque féodale que le pays aurait connu, paraît-il, une véritable prospérité qu'il n'a pas retrouvée depuis. Cette prospérité, en tous cas, a dû être très relative ou de bien courte durée. Le manque complet de monuments anciens, la pauvreté des traditions et le défaut de sens artistique chez les habitants suffisent à le prouver.

Quoi qu'il en soit, il reste trace dans les quelques traditions locales de nombreuses invasions, migrations ou expéditions militaires, venant successivement du nord et du sud pour occuper les territoires disponibles ou contestés sur la frontière. Nous avons, en étudiant les races, rencontré le résidu de quelques-unes d'entre elles (Les Thô-ti pour l'Annam, les Nungs pour la Chine).

L'installation des mandarins et des soldats annamites qui ont fait depuis, souche de Thô-ti (installation que l'estimation des habitants fait remonter à une centaine d'années) correspond vraisemblablement à la restauration de l'Empire par Gia-Long aux environs de 1800. Les hautes provinces ne seront plus désormais contestées et les quelques garnisons chinoises que nous retrouverons à Cao-Bang, That-Ké et Langson, y viendront avec l'assentiment et sur la demande de Tu-Duc, impuissant à faire la police chez lui.

C'est de la réoccupation de 1800 que daterait l'organisation politique du pays telle que nous l'avons trouvée.

On s'était, du reste, contenté de jeter la population dans le moule annamite : Provinces, Phu, Huyen, etc., avec leur hiérarchie de mandarins petits et grands. Ce n'est pas le lieu de décrire une fois de plus cette administration et nous nous bornerons à relever les particularités provenant du milieu social dans les subdivisions politiques inférieures : l'arrondissement (Huyen ou Chau), le canton (Tong), la commune (Xa).

En pays Thô, le « huyen » est appelé « chau » et le mandarin qui l'administre « Tri-Chau ». Les attributions du Tri-Chau sont théoriquement très étendues. Il a tout entre les mains : police, administration, impôts, recrutement, etc... En réalité son influence est très variable et son rôle se réduit parfois à servir d'intermédiaire entre l'autorité supérieure et les habitants.

Les chefs de canton (cai-tong) sont ses agents et possèdent peu d'attributions propres. Plus encore que pour le Tri-Chau, leur influence dépend de leur notabilité personnelle.

La commune (Xa) est la base de la vie politique, elle jouit d'une large autonomie et s'administre elle-même. Le pouvoir est exercé par la réunion des notables qui se font représenter en face de l'autorité par le Ly-Truong ou Xa-Truong. Les attributions nominales de ce fonctionnaire (en réalité celles des notables) sont très larges, surtout en ce qui concerne la répartition des charges [1] (impôts, corvées, recrutement...) et l'administration des biens communaux.

Ces biens sont du reste assez mal administrés. Constamment endettées, les communes se mettent à la merci des prêteurs d'argent, Chinois ou autres, auxquels il faut en fin de compte aliéner la terre pour s'exonérer des lourds intérêts qu'on ne peut plus payer.

Chez les Annamites, le Ly-Truong est le plus souvent un pauvre diable sans autorité dont les fonctions sont analogues à celles du gérant d'un journal politique. Bien que ne faisant rien, il est responsable de tout, va en prison et reçoit les coups si l'occasion s'en présente. En pays thô, cette fonction est plus honorable. Les notables jeunes la remplissent successivement si la commune est importante. Dans les petits villages, surtout chez les Nungs où les mœurs sont plus patriarcales, le Ly-Truong est souvent le personnage le plus important. Il conserve alors la fonction indéfiniment.

En dehors des cadres administratifs réguliers, il faut signaler comme très caractéristique de la physionomie sociale du pays, une véritable hiérarchie de titres militaires, tout à fait « honoraires » aujourd'hui, conférés comme récompense aux jeunes notables de bonne famille ou aux anciens fonctionnaires qui ont rendu des services.

Ces titres étant « à vie » donnent une notabilité particulière au titulaire. Quelques-uns même entraînent la nomination aux derniers échelons du mandarinat et

---

1. L'État ne connaît pas le contribuable en tant qu'individu. Il ne connaît et n'impose que la commune responsable qui répartit comme elle l'entend les charges et y fait face comme elle peut.

par conséquent l'exemption d'impôt personnel et de
corvées. Ils sont assez recherchés pour constituer une
véritable récompense dont nous usions à l'occasion.
C'est un bon moyen de reconnaître les services rendus
et de distinguer les gens sûrs. Tous ces petits chefs, habituellement plus influents que les fonctionnaires en
place, nous servaient à surveiller les corvées, à encadrer
les partisans et à prendre en compte les armes distribuées
dans les villages [1].

A la fin de 1893, toutes les fonctions supérieures, y
compris celle de Tri-chau, étaient remplies par des Annamites, à l'exclusion presque absolue des gens du pays.
Ces mandarins de toutes tailles, lettrés faméliques du
Delta ne se contentaient pas de vivre sur le pays. Ne
voulant pas s'éterniser dans des postes considérés comme

---

1. Les plus fréquents de ces titres sont : Xa-Doan (autrefois
chef des partisans d'une commune), Tong-Doan (chef des partisans d'un canton). Et les titres supérieurs de Ba-hô et Tien-
hô qui entraînent le dernier échelon du mandarinat (9e degré,
2e classe). Malheureusement, même en Annam, on achète
quelquefois les décorations et les honneurs. Aussi, beaucoup
de ces titres, avant qu'on eût donné aux commandants de secteur le droit de contrôler les propositions et d'en faire eux-
mêmes, avaient-ils été payés fort cher.
Rappelons en passant que le mandarinat annamite comporte
neuf degrés et chaque degré deux classes, cela fait dix-huit
échelons. Chez les fonctionnaires, la fonction est indépendante
du degré de mandarinat. Certaines d'entre elles cependant
exigent que le titulaire soit mandarin et mènent normalement
jusqu'à un certain degré de l'échelle. Un Tri-Chau, par
exemple, doit être mandarin (9e degré, 2e classe) et arrive
généralement après quelques années, à la 1re classe du 8e degré
(quelquefois même au 7e degré). Le mandarinat ainsi conféré
sans examen, aux fonctionnaires Thôs, bien que moins estimé
en pays d'Annam que les grades de lettrés, confère à degré
égal les mêmes prérogatives.

un exil, il leur fallait rapidement acquérir quelques biens et ils profitaient en conscience de l'occasion.

Du reste on facilitait les choses aux mandarins bien en cour par la répartition bizarre des communes et des cantons. Il était d'usage de les récompenser en leur confiant un canton ou deux pris à leur voisin qu'on voulait punir. Ces changements faits sans le moindre souci de l'intérêt des populations, avaient produit, dans les circonscriptions administratives, un désordre qui rendait toute surveillance impossible[1].

Malgré les difficultés que créait chaque jour une administration aussi défectueuse et grâce à une interprétation un peu exagérée des instructions recommandant de respecter l'initiative des fonctionnaires indigènes, les officiers occupant le pays avaient l'ordre de s'abstenir de toute ingérance dans les affaires du pays. Le commandant du cercle, seul, avait des attributions politiques. Ses subordonnés devaient se confiner dans le commandement de leur poste et laisser les mandarins agir à leur guise. L'action du commandant du cercle, beaucoup trop éloignée des populations, devenait illusoire, nous vivions en pays ennemi. L'autorité des commandants de poste se limitait le plus souvent au droit de lever des coolies dans le village le plus voisin. Les habitants nous craignaient sans nous respecter, ils détestaient leurs fonctionnaires annamites et vivaient

---

1. Le Chau de Dong-Dang, par exemple, possédait quelques cantons pauvres et lointains (comme le Han-Luu au nord et Da-Nham au sud-ouest) séparés du reste de l'arrondissement par d'autres cantons plus importants (Uyen-Cot et Quang-By) dont on avait fait cadeau à des Tri-Chau mieux vus. Il s'y trouvait même deux ou trois communes, enclavées, qui dépendaient, on ne sait pourquoi, de cantons très éloignés.

chez eux comme ils pouvaient, payant mandarins et pirates pour avoir la paix et s'abstenant avec soin de nous renseigner dans la crainte des représailles.

Après la chasse aux pirates et tout en organisant l'occupation militaire de la frontière, il fallait donc, pour donner au nouvel ordre de choses un peu de consistance, se rapprocher des habitants et gagner leur confiance en travaillant à leur bien-être.

On leur avait, nous l'avons vu, rendu possible une participation active à la poursuite des pirates et donné les moyens de se défendre, en leur fournissant des armes. C'était un premier pas, une mesure préparatoire au travail politique proprement dit, à la réorganisation du pays.

Pour entreprendre et mener à bien cette seconde partie de notre tâche, deux choses étaient nécessaires :

1° Donner satisfaction aux justes réclamations des Thôs contre l'administration annamite en leur assurant un gouvernement plus équitable;

2° Mettre les officiers en contact avec les populations et leur permettre de prendre, par une intervention directe dans les affaires locales, l'influence et l'autorité qui leur manquaient jusque-là.

Le premier souci du colonel Gallieni dans cet ordre d'idées fut en effet de retirer l'administration du pays aux Annamites et de remplacer les mandarins en place par des indigènes nommés à l'élection.

Cette réforme si rationnelle et qui devait être si féconde n'alla pas sans obstacles. Il fallut avoir raison de la mauvaise volonté assez naturelle du gouvernement annamite et, ajoutons-le, des préventions de l'autorité française. M. de Lanessan ne s'y prêtait au début, comme nous l'avons noté déjà, qu'avec une certaine répugnance.

On y parvint cependant, mais, le principe admis, l'application n'en restait pas moins délicate, car il fut dès l'abord assez difficile de trouver chez les Thôs des fonctionnaires suffisants. On se contenta de braves gens connaissant bien le pays qui, à défaut d'expérience administrative et de science des lois annamites, nous apportèrent le concours de leur extrême bonne volonté. Leur tâche, du reste, et celle des commandants de secteur fut rendue facile par la détente immédiate que produisit cette innovation et par la confiance des populations.

La coopération directe au gouvernement du pays par l'élection des fonctionnaires [1] est un moyen très sûr d'intéresser les habitants à la chose publique. Quel que soit leur manque de culture, ils sentent le prix de ce premier essai de liberté et se montrent sensibles à cette marque de confiance.

Les premières élections, il est vrai, se ressentaient des mœurs annamites et avant de se permettre une opinion les notables ne manquaient jamais de s'informer si le commandant du secteur n'avait pas un candidat officiel.

---

1. Il ne s'agit pas, bien entendu, de suffrage universel, mais d'un choix et d'une présentation faite par l'ensemble des notables. Le Ly-Truong est désigné par les notables de la commune, le Caï-Thong par ceux du canton, le Tri-Chau par les chefs de canton et les notables supérieurs de la circonscription. Ces désignations doivent être approuvées par l'autorité française et les titres de nomination sont expédiés, suivant le cas, par le gouverneur annamite de la province ou par le vice-roi du Tonkin.

Cette reconstitution du cadre indigène de gouvernement, immédiatement complétée par la refonte et la mise en ordre des circonscriptions administratives, fut rapidement menée. Mais il eût été imprudent d'abandonner à eux-mêmes nos fonctionnaires improvisés. Si nous ne les avions, dès le début, pris en main et conduits de près, ils se seraient trouvés bientôt réduits au rôle de rouages inutiles entre l'autorité des mandarins supérieurs et les employés inférieurs de leurs propres bureaux[1].

Il fallait donc créer un organe de surveillance permanente et d'administration locale qui permit de s'affranchir dans la pratique de l'intermédiaire des mandarins provinciaux et de diriger nos fonctionnaires Thôs dans leur nouvelle mission.

Les commandants des secteurs militaires étaient là; on en fit des administrateurs en leur donnant une mission politique et des droits bien définis dans leur circonscription territoriale qu'on avait eu soin de faire le plus souvent coïncider avec une division administrative.

Ces droits sont fort étendus et le commandant du secteur jouit chez lui, au point de vue du gouvernement des indigènes, d'une très large initiative. Tous les fonctionnaires indigènes sont à ses ordres, y compris le Tri-Chau, son principal agent et son conseil naturel pour les affaires indigènes. Il suit de plus près les habitants et entre davantage dans la vie du pays, que ne peut le faire un commandant de cercle ou un résident. C'est en somme de l'administration directe que nous faisons là avec des rouages indigènes. L'agent Français

---

1. Ces derniers, Annamites lettrés rompus au service administratif, n'auraient pas tardé à prendre la direction effective de l'administration.

(le commandant du secteur) donne des ordres directement, répartit les charges et, s'il y a lieu, les secours, vérifie les rôles d'impôts et les touche, assure le recrutement militaire, ordonne les corvées, reçoit et examine les demandes ou les réclamations des habitants, dirige la police et note les fonctionnaires.

La tâche est lourde dans un pays neuf et nos mandarins étaient souvent bien peu instruits des choses administratives. Aussi, l'expédition des affaires ne conservait pas toujours cette régularité de forme si chère aux bureaux et aux chancelleries. On s'en tira cependant sans trop de difficultés et l'inexpérience de leurs auxiliaires eut même cet avantage de permettre aux officiers administrateurs de prendre chez eux dès le début, l'autorité qui leur était nécessaire, sans se perdre dans les entraves que sait, mieux que tout autre, enchevêtrer la bureaucratie annamite.

Les populations, après avoir accueilli avec joie le remplacement des fonctionnaires annamites par des hommes de leur race, virent bientôt sans déplaisir l'autorité française se rapprocher d'elles. Très méfiantes d'abord et à juste titre, il leur fallut du temps pour se convaincre qu'il ne s'agissait plus cette fois d'un de ces passagers retours offensifs si rapidement suivis de retraite, après lesquels, mandarins annamites et pirates se payaient de leurs déboires sur les malheureux qui avaient eu l'imprudence de nous rendre service.

Quand ils eurent trouvé chez le commandant du secteur une protection efficace et durable cette fois contre la piraterie, les habitants s'habituèrent vite à chercher en lui un appui désintéressé dans leurs réclamations et un arbitre équitable dans leurs différends.

Ce mouvement vers l'autorité française qui s'était

faite abordable à tous, devint bientôt très important. Il mérite d'être noté comme une manifestation remarquable du besoin de justice si vivant chez toutes les populations simples.

Une tendance à ce point légitime et utile au progrès de notreétablissement devait être encouragée. L'accueil fait aux premières tentatives de rapprochement rassura les timides et l'on vit bientôt les paysans exhumer leurs vieux procès et leurs réclamations en suspens pour se donner la satisfaction rare et si nouvelle pour eux, de se faire rendre justice gratuitement.

Ce fut même bientôt une charge très absorbante que celle de donner audience à tous ces braves gens porteurs de grimoires barbouillés de cachets rouges et de caractères chinois, qu'ils apportaient soigneusement roulés dans quelque morceau de bambou. Il s'agissait de vieilles querelles au sujet d'un morceau de rizière ou de réclamations déjà vingt fois renouvelées dont l'exposition, interrompue à chaque phrase par les formules de politesse et de respect, exigeait d'interminables palabres. On arrivait cependant le plus souvent à s'entendre et, à part la loi annamite qui en éprouvait parfois quelque dommage, tout le monde se trouvait bien de ces arbitrages où le sens commun remplaçait autant que possible les considérations juridiques.

La possibilité de parler à un mandarin, fût-il français, sans bourse délier et d'obtenir quelque chose de lui, sans un cadeau proportionné à l'affaire, est toujours un sujet d'étonnement pour nos administrés.

C'est une question délicate en Extrême-Orient que celle du cadeau, du « laï ». Elle est si diversement appréciée que, dans la pratique, on peut s'en trouver embarrassé.

On entend dire souvent de très bonne foi [1] au Tonkin qu'il est impossible de refuser le cadeau présenté par un indigène, que c'est faire une grave injure au donateur et aller à l'encontre des usages du pays. D'autres affirment que le fait même d'accepter de ses administrés la plus légère offrande est une malversation. A propos d'une circulaire du gouverneur de l'Indo-Chine défendant aux fonctionnaires d'accepter les cadeaux des indigènes, on a pu lire cette année dans tous les journaux de France des articles éloquents et indignés, proclamant qu'il était honteux, en notre temps de probité et d'intégrité professionnelle, qu'il pût encore être question de cadeaux, de pots-de-vin, fût-ce dans la plus lointaine de nos colonies . . . . .

Il y a autant d'exagération dans la « résignation » des premiers que dans les foudres un peu ridicules des seconds.

L'usage veut en Annam qu'en aucune circonstance l'inférieur ne se présente les mains vides chez un supérieur, quel qu'il soit. C'est le moyen courant de contribuer à l'entretien du mandarin et de reconnaître d'avance la bienveillance qu'on lui demande. Mais c'est en outre dans d'autres cas, une sorte de tribut et un signe matériel de soumission et d'obéissance à l'ordre établi.

Aussi faut-il distinguer les quelques victuailles clas-

1. Il est entendu que j'écris ici pour les honnêtes gens. Tout fonctionnaire qui voit dans le « laï » un supplément de solde ou de bien-être à prélever sur le pays, ou apporte dans une détermination une préoccupation de lucre, si petite soit-elle, n'est déjà plus un honnête homme.

Le cas n'est malheureusement pas théorique. Il y a des voleurs et des gens indélicats au Tonkin comme en France, peut-être pas plus.

siques (œufs, fruits, poissons, riz....) que présentent les mandarins et les notables à titre d'hommage collectif, des cadeaux que se croient forcés d'offrir les malheureux paysans qui viennent demander justice ou présenter une réclamation.

Refuser le léger tribut des notables est en effet considéré par eux comme un signe de mécontentement grave, c'est mépriser leur hommage et les traiter en ennemi. Il est donc convenable de l'accepter et quelquefois même de l'exiger des villages ou des mandarins peu sûrs dont l'abstention pourrait être préméditée. Le cas est exceptionnel et la seule difficulté pratique est d'amener, sans les froisser, les notables indigènes à limiter leurs présents de telle sorte qu'ils deviennent « représentatifs » et ne puissent être considérés comme une rétribution ou un tribut onéreux.

Il n'en va pas de même pour les habitants isolés qui se présentent en solliciteurs. L'habitude du cadeau en pareil cas doit disparaître. Le paysan Thô s'habitue fort bien à ne rien apporter quand il est assuré que sa requête n'en souffrira pas. Mais la chose lui semble tellement incroyable qu'il faut du temps et quelques précautions pour l'y amener.

En fait, on n'abuse du « laï » que quand on le veut bien. Un homme de bonne foi et de conscience droite peut toujours suivre son inspiration. Il m'est arrivé souvent, au début, d'accepter quelques œufs ou un canard d'un paysan pour ne pas le contrister et même dans les villages du secteur de Dong-Dang, visités, pour la première fois, de recevoir des présents relativement importants comme un porc entier ou un petit bœuf que mon escorte partageait avec les habitants en signe de réjouissance. — Je n'ai jamais eu de remords à ce sujet.

On peut en somme, et c'est ce qu'il importe de retenir, dans cette question du « laï » comme en bien d'autres circonstances, s'affranchir très largement sans aucun inconvénient des traditions locales. Il suffit d'y mettre un peu de tact.

S'il est sage de tenir compte dans la forme des habitudes du pays et de ses mœurs, il ne faudrait pas croire cependant que c'est en copiant les mandarins, en administrant à leur place et comme eux que nous prendrons une autorité durable et solide. Notre supériorité de race chrétienne réside surtout dans le sentiment de la justice, il serait absurde de la perdre sous prétexte de nous conformer aux mœurs locales. Apportons avec nous la justice gratuite, ouverte à tous, facile à obtenir, soyons abordables, rapprochons-nous des populations. Notre prestige n'a rien à y perdre; la peur n'ajoute rien au respect et on peut gouverner les races des hautes régions sans marcher toujours le rotin et le coupe-coupe à la main. Le respect d'abord, puis l'attachement des habitants, nous seront acquis d'une façon d'autant plus rapide et durable que nous aurons marqué plus profondément la différence entre notre gouvernement et celui des annamites. Que l'administration française prenne à son compte la protection des habitants, le soin de leur sécurité, la défense de leurs droits, la distribution des secours et laisse à la justice indigène, soigneusement surveillée, le soin matériel de la répression. C'est un artifice, si l'on veut, mais il est utile et légitime. Bienveillance ne veut pas dire faiblesse, il faut punir parfois rigoureusement mais il nous est permis de montrer que ce n'est point là notre fonction et que nous ne sommes pas venus pour cela, en affectant d'en laisser la charge à la justice habituelle du pays.

Ce serait le lieu d'enregistrer les résultats obtenus et
de parcourir le pays réorganisé en fin 1895. Le témoignage de ceux qui ont pu visiter la frontière chinoise
avant et après cet effort de deux ans, est unanime à
déclarer ces résultats véritablement inespérés.

L'occupation définitive de la région et la sécurité
assurée, avaient bientôt fait rentrer au Tonkin les habitants émigrés. Leurs villages s'étaient reconstruits
d'abord sous la protection immédiate des postes et en
des points choisis pour en rendre la défense facile (mamelons, rochers, grottes).

La réorganisation politique, la pacification morale
fit le reste. On vit sortir de leurs tanières, peu à peu
et timidement d'abord, les habitants terrorisés par tant
d'années de souffrances. Les cabanes en paillotes reprirent le chemin de la plaine, les villages perdirent
leur aspect de repaire pour se disperser plus riants et
plus abordables sur le bord des rizières. La terre fut
bientôt remise en culture, les marchés fréquentés, les
impôts, très modérés il est vrai, régulièrement payés.
Des symptômes de confiance caractéristiques, comme la
construction de maisons en briques et la reprise des
cultures à long terme (la badiane par exemple), ne
tardèrent pas à devenir fréquents. Le pays présenta
bientôt une physionomie sinon prospère encore et riche,
du moins tranquille et vivante.

Cet approvisionnement des indigènes, cette entente
entre l'autorité française et les habitants était certainement la note la plus caractéristique et la plus frappante
de notre œuvre pour les hommes connaissant le Tonkin.
J'en citerai seulement comme exemple ces quelques
lignes tirées d'une série d'articles parus dans le courrier
d'Haïphong, dans le courant de janvier 1896. M. J. de

Cuers, directeur de ce journal, y raconte les impressions de sa visite à Langson, Dong Dang et Nacham, quelques jours avant le départ du colonel Gallieni [1].

« Ce qui frappe, dit-il (entre Langson et Dong
« Dang), c'est l'air confiant des populations. Thôs,
« Muongs et Chinois vont et viennent sur la route, aux
« abords des villages, portent leurs denrées au marché :
« les femmes et les enfants mettent le nez à la porte
« des Caï-nha pour voir passer la troupe. Beaucoup de
« curiosité mais polie, pas gênante, sans aucune appa-
« rence d'inquiétude ni d'hostilité. A l'approche des
« cavaliers, personne ne s'enfuit. Je note cette impres-
« sion car elle est déjà très vive au début du voyage. On
« le sent : l'absence de tracasserie de la part de l'admi-
« nistration a rassuré tous ces pauvres gens qui ont
« tant souffert des Chinois ; ils ont pris l'habitude de
« voir dans les Français, dans les officiers, des protec-
« teurs. C'est l'indice très net d'un état d'esprit signifi-
« catif — que je retrouverai partout au cours de cette
« excursion et il ne fera que s'affirmer davantage les
« jours suivants. Plus nous pénétrons au cœur de ces
« populations, de ces villages thôs, muongs et mans,
« sauvés des exactions des bandes chinoises par l'orga-
« nisation défensive du territoire, telle que l'a comprise
« le colonel Gallieni, associés à la police du pays, à la
« répression de la piraterie, plus aussi nous sentirons
« grandir ce sentiment de confiance, plus les indigènes
« viendront à l'approche du commandant du territoire
« dont ils reconnaissent le fanion, sans qu'aucun d'eux
« traduise la moindre appréhension.....

1. *Courrier d'Haïphong*, 14, 16, 18, 21, 23 et 28 janvier 1896.

« Dans ces villages, écrit-il encore, dont la popula-
« tion avait fui en Chine pour éviter le pillage, les
« habitants sont revenus très vite dès qu'ils se sont
« sentis protégés. On ne voit que cultures nouvelles,
« que fermes à peine rebâties depuis quelques mois.
« Beaucoup de buffles paissent en liberté.

« Mais ces gens qu'une politique sage a ramenés au
« Tonkin et qui se sont complètement ralliés à nous, il
« importe aujourd'hui au protectorat de ne pas se les
« aliéner.

« Qu'il y prenne garde, un retour à l'ancien ordre
« de choses serait funeste, et les détournerait de nous à
« jamais.

« Ce qui les a séduits dans le régime nouveau c'est
« l'honnêteté administrative. L'autorité du Tong-Doc
« de Langson, le vieux Vi-van-Li, est toute de forme
« extérieure. Le territoire lui rend beaucoup d'hon-
« neurs, mais lui a enlevé toute autorité. Au-dessous
« de lui, point de mandarins annamites pillards qui
« pressurent la population, point d'An-Satt qui rende
« la justice aux plus offrants.

« . . . .

« Ce sera l'éternel honneur du colonel Gallieni,
« contre ses détracteurs, l'éternel honneur de ses colla-
« borateurs dévoués d'avoir su inspirer confiance, en si
« peu de temps, à ces indigènes si méfiants par nature
« et qui l'étaient encore rendus davantage par la len-
« teur du protectorat à les protéger. »

Cette appréciation de l'œuvre accomplie dans la haute
région est intéressante à enregistrer ; elle résume bien
l'opinion à peu près générale des colons européens du
Tonkin.

Ce sont là du reste des constatations de faits qu'il serait facile de multiplier. De tout ceci, retenons seulement qu'en prenant une ligne de conduite et des procédés de gouvernement adaptés au pays et aux circonstances, sans souci des errements précédents, nous avons obtenu des résultats qu'on ne saurait méconnaître.

Malheureusement, c'est encore du provisoire [1].

La grande autorité du colonel Gallieni, la confiance qu'il avait su conquérir et surtout le besoin qu'on avait de ses services pour achever la pacification, donnaient, il est vrai, force de loi à notre réglementation de fortune. Mais voici la pacification passée au second plan et il s'agit d'administrer. Dans cet ordre d'idées, bien qu'en France, dit-on, le provisoire seul soit durable, il faut de l'officiel, du définitif, pour faire équilibre à l'instabilité du personnel.

Il est donc nécessaire de régulariser, d'asseoir l'administration des hautes régions. Deux orientations se présentent :

1. Nous avons vu, par exemple, le commandant du secteur donner des ordres au Tri-Chau et l'employer directement à tous les détails de l'administration. En théorie et d'après le régime du protectorat, c'est seulement par l'intermédiaire du Tong-Doc de Langson que ce fonctionnaire aurait dû recevoir les instructions de l'autorité française. Cela crée une situation difficile, car les ordres du commandant du secteur n'étaient pas toujours d'accord avec les instructions du Tong-Doc et nos fonctionnaires indigènes s'en trouvaient parfois fort embarrassés. Jusqu'ici les petits mandarins Thôs, pleins de bonne volonté, n'hésitaient pas à suivre le commandant du secteur et le Tong-Doc lui-même, malgré quelques signes de mauvaise humeur, en présence de la situation un peu subalterne qui lui était faite, ne s'est pas hasardé à un conflit réel. Il y a là cependant un véritable danger qu'il est indispensable de faire disparaître.

— Désintéresser les officiers peu à peu des affaires indigènes pour les renfermer dans leur domaine militaire et s'acheminer ainsi vers le régime civil.

— Ou au contraire les y faire entrer plus avant, leur en donner la direction d'une façon plus complète et sanctionner officiellement l'existence d'une véritable administration militaire française.

Il serait délicat d'aborder dans son ensemble la comparaison et l'étude des deux modes de gouvernement. C'est une matière de discussion toujours complexe et souvent irritante. Bornons-nous à la seule question qui rentre dans notre cadre :

Dans le territoire de Lang-Son et généralement dans les régions frontières, est-il prudent d'appliquer le régime civil tel qu'il est compris au Tonkin ? Cette modification doit-elle être hâtée ou y a-t-il lieu au contraire d'y laisser subsister un régime exceptionnel sous l'autorité militaire ?

Le bon sens et l'expérience s'accordent à démontrer que la sécurité est la base nécessaire de toute colonisation. Il faut donc l'obtenir d'abord, puis la faire durer. Personne ne conteste que c'est à l'action militaire que revient la première partie du programme. Elle est remplie dans les provinces qui bordent le Quang-Si.

Il reste à se demander si le régime civil est outillé pour y assurer d'une façon permanente la sécurité des populations et des Européens et pour permettre à ces provinces de remplir efficacement leur rôle de tampon entre la Chine et les terres basses. L'expérience a été faite et n'a pas été heureuse. Langson et Cao-Bang ont joui autrefois de l'administration civile qui s'y est montrée impuissante. Cette impuissance est-elle défini-tive et le régime militaire est-il en état de mieux réussir ?

Même ainsi réduite, la question est difficile et mérite qu'on s'y arrête. Voici mon opinion : le régime civil est encore impossible pour de longues années dans les provinces de la frontière. Il n'y a pas lieu, du reste, de chercher à hâter ce retour au droit commun, car cette hâte est dangereuse et sans profit. L'administration militaire a ses inconvénients ; il semble démontré, cependant, qu'elle peut faire progresser le pays et le conduire au développement économique et commercial qu'il comporte, à condition de recevoir une constitution officielle assise sur des bases raisonnables. Essayons de le prouver.

Le régime civil, avons-nous dit, est encore impossible pour de longues années dans les provinces de la frontière. C'est comme toujours dans une erreur de fond que nous chercherons le secret de cette incapacité et le point faible de notre gouvernement indigène, sans avoir recours aux arguments faciles et habituellement exagérés, qu'on tire trop souvent des abus de détail et de la valeur du personnel employé.

En théorie, le pays protégé, l'Annam, reste chargé de son administration intérieure et conserve les attributions administratives du gouvernement (police, justice, administration proprement dite...); un petit nombre de fonctionnaires français contrôlent le fonctionnement des services indigènes, administrent les Européens et les Asiatiques étrangers et assurent directement la marche des services généraux du gouvernement (gestion des finances, travaux publics, sécurité générale, affaires extérieures, emploi de la force armée).

Nous avons observé, en étudiant le corps social annamite au Tonkin, combien l'organisation d'une semblable tutelle était chose difficile. Pour être avantageux aux deux contractants, le protectorat doit se limiter à sa fonction normale : direction d'ensemble et contrôle. Il présente alors sur l'annexion une véritable supériorité : économie de fonctionnaires, acceptation plus facile par les habitants, transition amiable, sans à-coup et sans l'anarchie momentanée qui accompagne nécessairement un changement brusque de nationalité. Mais cela n'est possible qu'à trois conditions :

1º Que le pays protégé possède d'avance des rouages administratifs complets et en état de fonctionner régulièrement ;

2º Que la tranquillité générale et la sécurité y soient suffisantes pour ne pas exiger d'une façon habituelle la force comme moyen de gouvernement ;

3º Que le protégé accepte le protectorat sans trop de répugnance et ne conserve pas l'idée fixe de profiter de la première occasion pour jeter son protecteur à la porte.

La première de ces conditions était remplie au Tonkin à l'exclusion des deux autres. Cela explique pourquoi il a fallu de tous temps sortir du protectorat normal par des expédients.

L'emploi de la force dans un pays mal pacifié et peu sûr était, au début surtout, de tous les jours. On ne pouvait songer à en confier le maniement, même pour la police, aux autorités annamites qui n'auraient pas manqué d'en user contre nous. Leur mauvaise volonté forçait en outre, un peu partout, les fonctionnaires français à transformer le contrôle dont ils étaient chargés en une intervention directe et journalière dans les affaires locales. C'est ainsi que le pays se trouva bientôt soumis à deux gouvernements parallèles, à deux hiérarchies juxtaposées dont les rapports et la subordination mutuelle sont le plus souvent mal définis.

Il faudrait, pour rendre possible le fonctionnement régulier d'un pareil système, que l'entente fût toujours complète entre les autorités supérieures françaises et annamites. Mais cette entente (nous avons essayé de dire pourquoi) ne peut avoir lieu qu'exceptionnellement et, pour ainsi dire, à la surface. Aussi chaque résident est-il obligé, dans sa province, de se créer un *modus vivendi* avec les mandarins de son ressort. Quand il est très habile et quand les mandarins sont bien disposés, les affaires peuvent aller sans trop de froissements. Cela est rare et le résident se trouve souvent obligé d'agir en sens inverse des instructions que les mandarins provinciaux reçoivent de leurs supérieurs naturels. De là suivent des frottements, des résistances, des difficultés qu'il ne peut surmonter qu'en brusquant les choses et en imposant directement sa volonté, sans se préoccuper de la direction occulte donnée par le gouvernement annamite. Mais cette attitude n'est possible que s'il est armé et soutenu. Ce n'est pas toujours le cas.

A côté des mandarins qui prétendent n'obéir qu'à leur vice-roi, voici les services français (armée régulière, douanes, trésor...) dont chacun se réclame de ses directeurs propres et n'accepte d'observations d'aucun autre. L'ensemble constitue un régime aussi compliqué, aussi spécialisé, aussi peu maniable qu'en France. Un pays sûr, calme, depuis longtemps dressé et assoupli pourrait à la rigueur s'en contenter. Le Tonkin n'en est pas là. La preuve en est dans les tâtonnements et les expédients, peu heureux quelquefois, destinés à éluder les termes d'une constitution de protectorat reconnue insuffisante.

On a paré au plus pressé en mettant dans la main des résidents, par la création des milices, le premier outil de gouvernement, la force. Cela leur permet de passer outre aux résistances locales, de résoudre les conflits de détail et de faire la police chez eux comme ils l'entendent. Mais quoi qu'on ait tenté, notre régime civil dans les provinces manque d'assiette, d'autorité et d'unité dans la direction; par conséquent il manque de puissance.

M. de Lanessan, dès son arrivée, frappé de l'arbitraire que cette situation entretenait dans notre administration et des abus qui en découlaient, avait essayé de résoudre la question autrement. Il espérait trouver le remède à cette plaie dans un retour aussi complet que possible aux principes du protectorat normal. Sa première préoccupation fut de rendre aux Annamites leurs attributions administratives et de leur remettre dans la main une partie de leurs moyens d'action. Bien que ne partageant point du tout sa confiance dans la bonne foi des mandarins, j'ai eu l'occasion déjà de constater qu'il y avait là une ligne de conduite raisonnable et une tentative loyale de retour à une situation nette. Les premiers résultats semblaient encourageants. Tout vaut mieux que l'anarchie.

Il dut cependant s'arrêter en route et reconnaître pratiquement la nécessité de laisser encore à l'autorité françaises, dans les provinces, une action de gouvernement plus directe et plus étendue que ne le comporte notre traité de protectorat. La dualité d'attributions, la coexistence de deux hiérarchies administratives dont les rapports sont mal définis, reste donc entière. Le mal est aggravé par la spécialisation et l'indépendance relative des différents services publics qui entravent à chaque pas l'action personnelle et l'initiative du résident.

La tentative de M. de Lanessan est-elle destinée dans l'avenir à préparer une solution définitive? Sera-t-il possible de rendre à l'administration annamite toute son autonomie et toute sa vitalité, afin de limiter notre action à la direction générale du gouvernement et au contrôle? Peut-être; mais il faut attendre que la race annamite ait produit une classe dirigeante moins réfractaire à notre civilisation. C'est un travail social qui demande des générations. Que faire en attendant?

Notre organisation des hautes régions peut à ce sujet donner quelques indications. On y verra peut-être la possibilité de gouverner à l'aide de cadres indigènes directement commandés par des fonctionnaires français. Pourquoi le résident ne recevrait-il pas les droits qu'il est obligé de prendre et ne deviendrait-il pas le chef immédiat du gouvernement indigène. Les échelons supérieurs de la hiérarchie annamite se trouveraient peu à peu réduits à un rôle de figuration honorifique et de chancellerie. Personne, je crois, ne s'en plaindrait. La chose en tout cas vaut la peine d'être étudiée mais elle sortirait de notre cadre.

Dans la haute région, c'est grâce à une surveillance de tous les instants, à une occupation militaire très solide et surtout à cette unité d'action si énergiquement réclamée en toutes circonstances par le colonel Gallieni, que nous avons imposé au pays cette tranquillité complète, mais encore précaire, qui lui a permis de renaître et de se reconstituer en dix-huit mois. Nos postes militaires retomberaient dans l'impuissance, les populations armées bientôt désorientées, deviendraient inutiles et peut-être dangereuses, du jour où cette unité d'action si laborieusement obtenue viendrait à se relâcher. Il n'est pas nécessaire d'insister sur l'impossibilité d'obtenir en territoire civil une pareille discipline et une aussi complète coordination de tous les pouvoirs. Les considérations qui précèdent et l'expérience si souvent renouvelée en sont une preuve suffisante.

Cette expérience en effet n'est plus à faire. Toutes les provinces non encore pacifiées sont confiées d'abord à l'autorité militaire et soumises à son régime d'exception avant leur passage au droit commun. Le processus est régulier et tout irait bien sans la hâte habituelle en pareil cas. Dès qu'une contrée a repris un peu de calme extérieur, les bandes pirates dispersées, les tribus rebelles rentrées dans le devoir, on veut sans autre délai la confier au régime civil. C'est trop tôt.

Il faudrait, après la répression violente, laisser au pays le temps de se discipliner, de se calmer, de se plier à la domination française sous une autorité plus forte et plus libre que celle de notre gouvernement civil. Les résultats acquis n'ont encore aucune stabilité ; bientôt tout se désorganise, les pirates rentrent, les villages échappent aux autorités françaises et après avoir essayé de vivre d'expédients pour ne pas avouer une erreur, on est obligé en fin de compte de reprendre l'œuvre par le pied et de rendre aux militaires une contrée plus dévastée, plus déserte et plus difficile à pacifier que lors de la première tentative. Après une nouvelle et incomplète pacification, nouveau retour au droit commun... Certaines provinces intermédiaires entre le Delta et la montagne ont ainsi changé trois ou quatre fois de gouvernement.

Ces oscillations suffisent à expliquer comment on trouve encore si dévastées et si peu sûres des provinces qui devraient être depuis longtemps repeuplées et tranquilles. Le Yen-Thô [1] en est peut-être le plus remarquable exemple. Il serait intéressant d'en écrire l'histoire comme document de colonisation. En octobre 1895 une grosse colonne de 1,800 à 2,000 fusils reprenait possession de cette contrée si souvent pacifiée sur le papier et y servait de prélude à une nouvelle période militaire devenue nécessaire après deux ou trois essais malheureux de gouvernement civil.

Je ne voudrais pas me donner ici le ridicule d'en conclure que le régime militaire est d'une façon générale supérieur au régime civil, cela prouve seulement que chacun d'eux doit venir en son temps et que pour rendre possible le fonctionnement délicat de notre administration civile aux colonies, il faut un pays tranquille, discipliné déjà, déshabitué des rébellions intérieures et à l'abri des agents de trouble extérieurs.

Cette obstination à « civiliser » ou mieux à « fonctionnariser » nos conquêtes avant maturité tient souvent à des préventions, très répandues dans certains milieux, contre le régime militaire. Au Tonkin, elle est due surtout à l'habitude prise de considérer ce passage au régime civil comme la constatation officielle d'une pacification définitive. On comprend combien les gouverneurs généraux sont désireux de faire le plus tôt possible cette constatation et d'en tirer une preuve irrécusable des progrès accomplis.

On pourrait y joindre, dans certains cas, un motif

---

1. Cet insuccès en ce qui concerne le haut Yen-thô, dévasté, dépeuplé et inculte est d'autant plus déplorable qu'il n'est peut-être pas au Tonkin de région plus fertile, plus propre aux cultures riches et mieux placée pour la création d'exploitations agricoles importantes.

qui a sa valeur : le souci de placer et d'utiliser quelques-uns des fonctionnaires qui attendent un poste.

De tout ceci, concluons seulement que tenter actuellement le retour au droit commun des provinces de la frontière serait une imprudence grave. Nous y sommes donc condamnés pour longtemps peut-être au régime militaire. Il faut s'en contenter et en tirer ce qu'il peut donner.

Après avoir su pacifier, saurons-nous administrer et le pays ne souffrira-t-il pas de cette prolongation de bail ?

Ses adversaires affirment que le « régime du sabre » est dur aux habitants et peu soucieux de la légalité. Le personnel est inexpérimenté et change à chaque instant; les officiers n'ont aucun goût pour des fonctions sans profit. La guerre seule leur rapporte et les succès pacifiques ne sont pas leur fait. Les colons en outre et les commerçants européens ne se hasardent qu'avec défiance en territoire militaire. Cette répugnance constitue un obstacle au développement du pays. — Il y a là un peu de vrai et beaucoup d'exagération.

Le régime du sabre sait, quand il le faut, s'attirer la sympathie des populations. Nos rapports avec les indigènes dans la région de Langson en sont la preuve. La cordialité de ces rapports et la confiance des habitants constituait la note caractéristique, le point spécial qui frappait le visiteur de nos fiefs militaires. Je ne sais si l'entente aurait été aussi rapide et complète en pays annamite. Mais nous avions affaire à des gens simples, ayant plus besoin de justice que de légalité, qui s'accommodaient fort bien de nos procédés sommaires. Si du reste, nous pouvons accepter le reproche de n'avoir pas montré en toutes circonstances un respect absolu de la loi annamite représentée par le mandarin, c'est toujours au profit de la justice et dans l'intérêt de l'habitant que nous lui avons manqué. Nos administrés ne s'en plaignaient pas.

La répugnance des colons et des commerçants français à se fixer en territoire militaire est explicable. Par définition, les territoires militaires sont ceux qui ne sont pas pacifiés ; ils craignent d'y trouver l'arbitraire et le manque de sécurité. Ceux qui ont habité ou visité le IIe territoire en 1894-1895 n'ont plus, je crois, ces préventions.

Les critiques visant le manque de stabilité et d'expérience administrative des officiers sont plus sérieuses et doivent être prises en considération, au moment où la chasse aux pirates, passée au second plan, doit céder le pas à l'étude des questions politiques et économiques qui intéressent l'avenir du pays.

Pour ne pas enrayer les progrès chaque jour plus sensibles d'une région qui ne demande qu'à prospérer, il faut entrer hardiment dans la voie des réformes administratives, régulariser les rapports des fonctionnaires indigènes avec l'autorité française, reviser l'impôt, revoir l'application des lois annamites relatives à la propriété, encourager certaines cultures, réorganiser l'instruction dans les villages, pousser les travaux publics, régler l'entretien et poursuivre l'amélioration des voies de communication... Tout cela, l'autorité militaire peut le faire avec son personnel qui, à défaut d'expérience, ne lui marchandera pas le concours de son dévouement et de son désintéressement. Les incontestables progrès réalisés en quelques mois sont garants du succès final. Mais il faut reconnaître que les changements trop fréquents et le manque de pratique des officiers chargés de fonctions administratives constituent, dans cette nouvelle phase, une difficulté grave.

Le colonel Gallieni avait amélioré déjà la situation en s'appliquant à ne distraire que le moins possible de leurs fonctions, les commandants de secteur. Il le fallait néanmoins trop souvent.

La cause principale de ces déplacements obligatoires est assez caractéristique. Les militaires n'allant point aux colonies pour faire fortune n'y peuvent chercher que des avantages de carrière. Or, d'après nos règlements, il n'est établi de propositions spéciales pour l'avancement ou autres récompenses, qu'à la suite des grosses colonnes, des opérations militaires proprement dites. Il en résulte que pour récompenser un commandant de poste ou de secteur dont la circonscription est tranquille, on doit d'abord l'envoyer ailleurs. Il n'y a point à comparer cependant la somme d'énergie, d'activité et d'action personnelle que doit dépenser un officier dans son petit gouvernement isolé, avec celle qui lui revient, en sous-ordre, dans une colonne nombreuse. Mais les militaires sont faits pour tirer des coups de fusil, s'ils sont employés à autre chose, cela ne peut entrer en ligne de compte dans leurs états de services.

C'est un tort. Quel que soit leur bon vouloir, les chefs militaires ne peuvent, en effet, sortir de cette alternative. Décourager les officiers administrateurs en leur imposant contre leur gré des fonctions sans profit. Ou leur rendre difficile tout travail sérieux, toute entreprise de longue haleine en les appelant à concourir comme les autres aux opérations actives en dehors de chez eux.

Cette seconde solution entrave tout progrès politique

durable. La première est plus mauvaise encore parce qu'elle est injuste.

Il y a là un très réel danger pour toute tentative d'administration militaire. Peut-être sera-t-il nécessaire pour y remédier de spécialiser les commandants de secteur ou au moins de les soustraire aux déplacements trop fréquents nécessités par le commandement direct de leur troupe, sans qu'ils aient à craindre de compromettre leurs intérêts de carrière en s'attachant à leurs fonctions administratives.

Sans insister davantage, reconnaissons-le, l'administration militaire a ses inconvénients. Elle peut réussir cependant à condition de recevoir une constitution officielle assise sur des bases raisonnables.

Cette constitution officielle est indispensable mais difficile à obtenir. Sous l'impulsion du colonel Gallieni, une œuvre remarquable a été produite en deux ans. Le pays a été pacifié, repeuplé, réorganisé, transformé. C'est en faisant table rase de nos méthodes précédentes et de notre habituelle routine que nous avons réussi. Ce fait dépasse en portée les limites du territoire où nous venons de l'étudier. Il montre ce que peuvent faire des officiers et des fonctionnaires français un peu délivrés des entraves accoutumées et quel essor ce retour à l'action individuelle et à la responsabilité personnelle peut donner à une entreprise de colonisation. Cette constatation malheureusement a été souvent faite et infructueusement. Que dans une situation difficile, se présente un homme suffisamment trempé pour réclamer et obtenir ses coudées franches et assez doué pour user utilement de sa liberté d'action, il réussira toujours. Mais, en outre de sa tâche normale, il lui faudra dépenser une somme d'énergie qu'on ne soupçonne pas pour conserver les libertés acquises et empêcher la roue si péniblement tirée de l'ornière, d'y retomber. C'est une lutte de tous les instants, que lui permettra seule de soutenir l'autorité personnelle que donne le succès.

Du jour où cet homme disparaît, il est remplacé par un autre du même grade ou de la même classe, inscrit dans la même colonne sur les papiers administratifs. Quelles que soient sa capacité et son énergie, le nouveau venu ne pourra pas dès l'abord prendre la même assurance et la même autorité morale. Si les travaux de son prédécesseur n'ont point encore reçu la consécration d'un texte officiel, ne sont pas devenus des lois, il sera le plus souvent écrasé par l'effort des services et des bureaux ligués pour reconquérir leurs prérogatives et retrouver le jeu tranquille de leur habituelle hiérarchie. Car nos administrations joignent à leurs autres qualités une susceptibilité rare et une extrême jalousie de leur autonomie.

Le difficile en France n'est donc pas de donner un « coup de collier », de faire vite et bien, mais de rendre les résultats durables, de profiter du travail déjà fait.

C'est ce qui explique dans toutes nos entreprises nouvelles la lenteur des progrès et la médiocrité du rendement final. Beaucoup de travail fourni et de résultats partiels obtenus, rien de solide et de définitif. Les réformes laborieusement conquises, les méthodes soigneusement expérimentées restent le plus souvent à l'état d'efforts personnels. Elles entrent rarement et difficilement dans le domaine des règlements écrits, des lois administratives. Ceux que le jeu naturel du régime existant a portés aux échelons supérieurs de leur mandarinat spécial, trouvent ce régime excellent. Ils sont devenus par état, hostiles à tout esprit d'initiative et par habitude, opposés à toute innovation.

C'est donc le passage du provisoire au définitif, de l'essai au règlement qu'il est indispensable et si difficile de hâter. M. de Lanessan avait accepté de tenter loyalement l'expérience; il aurait, je crois, poussé jusqu'au bout. M. Rousseau, devant les résultas acquis, s'était décidé à poursuivre dans cette voie et avait entrepris de faire des règlements avec les méthodes appliquées au IIe territoire[1]. Il était en train de leur donner la sanction des textes officiels et de les étendre, dans la mesure des ressources disponibles, à toutes les provinces de la frontière. C'est un résultat consolant et malheureusement exceptionnel d'avoir pu en deux ans imposer le principe et prouver la possibilité de cette transformation. Espérons que l'œuvre sera poursuivie.

Il resterait à préciser les bases sur lesquelles il convient d'asseoir cette constitution réclamée pour les territoires militaires.

---

1. Malgré la réserve que je me suis imposée, il m'est impossible de ne pas citer ici le nom du commandant Lyautey (aujourd'hui lieutenant-colonel commandant un territoire militaire à Madagascar). Collaborateur et ami du colonel Gallieni, il s'était fait le propagateur ardent et autorisé de ses idées dans les fonctions successives de chef d'état-major du général commandant les troupes et de chef du cabinet militaire de M. Rousseau.

C'est à son infatigable action, à la légitime influence qu'il avait acquise et que savait apprécier M. Rousseau, qu'est due la réglementation, l'acceptation officielle des méthodes coloniales étudiées dans ce livre. Le Tonkin lui doit beaucoup.

Mais ce serait nous répéter car il s'agit seulement de rendre définitif ce qui existe déjà.

Il suffira de le résumer en terminant. Ce sera la conclusion de ce chapitre.

Notre but est double :

1° Former des « marches militaires » solidement occupées et opposant un obstacle sérieux au mouvement des bandes pirates entre la Chine et les provinces riches du Delta ;

2° Constituer en même temps à notre occupation un point d'appui solide où nous puissions compter sur l'entier concours des habitants, même en cas de soulèvement ou de troubles dans les provinces annamites.

Le régime militaire peut seul assurer à notre occupation et aux habitants armés un encadrement et une cohésion suffisamment solides pour créer ce barrage. — C'est chose faite, il suffit de n'y rien changer.

Le second point est plus délicat. Pour mener à bien ce travail politique, deux choses sont nécessaires : soustraire complètement les habitants à l'influence des Annamites et leur créer une situation privilégiée. La suppression des mandarins annamites chez les Muongs a été le premier pas. Ils doivent être remplacés par un gouvernement très rapproché des habitants, ne comportant que les intermédiaires indispensables, pris dans le pays, nommés par leurs pairs et subordonnés à l'autorité française, à tous les degrés de la hiérarchie.

Les Annamites voient naturellement d'un mauvais œil ces provinces leur échapper définitivement et ne renonceront pas, sans une lutte opiniâtre, aux bénéfices qu'ils en tiraient [1]. Notre intérêt est de couper court à

1. Voici un exemple qui montrera combien les Annamites

ces retours offensifs en leur enlevant sur les autres races, tout moyen d'action.

S'il est difficile sans sortir ouvertement des termes du protectorat, de rompre officiellement les liens de souveraineté de la cour d'Annam sur la hiérarchie administrative et d'en remanier les bases, il faut, en appliquant régulièrement ce que nous avons expérimenté dans le IIe territoire, lui soustraire pratiquement les derniers échelons et admettre l'action immédiate de l'autorité française locale sur les habitants et les fonctionnaires inférieurs. Les secteurs créés par le colonel Gallieni répondent parfaitement à ce besoin de surveillance rapprochée. Ils sont appelés à former le cadre principal de notre gouvernement militaire. Ce sera, si on veut, de l'administration directe ; mais elle perd dans ce cas ses véritables inconvénients car elle n'augmente

sont tenaces et comment ils cherchent à reprendre possession du pays qu'on leur a enlevé. Quelques mois après le remplacement des mandarins annamites, trois ou quatre anciens Tri-Chau en disponibilité, étaient venus trouver le Tri-Chau « Thô » de Dong-Dang, le plus ancien et le plus influent des mandarins indigènes. Ils l'avaient si bien endoctriné que lui-même, quelques jours après, m'exposait la situation difficile des nouveaux fonctionnaires qui ne connaissaient pas l'administration et l'utilité qu'il y aurait pour eux, à pouvoir compter sur un secrétaire intelligent et instruit, ajoutant que les anciens mandarins annamites ne demanderaient pas mieux que de rentrer, en cette qualité de secrétaires, chez leurs successeurs. Thô ! La nécessité de vivre entrait bien pour quelque chose dans cette requête modeste, mais elle était, à n'en pas douter, encouragée et probablement conseillée par l'autorité annamite supérieure. Si elle avait été admise, ces secrétaires auraient rapidement confisqué l'autorité réelle dans leur ancienne circonscription et la situation serait redevenue ce qu'elle était quelques mois avant, avec cette aggravation que les véritables fonctionnaires, cachés derrière de petits rois fainéants, auraient agi avec d'autant moins de retenue qu'ils n'auraient plus été responsables de leurs actes.

pas le nombre des agents français et ne répugne pas aux habitants qui préfèrent avoir affaire aux Français qu'aux Annamites.

Après avoir ainsi réglé la forme de notre administration, il sera nécessaire d'en simplifier le fond et de la modifier profondément. Son application sera confiée, en effet, à des indigènes n'ayant point fait d'études spéciales et à des officiers français peu familiarisés avec les questions administratives. Il est donc prudent de leur mettre dans la main un instrument solide et facile à manier. De profondes modifications sont nécessaires parce que les lois annamites actuellement en vigueur sont mal appropriées aux besoins du pays. C'est une législation à revoir complètement; nous y reviendrons dans le chapitre suivant.

Le régime que nous voulons créer doit être privilégié. Nous devons faire aux habitants des hautes régions une situation meilleure que celle de nos autres protégés et leur éviter tout sujet de mécontentement habituel si nous voulons les attacher à notre cause par le seul sentiment véritablement puissant et tenace chez l'homme, quelles que soient sa race et sa couleur; celui de son intérêt.

Un impôt très modéré et soigneusement réparti mais rigoureusement exigé, des corvées réduites au minimum et toujours appliquées sur place à des travaux d'utilité publique, le service militaire régional employé exclusivement à la garde du pays. Très large tolérance douanière, facilités de transactions, encouragement des cultures riches par la diminution ou la suppression des taxes, instruction dans les villages, crédit agricole:

Autant de questions dont il faut poursuivre l'étude et activer la solution pour arriver à doter les provinces frontières d'une vie propre, en les faisant profiter directe-

ment de toutes les charges qu'on leur impose. Donnons-
leur en outre un gouvernement soucieux de leurs intérêts, accessible à tous, toujours prêt à écouter les
doléances, à faire droit aux justes réclamations, à aider
les villages, à les dégréver en cas de besoin. Ne demandons en échange aux populations que de s'attacher à
l'ordre nouveau, de vivre en paix, de défendre leurs
champs et leurs villages, de repeupler et de faire progresser le pays par leur travail.

Le protectorat n'a rien à y perdre. Les revenus qu'il
pourrait tirer actuellement des provinces hautes, en les
écrasant, sont insignifiants. — Le bénéfice qui sera la
conséquence nécessaire de cette conduite, au point de
vue de la sécurité de la colonie et de la pacification générale, est considérable.

CHAPITRE VII

Mon intention n'est pas d'entrer ici dans une description détaillée des constructions et des travaux entrepris dans la région de Dong-Dang en 1894-1895. Si je leur ai fait une place à part, c'est qu'à mon sens, l'installation matérielle prend, en matière de colonisation, une importance qui n'est généralement pas chez nous appréciée à sa valeur. C'est un point sur lequel il serait sage de suivre les Anglais et de mettre à profit, en les imitant, leur admirable entente des choses pratiques.

Les voies de communication, avant de devenir la base de tout progrès matériel, sont le premier instrument de pacification dans un pays de parcours difficile. Personne ne le conteste théoriquement. Ce qu'on semble moins comprendre dans les colonies françaises, c'est la nécessité de loger les Européens, troupes et fonctionnaires, confortablement et honorablement. Malgré les grosses dépenses qui en résultent tout d'abord, si l'on faisait de bonne foi le calcul des économies réalisées par suite de la diminution de déchet due à des installations salubres pour les troupes européennes, on trouverait, en fin de compte, que le budget doit y gagner.

Mais il est une autre face de la question qui nous intéressait spécialement près de la frontière de Chine et sur laquelle je veux insister. — Il s'agit de l'effet moral. Les constructions solides, les installations définitives constituent la seule prise de possession qui ne laisse aucun doute sur les intentions du colonisateur. C'est le fait accompli sur lequel il n'est plus possible de revenir.

Nous l'avons signalé plus haut ; dans les provinces de Chine voisines du Tonkin, le bruit courait périodiquement du prochain départ des Français. On en parlait ouvertement sur les marchés et les mandarins de la frontière demandaient sans embarras aux officiers rencontrés, si nous comptions rester longtemps encore au Tonkin. Ils croyaient ou feignaient de croire que, venus seulement pour mettre le pays en coupe réglée, nous irions ailleurs quand il n'y aurait plus rien à prendre. Les populations de la haute région ne savaient trop qu'en penser et à défaut d'autres motifs, cette incertitude aurait suffi à entraver toutes nos tentatives de rapprochement,

L'essor donné aux travaux de toutes sortes, la construction, sur la frontière même, d'établissements militaires considérables et définitifs mit fin aux racontars chinois. Les habitants ne se trompèrent pas sur la portée de cette prise de possession et une des premières places dans l'œuvre de la pacification morale, de l'apprivoisement des populations lui revient sans aucun doute.

C'est à ce large point de vue que se plaçait le commandant du territoire en s'engageant dans cette voie. Le gouverneur général s'y prêta en créant des ressources et, avec l'année 1894, s'ouvrit une période de travail et d'activité plus féconde pour l'avenir du pays que colonnes et combats.

Il était temps, du reste, d'aviser. Nous avons dit l'état de nos postes militaires dans la haute région en fin 1893.

Insécurité, mauvaises conditions hygiéniques, incendies fréquents, difficulté de circulation et de ravitaillement, effet moral déplorable, — rien n'y manquait. Mais en pareille matière la bonne volonté et l'activité ne suffisent pas. — Il faut de l'argent. Aussi, mainte fois signalés déjà, ces graves inconvénients n'avaient pu jusque-là émouvoir l'administration supérieure.

Pendant cette période de deux ans, le protectorat fit face directement à des dépenses de construction pouvant atteindre un million de francs pour le secteur de Dong-Dang. Nous verrons ce que produisit cette mise de fonds que beaucoup d'hommes au Tonkin trouvaient exagérée.

Aurait-on pu faire mieux à moins de frais. — Peut-être. Les traités avec les entrepreneurs étaient onéreux, c'est une conséquence du manque de confiance dans le crédit du protectorat. L'argent coûtait plus cher encore ; j'ai cité une anecdote instructive à ce sujet. Le procédé employé pour obtenir cet argent, en inscrivant de grosses dépenses de constructions militaires au budget du chemin de fer, a été critiqué avec amertume [1]. La question « casernements de Dong-Dang et Na-Cham » fut agitée par moments, sur les rives du fleuve Rouge, comme un petit Panama. Il y avait certainement là des irrégularités réelles et des conditions financières difficilement justifiables.

1. Pour laisser à la question sa physionomie réelle, il faut noter que ces constructions militaires étaient des postes destinés à la garde du chemin de fer qui en avait grand besoin. Seuls les casernements de Dong-Dang et Na-Cham ne se trouvaient pas sur le parcours du tronçon Phu-Lang-Thuong-Langson, mais sur le tracé du prolongement dont les travaux jusqu'à Dong-Dang, commencés en 1896, doivent être finis ou bien avancés.

A qui s'en prendre ? Il est injuste de faire porter toute la responsabilité de semblables trafics sur les hommes qui luttent avec les multiples difficultés de l'exécution. Ils n'ont pas toujours le choix des moyens et se voient souvent contraints d'opter entre des compromis douteux et la politique des bras croisés. Or, il ne faut pas l'oublier, quand un pays neuf n'avance pas — il recule.

Ceci n'est pas un plaidoyer, c'est une observation d'ordre général et un regret, car il y a là une tare, une cause d'impuissance à laquelle échappent difficilement nos entreprises commerciales ou industrielles d'outre-mer.

Il est admis qu'une affaire coloniale doit nécessairement rapporter des intérêts énormes à ceux qui se contentent de prêter de l'argent ou d'en faire prêter. Le capital fictif à rémunérer devient alors absolument disproportionné avec l'importance réelle de l'entreprise qui ne peut plus donner de bénéfices. Les prêteurs en profitent pour augmenter leurs prétentions si l'on veut dans la suite faire un nouvel appel à leurs capitaux. Cette impossibilité, avec nos mœurs actuelles, de mener à bien une grande entreprise à un prix raisonnable est chose si connue que personne ne se hasarderait à en tenter une (un chemin de fer par exemple) sans la garantie de la France ou de la colonie, quand elle est solvable.

En dehors des crédits extraordinaires accordés par le protectorat, le commandant du territoire disposait des crédits réguliers affectés à l'entretien des casernements et aux constructions militaires. Ce fut encore là un champ de lutte. Le service des constructions, confié à l'artillerie de marine, devait assurer directement la construction et l'entretien de tous les casernements occupés par les Européens. L'attribution aux corps de troupes, sous le nom de « Masse de Baraquement », d'un abonnement, pour se loger, était admise seulement dans les régiments indigènes et y donnait de bons résultats. Le colonel Gallieni, conformément à son immuable principe d'unité de direction, réclama et obtint non sans peine, dans son territoire, la haute main sur ce service comme sur tous les autres et la création d'une masse de baraquement pour les troupes européennes.

Le personnel des constructions était absolument insuffisant pour assurer son service en dehors des garnisons importantes et, comme toutes les administrations techniques, éprouvait une répugnance extrême à déléguer ses pouvoirs à des profanes. On n'ouvrait, aux commandants de poste, les crédits nécessaires pour les petites réparations courantes qu'avec une prudence qui touchait à la parcimonie et moyennant justifications énumérées dans d'innombrables factures, généralement fictives.

La méthode changea. Les fonds, directement répartis par le commandant du territoire ou provenant des masses de baraquement, furent confiés suivant les besoins aux commandants de secteur. On leur demanda de justifier l'emploi des sommes reçues, non plus en accumulant des factures signées par quelque vague cabaretier chinois, mais en montrant leurs postes. Chacun s'ingénia à devenir architecte, à utiliser ses ressources en personnel, corvées, matières premières. — On devient économe quand on travaille à son compte. Tous les postes se reconstruisirent bien ou mal ; en tous cas, dans des conditions incontestablement supérieures à ce qui existait. La paillotte et le bois proscrits étaient remplacés par le moellon, la brique, la tuile, la tôle. Tout le monde se trouva peu à peu à l'abri et en sûreté.

L'inexpérience des constructeurs se payait, il est vrai, quelquefois par des insuccès. On vit des murs se lézarder et des ponts menacer ruine. Bien des postes auraient fait sourire un professionnel du bâtiment par leur architecture tout à fait rudimentaire. Il n'est pas moins vrai que l'ensemble était pratique et durable et qu'on obtint, en un temps très court, avec des crédits relativement faibles, des résultats considérables.

Chaque commandant de secteur envoyait à l'approbation du commandant du territoire les projets laborieusement établis des constructions qu'il devait entreprendre. Il y avait là dedans un peu de tout : fantaisies inattendues, dispositions bizarres, conceptions architecturales allant depuis le profil un peu fruste des cabanes d'Esquimaux jusqu'au gothique flamboyant. Sachant qu'on ne fait bien que ce qu'on fait volontiers et aimant mieux laisser à chacun le stimulant de produire une œuvre personnelle que de corriger quelques erreurs de détail, le colonel Gallieni, en dehors de certains principes très simples sur lesquels il était intraitable, acceptait tout ; sans se faire du reste plus d'illusions qu'il ne convenait.

Je me rappelle avoir feuilleté chez lui à Langson un dossier de ces projets envoyés par les commandants de secteur et l'avoir entendu dire à l'aspect d'un petit château ogival destiné à la banlieue de Cao-Bang : « Le service des constructions va bien rire de nos monuments, mais au moins nous aurons abouti à quelque chose. »

Il y a là une leçon de premier ordre à enregistrer. Utiliser les hommes, développer leur initiative et faire produire à chacun son rendement maximum, est le problème fondamental du commandement, quel qu'il soit. Tout le monde est d'accord sur le principe, l'application est plus délicate. Cela tient à ce fait, je crois, qu'il faut au chef, avec une très grande fermeté dans les lignes générales, une très grande tolérance dans le détail. Rien n'est plus difficile, plus rare et cependant plus nécessaire que de se dépouiller de ses préférences et de ses goûts pour tout ce qui ne touche pas au fond même des questions. Ce désintéressement volontaire, ce respect de celui qui commande pour la personnalité de celui qui doit exécuter est un des ressorts les plus actifs mais les plus difficiles à manier du succès.

Pour donner une idée de l'activité déployée un peu partout et des résultats obtenus il nous faut énumérer rapidement les principaux travaux exécutés dans le secteur de Dong-Dang, du commencement de 1894 à la fin de 1895.

Une entreprise civile avait été chargée de construire pour le compte du protectorat: les casernements de Dong-Dang et les blockaus de Nam-Quan, Pac-Luong, Bo-Sa et Leo-Kao. Confiées à l'entreprise Clément et poussées avec une activité extrême, ces importantes constructions, mises en chantiers en mars 1894, étaient livrées en mai 1895.

A Dong-Dang, l'ensemble du poste comprenait :
— Un casernement défensif pour 60 indigènes avec logement d'officier. En moellons et briques, couvert en tôle.

— Un magasin des subsistances et un four à pain.

— Un casernement pour une compagnie d'Européens soit : un corps de bâtiment pour la troupe, élevé d'un étage sur rez-de-chaussée, en pierres apparentes et briques avec vérandas en galerie, d'une longueur de 80 mètres.

— Un pavillon pour quatre officiers, de même construction.

— Deux citernes faisant ensemble 500 mètres cubes.

— Poste de police, cuisines, poudrière, latrines, écuries.

Le luxe un peu exagéré du gros œuvre de ces constructions et leur caractère de solidité massive avaient leur raison d'être à la porte de Chine. Les Chinois suivaient de très près le progrès de nos travaux et c'est surtout le volume des maçonneries et les dimensions des bâtiments qui leur ont fait une impression profonde.

Bien planté sur son mamelon, le poste de Dong-Dang produit justement cette impression de « définitif » dont il est question au début de ce chapitre et quand en cultivant leurs champs, les habitants de la région l'aperçoivent de loin, ils ne peuvent manquer de sentir croître les deux sentiments que nous voulions leur inspirer : la confiance et le respect.

Le blockaus de Nam-Quan, établi sur la frontière même, à 100 mètres des ouvrages chinois de la porte de Nam-Quan, est une construction carrée, solide et honorable, flanquée en diagonale par deux coffres et comportant l'usage d'un canon-revolver sur la terrasse supérieure. Il peut loger quarante indigènes et un sous-officier européen.

Les petits blockaus de garde de Pac-Luong, Bo-sa et Leo-Kao sont de fortes tours carrées en maçonnerie, comprenant un étage sur rez-de-chaussée et une terrasse défensive sous toiture en tôle (Léo-Kao n'a qu'un étage). Ils peuvent loger sans peine quinze indigènes.

Les autres travaux du secteur, y compris les chemins d'accès aux blockaus et postes déjà mentionnés, ont été entrepris sous la direction immédiate du commandant du secteur.

Nommons les plus importants :

— *Le poste de Na-han* pour un officier, deux sous-officiers européens et soixante indigènes ; commencé en mars 1895, achevé en août (moellons et briques, couvert en tôle) ; comprend un blockaus à étage pour la troupe, un bâtiment flanquant renfermant le logement de l'officier, un poste de police, une demi-enceinte en maçonnerie avec emplacement pour deux pièces de 80 de montagne et les communs du poste en sous-sols.

Na-han n'a pas coûté plus de 4,000 piastres (11,000 francs). Tous les faux frais se sont trouvés supprimés ; les plans, les études, la surveillance des travaux ayant été fournis par les officiers du secteur et une partie de la main-d'œuvre (terrassements, abattage et préparation des bois de charpente, etc.), par les tirailleurs du poste.

— *Le blockaus de Son-Tu* — provisoire, en pisé couvert en tôle, construit en décembre 1894, janvier et février 1895.

— *Le poste de Bao-Lam,* dont la reconstruction a été commencée en juin 1895, devait comprendre, après achèvement : un rez-de-chaussée en briques couvert en tuiles, de 13 mètres sur 6, pour trente indigènes. Un blockaus en briques contenant le logement du sous-officier européen et un étage servant de plate-forme de garde sous toiture en tuiles. Les deux bâtiments se flanquent l'un l'autre. Le travail se poursuivait en juin 1895, à l'économie, et en grande partie par la main-d'œuvre des tirailleurs du poste. En y mettant le temps nécessaire, on pouvait arriver à le construire dans des conditions convenables pour un millier de piastres (2,600 à 3,000 francs).

Les travaux si urgents d'ouverture de routes nouvelles et de réfection des anciennes étaient menés parallèlement aux constructions, dans la limite des fonds disponibles.

Toutes les études, tracés, piquetages ainsi que la direction des travaux revenaient aux officiers de Dong-Dang. La surveillance et la conduite des chantiers étaient assurées par des sous-officiers, des caporaux et des soldats choisis dans la compagnie de légion. Les travaux d'art, ponceaux en maçonnerie, culées, montage de ponts en fer ont été exécutés par des soldats de la même compagnie. Les terrassements, par des ouvriers chinois.

Depuis le mois de mai 1894 nous avons ainsi construit :

— *La route de Dong-Dang à la porte de Chine* (remplaçant un mauvais sentier). 3km,800 de route carrossable, largeur minima 3 mètres, pentes maxima 10 pour 100, caniveaux et ponceaux en maçonnerie, sans empierrement régulier. En terrain accidenté avec quelques parties rocheuses (le prix de revient était de 76 cents (2 francs environ), le mètre courant y compris ponceaux et roquetage, les explosifs étant fournis gratuitement).

— *La route de Dong-Dang à Langson* qui se réduisait à une piste dépourvue de caniveaux et de fossés, avec des pentes que n'abordaient pas sans risques même les petites charrettes à buffles et des ponts en bois le plus souvent effondrés, a dû être refaite entièrement et le tracé changé en plusieurs points. La partie comprise dans le secteur (7 kilomètres) fut ainsi peu à peu remise en état du mois de décembre 1894 à juin 1895. Sur ce parcours, la route présente actuellement une largeur de 4 mètres, des pentes inférieures à 10 pour 100, un empierrement à peu près régulier, des fossés, des caniveaux solides. Les passerelles de madriers ont été remplacées par sept ponts en fer sur culées en maçonnerie, dont un de 18 mètres en deux portées.

— *La route de Dong-Dang à Na-cham* (route de Cao-Bang) n'avait pu encore être refectionnée faute d'argent. Les rectifications les plus urgentes étaient faites cependant et permettaient la circulation en tous temps. Trois ponts en fer sur culées en maçonnnerie et deux passerelles en acier de 18 et 20 mètres de portée, assez larges pour le passage des petites voitures, étaient en place.

En dehors des routes carrossables, tous les blockaus étaient réunis au poste central par des chemins cavaliers construits à peu près complètement par les corvées indigènes et la main-d'œuvre militaire. Ces chemins d'accès, ouverts en terrain rocheux et très accidenté, représentent un assez gros effort. Celui de Dong-Dang à Léo-Kao, Bo-Sa, Na-han et Son-tu avec embranchement vers Pac-Luong peut donner un développement d'une quinzaine de kilomètres.

Les sommes affectées aux travaux de route dans le secteur de Dong-Dang de mai 1894 à juillet 1895 s'élevaient à 8,228 piastres (22 à 23,000 francs).

En présence des travaux considérables entrepris pour notre installation, il était bon de donner aux habitants un témoignage direct de bienveillance, en dotant le pays de quelques constructions spécialement destinées à leurs besoins. C'est dans cet ordre d'idées que le gouverneur général, de passage à Dong-Dang, approuva le projet d'y construire un marché couvert et une résidence indigène pour remplacer la maison tombant en ruines où était logé le tri-chau. Il accorda même un premier crédit de 500 piastres pour chacune de ces constructions.

Les travaux conduits, en faisant appel pour les transports, aux corvées indigènes, furent mis en train en mars 1895 et achevés dans le courant de juillet.

Un premier corps de marché (le seul construit), de 36 mètres sur 8 est formé de piliers en briques sur socles en pierres taillées, supportant une charpente en bois couverte en tuiles. Les deux extrémités sont fermées par des façades, brique et pierre, à trois arcades.

La résidence indigène comprend un bâtiment de 18 mètres sur 8, en pierres apparentes avec bordures en briques et ornementation dans le style chinois, entouré de dépendances.

La solidité et l'aspect soigné de nos constructions avaient fait bonne impression sur la population et l'exemple semblait devoir lui profiter. Le goût des travaux utiles renaissait avec la sécurité retrouvée. Plusieurs maisons solides et convenables s'élevaient à Dong-Dang ou dans les villages environnants. Il arriva même que les notables du village de Ha-Lung, à quelques kilomètres de Dong-Dang, vinrent me trouver pour me prier de construire à leurs frais, sur un petit arroyo de 12 à 15 mètres de largeur, un pont que l'eau ne puisse pas emporter. Je leur fis deux arches solides de pierres taillées et en mémoire de cet heureux événement, une borne fut dressée au bord du ruisseau, mentionnant, en caractères chinois, pour leur attirer les bénédictions des passants, le nom des donateurs et celui de l'architecte.

Enfin, dans le courant de juillet 1895, l'achèvement des indispensables travaux d'installation et de sécurité nous permit de montrer aux indigènes si respectueux de la mémoire de leurs morts, que nous savons honorer les nôtres. Un petit monument en pierres taillées de quatre mètres de hauteur couvre maintenant de sa croix blanche la sépulture de nos soldats.

De dimensions modestes, il porte cependant lui aussi le caractère définitif de nos constructions nouvelles. C'est notre sceau de vieille nation catholique venue là pour continuer à remplir la mission séculaire que la France s'est imposée autrefois et qu'elle revendique encore dans l'œuvre de la civilisation chrétienne.

Voici pour donner, en terminant, la note pittoresque et rendre l'impression produite par nos travaux sur les visiteurs qui montaient jusqu'à la frontière, un nouvel extrait des articles déjà cités, parus en janvier 1896, dans le *Courrier d'Haïphong*, sous la signature de M. J. de Cuers[1].

Lang-son, 5 janvier.

« M. le colonel Gallieni, qui vient de passer le commandement du deuxième territoire à son successeur M. le colonel de la Folye de Joux, tient à visiter avant

---

1. La visite dont il est ici fait mention eut lieu huit ou dix jours après mon départ définitif de Dong-Dang. J'avais passé mon commandement à M. le capitaine Famin, de l'infanterie de marine, le 24 décembre.

GRANDMAISON.   12

de partir les blockhaus, les routes nouvellement terminées entre Dong-dang et Na-cham, et a bien voulu proposer à M. Thomé et à moi de l'accompagner dans cette excursion qui promet d'être fort intéressante.

« On a beaucoup parlé du système de surveillance établi sur la frontière : fumisterie disent les uns ; organisation admirable assurent les autres. Moi-même, sur des renseignements, j'ai beaucoup écrit depuis trois ans sur ce sujet, aussi mon désir est-il grand de juger de visu de ce qui a été fait et de ce qui reste à faire, des résultats obtenus et de ceux à espérer.

« Ma curiosité est encore piquée par tout ce qui m'a été dit à Lang-son depuis trois jours, où officiers et colons, unanimement, professent pour le colonel Gallieni l'admiration la plus vive.

3 heures.

« Rendez-vous est pris sur la rive droite du Song-ki-Kong, au débouché du pont de Kilua. Déjà l'escorte, une quarantaine de linh-co à cheval commandés par deux sous-officiers de cavalerie, attend au haut de la berge.

. . . .

« En route pour Dong-dang !

« Les trompettes sonnent.

« En pointe, à 100 mètres, trois cavaliers et le porte-fanion du commandant du territoire. Puis un petit groupe formé du colonel Gallieni, et un peu derrière lui le peloton de M. Thomé, du capitaine Auriac et de moi ; les chevaux essaient de mordre et de ruer, mais ils font vite connaissance et, la bride sur le cou, marchent d'un pas allongé pour suivre le poney bai du colonel qui va d'un train d'enfer.

« Enfin le gros de l'escorte par quatre, puis par deux quand le chemin devient plus étroit.

« De Lang-son à Dong-dang la route est carrossable. Désireux avant tout de sortir de l'éternel provisoire, le colonel Gallieni a remplacé partout les ponceaux en bois qu'il fallait refaire chaque année, par des passerelles en fer, commandées à la maison Le Roy ; la main-d'œuvre militaire les a montées sur place et a bâti les culées pendant que les corvées empierraient la chaussée. Aucune route du Delta n'est meilleure.

« Peut-être le premier jour, la dépense a-t-elle été un peu forte, mais du moins on ne sera plus obligé de la recommencer.

« En causant à bâtons rompus de l'avenir de ce pays, le colonel revient sur sa préoccupation constante :

— « J'ai voulu marquer à la Chine et aux populations du pays à qui je demandais d'avoir confiance en nous, que la France n'était pas venue ici pour quelques années seulement. Si elle consentait à d'aussi lourds sacrifices, c'était pour garder à jamais le territoire conquis par ses armes. »

« Tout a concouru à ce but. Les constructions importantes de Lang-son, les casernements luxueux de Dong-dang et de Na-cham, le réseau de blockhaus en maçonnerie jalonnant la frontière en face des forts chinois, et la ligne du chemin de fer, ont été inspirés par la même pensée : ôter à notre occupation ce caractère de provisoire qu'elle a gardé si longtemps, et que les mandarins militaires du Quang-si ont si bien su exploiter.

« Déjà, les mamelons dénudés de Lang-son se couvrent d'une végétation plus riante. Voici les premières plantations de badiane. C'est déjà, et ce sera surtout dans quelques années — si le gouvernement se décide à encourager la culture — une richesse pour la contrée.

« De jolis villages, çà et là, à mi-côte de vallées dont les courbes de niveau inférieures sont tracées par des talus de rizières, formant comme les gradins d'un amphithéâtre immense.

. . . .

Dong-dang, 3 heures.

« Au bas de la pente, une cinquantaine de maisons neuves, bordant trois ou quatre rues qui se croisent. C'est le village de Dong-dang. Partout des constructions en briques ont remplacé les paillottes. Une jolie pagode, de décoration chinoise très pure, a été bâtie pour loger le quan-chau.

« La route contourne un dernier mamelon ; sur la hauteur, comme une toile de fond, le casernement apparaît soudain.

« On nous avait tant dit ce « vous verrez » qui déflore à l'avance les impressions !

« Mais devant les bâtiments d'un style sévère, que je compare par la pensée aux misérables paillottes du quartier d'infanterie et des subsistances à Haïphong, j'éprouve une véritable satisfaction à constater qu'ici au moins le Protectorat est sorti de l'ornière.

« Ce casernement a coûté cher ? c'est possible. Toutefois il faut tenir compte qu'au moment de sa construction le chemin de fer ne venait pas jusqu'à Lang-son. De quel prix de transport effroyable l'entreprise n'a-t-elle pas été grevée dans ce pays perdu, où tout, la pierre et la chaux exceptées, devait être apporté de fort loin.

« Mais l'effet moral produit ne saurait être payé trop cher. Songez donc que la Chine, dont la frontière est à deux pas, regarde chez nous par tous ses forts étagés.

. . . .

« Casernement de Dong-dang et casernement de Na-cham sont du même modèle. La description du premier m'évitera de m'étendre sur le second. Une seule différence : à Dong-dang on a employé la pierre laissée apparente ; à Na-cham tout est en briques. Mais partout M. Clément, l'entrepreneur, en a donné au Protectorat pour son argent. C'est un très beau travail, très fini, très soigné.

« Deux grands bâtiments à étage : pavillon des officiers, logement des soldats européens. Au rez-de-chaussée : salles à manger, bureaux, magasins ; à l'étage : des chambres spacieuses, bien aérées.

« En contre-bas, de vastes citernes et les communs.

« Quel quartier militaire en France est mieux compris, plus confortable ?

« Sur une extrémité du mamelon, un blockhaus isolé formant réduit est fait pour recevoir une section de tirailleurs ou de garde indigène.

« Plus loin, à l'écart, le cimetière militaire avec partie réservée pour les indigènes non catholiques. Une route à flanc de coteau y conduit en dix minutes. Déjà bien des tombes pieusement entretenues, abritent le dernier sommeil des victimes du devoir.

« Au centre, une croix de pierre monumentale. Sur un soubassement de forme carrée, M. le capitaine de Grandmaison a fait graver l'inscription : « *aux soldats morts pour la France !* »

« Sur la pente, près du chemin qui monte vers les casernes, la gérance du service administratif, la boulangerie, etc.

« Mais le tour du propriétaire est achevé. Déjà le jour a disparu, pendant que nous regagnons, pour la toilette d'avant-dîner le gîte si aimablement offert.

« Dong-dang est noyé dans la nuit qu'étoilent seules quelques lumières des maisons chinoises où l'on veille tard.

.   .   .   .

6 janvier.

« Dans la vallée couverte de brume la pointe s'engage sur la route de Na-cham.

.   .   .   .

« La frontière chinoise est proche ; à chaque instant par des déchirures de mamelons, on découvre quelque fort chinois. Aussi les villages sont-ils sur leurs gardes. Pour nous montrer le fonctionnement du système de surveillance, le commandant du territoire a prescrit la veille au quan-chau de faire prendre les dispositions d'alarme sur 25 kilomètres environ, entre Dong-dang et Phai-bung. Tous les sentiers perpendiculaires à la frontière, tous les passages, tous les cols, toutes les dépressions même pouvant permettre à des pillards chinois d'entrer ou de sortir, sont gardés par des groupes de 4 à 5 hommes, Thos, Muongs ou Nuns, armés de fusils 1874, la ceinture garnie de cartouches. Au réduit crénelé du village, le reste des habitants en armes avec le li-thuong.

« C'est un véritable confin militaire que cette fron-tière ainsi organisée. Partout la population s'est soumise volontiers à cette obligation, peu gênante du reste, comme elle a accepté, sans murmurer, de construire et d'entretenir les chemins qui relient les blockhaus. Pour elle c'était une question de vie ou de mort, de sécurité assurée ou de pillages continuels ; elle l'a compris et n'a pas hésité à se mettre carrément de notre côté.

.   .   .   .

Leo-kao, 8 heures.

« Sur un pic escarpé, dominant toutes les vallées des environs et la ligne des fortins chinois, le blockhaus de Leo-kao.

« Nous descendons de cheval pour faire l'ascension — le mot n'a rien d'exagéré — du sentier qui permet d'y accéder. Il a fallu le tracer à coups de dynamite dans le rocher presque vertical, et au sommet, il suit l'arête même, écrêtée sur un mètre à peine. Gare le vertige !

« Le blockhaus est perché sur la pointe du pic, et la plate-forme n'a pas 20 mètres de largeur. A 150 mètres à peine, l'ancien poste chinois sur un mamelon dominé. Gênés par ce voisin toujours aux aguets, les Chinois se sont reportés plus en arrière.

« De Leo-kao, où flotte gaiement le drapeau tricolore, nous voyons des réguliers travailler aux nouvelles constructions ; d'autres font tomber les quelques paillottes encore debout dans le poste abandonné.

. . . .

« Deux sortes de blockhaus : ceux de Leo-kao et de Bo-sa qui se répètent fréquemment le long de la frontière : simples bâtiments carrés à étage, et crénelés, où quelques linhs, une douzaine tout au plus, peuvent tenir de longues heures contre 160 Chinois. D'autres, comme ceux de Na-han et de Phaï-bung, véritables petits casernements pouvant recevoir un peloton, avec logement d'officier, et enceinte flanquée.

« Le blockhaus de Bo-sa, visité en toute hâte, est bâti en plaine, au point de convergence de trois vallées qu'il surveille étroitement. Comme celui de Leo-kao et celui de Po-mou, tout voisin, il ferme la porte à l'infiltration partant de la frontière chinoise qui est à deux pas, et

venant menacer la grande route directe de Dong-dang à
Na-cham.

Na-han, 9 heures.

« M. le lieutenant Fialix, commandant le poste de
Nahan, est venu à la rencontre du colonel, entre Leo-kao
et Bo-sa ; et après avoir fait au commandant du territoire les honneurs de ce dernier blockaus qui dépend
de lui, cet officier part au galop pour devancer à Na-
han notre petite troupe.

« Na-han est bien le plus « joli » poste qu'on puisse
rêver, et aussi le plus parfait comme installation.

« Est-ce poste, est-ce blockhaus qu'il faut appeler ce
casernement si coquet, si confortable ? Oui, car sur un
espace assez restreint si rien n'a été oublié, si rien ne
manque aux aises du détachement destiné à l'occuper,
on ne voit partout qu'embrasures et créneaux, les murs
se flanquent, et pas un coin n'est perdu pour la défense.
Quelle merveille d'ingéniosité. Pour la construction,
les soins les plus minutieux ont été apportés : ici la
brique est mariée à la pierre de taille, et l'ensemble
produit le plus heureux effet.

« Naturellement c'est encore M. le capitaine de
Grandmaison qui est l'architecte, et aussi l'entrepreneur
avec ses légionnaires : ont peut dire que c'est le chef-
d'œuvre de cet officier.

« Comme la promenade matinale a aiguisé les appétits, l'excellent déjeuner du lieutenant Fialix reçoit
un formidable assaut.

« Le colonel raconte, en déjeunant, l'histoire de l'établissement de ce blockaus. On doit l'appeler « Langrognet » du nom du lieutenant qui, le premier, avait
établi sur son emplacement un poste provisoire, et a
été tué en le défendant.

« Toute cette région était un nid de pirates. Quand une colonne les eut bousculés, le commandant du territoire décida d'occuper solidement le pays pour les empêcher d'y revenir. Ceux-ci voulant à tout prix se débarrasser de la surveillance qui mettait fin à leurs exactions, firent longtemps la guerre aux postes en formation. Toutes les nuits c'était une nouvelle attaque ; sous les pas des reconnaisances, chaque jour, quelque nouvelle embuscade était préparée. On n'avait pas encore eu le temps de palissader le poste de Na-han, de l'entourer de quelques défenses accessoires, que les bandits profitant de l'obscurité donnèrent l'assaut à l'improviste. M. le lieutenant Langrognet fut tué à la tête de la petite garnison.

« A Bo-sa, pour arrêter les travaux, les Chinois assassinèrent le caï, leur compatriote, qui fournissait les maçons et les charpentiers.

« En dépit de cette résistance acharnée, les blockhaus sont debout maintenant, défiant toute attaque, et les pirates découragés ont abandonné la partie.

« Mais il faut remonter à cheval, alors que le petit quart d'heure de sieste aurait tant de charme ; la route est longue encore et il importe d'arriver à Na-cham avant la nuit.

« Sur la droite, le blockhaus de Son-tu, au sommet d'un pic dénudé. Partout autour de lui, des collines boisées ; la vallée profonde s'enchevêtre de plus en plus semant des torrents sur ses pentes. On dirait que le créateur, avant de les laisser tomber de sa main puissante, s'est plu à les tordre et les convulser. Aux arbres, des orchidées accrochent leurs grappes ; sur le sol, la mousse est piquée de milliers de violettes, hélas sans parfum. »

. . . .

CHAPITRE VIII

Nous avons fait, depuis quelques années, dans les hautes régions du Tonkin, un effort considérable. L'importance des résultats obtenus ne peut plus être contestée. En suivant la voie ouverte, nous arriverons à pacifier, à gouverner et à faire progresser ces immenses territoires.

Mais il est permis de se demander si un tel effort était nécessaire. Les dépenses et les sacrifices consentis ne sont-ils pas disproportionnés avec les bénéfices probables de l'entreprise. La question a été posée souvent.

Incontestablement il serait plus avantageux, si la chose était possible, de limiter sa conquête aux parties riches d'un pays. C'est un projet longtemps caressé au Tonkin que celui de coloniser et d'occuper seulement les provinces basses en limitant la prise de possession des régions montagneuses à une surveillance très sommaire. Malheureusement, c'est une utopie. Une contrée ne peut être réellement tranquille qu'à condition d'avoir des frontières nettes. Les marges vagues sont entous pays une source permanente d'insécurité. La tendance générale et souvent irréfléchie qui pousse les avant-gardes européennes vers l'intérieur, dans tous les hinterlands africains, y compris le sud algérien, est une manifestation caractéristique de l'appréhension des voisinages inconnus. Nous ne pouvions en Indo-Chine échapper à cette loi et nous n'y trouverons d'équilibre stable que le jour où nous nous serons heurtés de tous côtés à des frontières véritables : Chine ; Birmanie, Siam. C'est du restes, sous la pression des événements, nous l'avons vu et un peu à contre-cœur, qu'on s'est décidé en 1894 à marcher franchement.

Il est donc sage d'accepter sans inutiles récriminations cette charge nécessaire et de chercher les moyens de rendre moins onéreuse l'occupation de ces nouveaux domaines.

Nous avons réclamé pour eux un régime militaire et politique exceptionnel. Il nous reste à montrer que, même au point de vue économique, ce régime d'exception s'impose.

Recherchons donc de bonne foi dans ce dernier chapitre ce qu'on peut attendre de l'avenir agricole, commercial et industriel de notre région de Langson. Il ressortira j'espère de cette étude que s'il est prudent de ne point se faire d'illusions sur l'avenir d'une région incapable, à mon sens, d'enrichir nos colons, on peut compter au moins qu'elle arrivera dans la suite à se suffire sans grever l'ensemble de la colonie.

Nous négligerons le travail de reconstitution économique qui s'est accompli parallèlement à la réorganisation politique et prendrons le pays revenu à son équilibre normal vers la fin de 1895, pour y analyser très brièvement les principales questions qui intéressent son développement matériel.

CARACTÈRE DU PAYS

Il s'agit ici de la circonscription de Dong-Dang ou, pour lui donner son nom officiel, du Chau de Van-Uyen ; c'est là qu'ont été recueillis les renseignements qui suivent et je tiens à leur laisser ce caractère local. — Ceci posé, j'ajouterai que l'aspect et la constitution de ce territoire sont très répandus dans le Haut-Tonkin. La plupart de nos observations peuvent donc s'appliquer dans un rayon fort étendu.

Le Chau de Van-Uyen comprend sept cantons répartis sur les deux rives du Song-Ky-Kong, dans la région de hauts mamelons et de rochers, où cette rivière, après avoir arrosé Langson, dessine le grand coude de Van-Quan pour remonter ensuite vers le nord, à Na-Cham, où elle devient navigable à la petite batellerie.

Le Song-Ky-Kong est, comme on le sait, un des hauts affluents de la rivière de Canton. Les provinces de Langson et de Cao-Bang se trouvent donc en grande partie sur le versant chinois du Haut-Tonkin, face au nord. Cette disposition explique, avec l'altitude, la différence de climat et de cultures entre cette frontière et les provinces basses.

Malgré son volume assez fort, le Song-Ky-Kong, loin d'être l'artère du pays, n'en forme qu'un accident, d'importance secondaire. Les rives généralement escarpées et peu praticables, les difficultés d'un cours irrégulier, torrentiel par endroits et encombré de rochers en font un obstacle à la circulation bien plus qu'une voie de pénétration.

En dehors du Song-Ky-Kong, le Chau est arrosé par quelques-uns de ses affluents, arroyos de faible débit mais dont les vallées constituent les zones de culture et d'habitation en même temps que les lignes naturelles de circulation.

Ces vallées d'arroyos, souvent assez larges et bordées de mamelons bas, sont généralement habitées et bien cultivées.

Entre elles, s'étendent de vastes massifs de mamelons élevés et quelquefois de rochers broussailleux ou boisés. La population y est à peu près nulle et les communications s'y réduisent à quelques mauvais sentiers.

Ces mamelons incultes couvrent de vastes surfaces. Leurs pentes raides tapissées de brousse ont été déboisées peu à peu par les incendies qu'allument en hiver les habitants dans le but de se procurer au printemps des pâturages pour les buffles. Les gorges seulement et quelques pentes garanties par leur humidité sont encore boisées.

Un rameau de la formation calcaire du Kaï-Kinh traverse le Chau SO-NE. C'est l'affleurement du squelette rocheux, bouleversé par les mouvements du sol et sculpté par le travail des eaux du ciel, qui supporte le Tonkin. On en retrouve par endroits les pointes aiguës, les gorges étroites et le chaos si caractéristique depuis la baie d'Along jusqu'à des centaines de lieues en Chine. Dans les parties où le travail de l'érosion, contrarié par la végétation, n'a pas été suffisamment actif pour atténuer les reliefs, rectifier les déversoirs et colmater les dépressions, le pays présente l'aspect tout à fait spécial d'un terrain inachevé au point de vue topographique : suites de cuvettes et de cirques sans écoulement apparent, régime hydrographique très incomplet et souvent incompréhensible, pertes soudaines de cours d'eau...

Ces fonds de cirques isolés ou communiquant par des gorges étroites, se sont en partie cependant remplis d'alluvions et portent des cultures peu étendues mais souvent excellentes entourées de falaises à pic au pied boisé et au sommet broussailleux.

Le rameau qui se prolonge à travers le Chau de Dong-Dang du sud-ouest au nord-est, traverse le Song-Ky-Kong dont il produit les rapides et le coude brusque en aval de Van-Quan, puis s'abaisse et devient peu visible à hauteur de Dong-Dang pour se relever vers le nord où il forme le massif abrupt que suit la frontière.

On trouve dans la région d'assez bonnes essences communes de bois pour la construction, mais en quantité trop faible et, à de rares exceptions près, de qualité insuffisante pour permettre une exploitation commerciale.

AGRICULTURE

L'agriculture est actuellement et sera probablement toujours le seul moyen d'existence, la seule richesse du pays de Langson.

Les indigènes se montrent, nous l'avons dit, assez bons agriculteurs à l'exclusion de touteautreprofession. La principale culture et de beaucoup la plus développée est celle du riz. Cultivé avec soin dans les terres arrosables et dans les fonds de cirques, le riz donne une bonne récolte et tout à fait exceptionnellement, dans certaines rizières, deux récoltes par an. La production actuelle surpasse un peu la consommation. Elle pourrait augmenter dans des proportions assez fortes par

une irrigation qui augmenterait beaucoup la surface
des terres arrosables et surtout par l'usage des engrais.
La fumure est actuellement tout à fait insuffisante et
peu régulière.

Le petit excédent de riz, que produisent les villages
Thôs, est à peu près le seul produit d'exportation, la
seule matière d'échange qui permette aux habitants de
se procurer les objets fabriqués, fruits, bestiaux, opium
que leur fournissent les Chinois.

Cet excédent, limité par paresse au strict nécessaire,
a suffi jusqu'ici ; la contrée chinoise qui borde la frontière étant pauvre en riz, sans communications faciles
et plus peuplée que sa fertilité ne le comporte. Mais
nous verrons en parlant du commerce et des nouvelles
conditions qui lui sont faites par l'ouverture des routes
carrossables et surtout du chemin de fer, comment
cette denrée est en train de perdre sa valeur d'échange.
Dans un avenir rapproché, la production du riz, même
augmentée, ne suffira plus pour payer les importations
chinoises et alimenter le commerce local.

Déjà les Nungs qui n'ont pas de rizières et ne peuvent guère cultiver en grand que le maïs, ont dû se
créer d'autres ressources en cultivant un peu de coton,
de l'indigo, des haricots et en se livrant à une industrie
rudimentaire. Mais ils sont inférieurs en tout aux Chinois et leurs produits n'ont qu'un débouché local insignifiant.

Pour éviter une crise dont le malaise se fait sentir
déjà, il faudra donc que nos populations du Haut-
Tonkin développent et modifient leur production agricole. C'est à l'autorité française qu'incombe la charge
de prévoir le mal dont le Nha-quê ne soupçonne pas
encore la cause et de lui en indiquer le remède.

Il s'agit de se créer des ressources nouvelles en obtenant des produits n'entrant pas en concurrence, comme le riz, avec ceux des contrées plus favorisées qui peuvent les céder à meilleur compte.

Parmi les petites cultures du pays on en trouve peu qui remplissent ces conditions.

Le coton nain pousse bien mais son rendement est tout à fait insuffisant pour qu'il puisse être question de le cultiver dans un but industriel.

L'indigo réussit mieux encore. Actuellement les plantations sont limitées aux faibles quantités nécessaires pour teindre les cotons indigènes. Cette industrie primitive tend, du reste, à disparaître devant les importations croissantes d'étoffes fabriquées et teintes. Serait-il possible d'étendre la culture de l'indigo en vue de l'exportation? — je ne le crois pas.

La canne à sucre, cultivée seulement à l'état de plante potagère dont les indigènes sont très friands, donne de beaux produits. Le sucre, sur la frontière, vient de Chine et coûte cher. Mais les habitants n'en connaissent pas la fabrication et les débouchés prévus ne sont pas suffisants pour rendre productive une exploitation de quelque importance. En outre, la canne à sucre réclame à peu près les mêmes terres que le riz et ce sont précisément les seules qui ne soient pas disponibles. Le thé, le pavot et le tabac peuvent s'acclimater. Le tabac existe déjà et on trouve entre Dong-Dang et Ky-Lua deux petites plantations de thé, assez fructueuses paraît-il, appartenant à des Chinois.

Toutes ces cultures, comme celles qu'on voudrait importer de plus loin, le café par exemple, exigeraient des essais longs et coûteux. Il serait intéressant malgré tout d'en essayer quelques-unes. Le tabac par exemple et peut-être le pavot à opium qui se prêtent bien à la petite culture et sont de manutention facile.

Mais les cantons voisins de Dong-Dang ont la fortune de posséder déjà une plante de bon rapport, connue et appréciée des habitants, capable de donner des résultats excellents et dont les plantations existantes fournissent un stock suffisant pour permettre de s'assurer la supériorité de production sur les régions qui tenteraient de l'acclimater. C'est la badiane.

Après étude du terrain et des mœurs agricoles du pays, il semble pouvé qu'aucune culture ne lui convient mieux. Tout en cherchant donc à développer quelques plantes annuelles comme le tabac, le pavot ou la canne à sucre, ou à encourager la plantation du thé, c'est sur la badiane que doit se concentrer l'attention.

La culture de la badiane peu répandue encore au Tonkin en dehors de quelques cantons (le Chau de Dong-Dang est un de ceux qui en produisent le plus), est assez intéressante et assez mal connue pour qu'il soit utile d'en parler ici avec un peu plus de détails et de rechercher les moyens propres à la faire progresser.

Culture et exploitation de la badiane.

L'huile ou essence de badiane (anis étoilé) est le produit de la distillation du fruit frais d'un arbre parvenu à l'état adulte.

Cet arbre à feuillage persistant et peu touffu, d'un vert gris, pousse très lentement et n'atteint jamais de grandes proportions. Commençant à produire d'une façon insignifiante vers 15 ans, il entre en rapport vers 18 ou 19 ans. Sa durée n'est pas indéfinie et, aux environs de 60 à 70 ans, il meurt branche par branche.

On le cultive sur les pentes des mamelons boisés, souvent mêlé à d'autres arbres. Les plants obtenus par semis sont mis en terre dans des taillis ou sous bois. Au bout de trois ou quatre ans, il faut ébrancher les arbres voisins pour donner de l'air au jeune plant. L'habitude de se servir des bois pour procurer à l'arbuste, pendant les premières années, un abri nécessaire contre le soleil, retarde sa croissance et cause un fort déchet (environ 30 pour 100). On pourrait avec plus de soin réduire sensiblement les pertes et activer la poussée.

La plantation de la badiane est assez dispendieuse. Les semis exigent beaucoup de soins et la valeur marchande de chaque pied mis en terre peut atteindre trente à cinquante cents (un franc à un franc cinquante). La production rappelle celle de l'olivier et ne correspond pas toujours exactement avec la période annuelle. L'arbre chargé de fruits par une bonne récolte porte déjà des bourgeons ; il est abîmé par la cueillette et ne donne l'année suivante que quelques fleurs tardives qui tombent souvent sans produire de fruit. Une récolte fructueuse comme celle de 1894 est donc habituellement suivie d'une récolte mauvaise ou presque nulle comme en 1895.

Le fruit recueilli au mois d'août est distillé sur place dans des appareils très primitifs. Une chaudière en béton recouverte d'un dôme en terre cuite luté avec de l'argile, forme l'alambic. Les tuyaux de condensation et les ajutages sont souvent en bambou assez ingénieusement agencés.

Chaque paysan apporte sa récolte au four banal. L'essence recueillie dans des bidons en fer-blanc est vendue au sortir de la chaudière et le produit de l'opération se répartit au prorata des apports. Elle est achetée par des Chinois qui parcourent les villages accompagnés de coolis porteurs de touques en fer-blanc. Ils remplissent leurs récipients, payent comptant et s'en vont en Chine. Trop souvent, du reste, une bonne partie de la récolte leur est due d'avance pour prêts d'argent. C'est sur sa récolte de badiane, quand il en a, que le Thô emprunte le plus volontiers. Le Chinois s'y prête car alors il prélève les intérêts en nature, paye le prix qu'il veut et réalise de gros bénéfices.

Ainsi exportée, la badiane entre en circulation commerciale par Canton. Elle est recherchée en Europe par la droguerie et la parfumerie et s'achète sur le marché de Londres. Le picul d'essence (60 kilogrammes) se vendait sur place en 1894 de 300 à 320 piastres (850 à 900 francs). Il est monté en 1895 à 350 piastres (environ 1.000 francs) ce qui est exceptionnel.

Pour transformer les bénéfices incertains des trop rares propriétaires de badiane en un produit sérieux et régulier pour l'ensemble du pays, trois choses sont nécessaires.

Encourager la plantation ;

Augmenter le rendement en perfectionnant la distillation ;

Dériver le commerce vers nos ports du Tonkin.

Dans un but fiscal on avait primitivement concédé le monopole de la badiane à un Européen. Ce détestable expédient fut dans la suite remplacé par une simple taxe, trop forte il est vrai, et dont l'application mal réglée laisse une large place à l'arbitraire.

Actuellement un droit annuel de 25 cents est payé pour chaque arbre en âge de rapporter. Le taux est exagéré. Un pied vigoureux peut dans les bonnes années donner un bénéfice atteignant une piastre et demie ou deux piastres. Mais c'est l'exception ; beaucoup d'autres, trop jeunes ou trop vieux, ne rapportent presque rien et dans les années mauvaises la récolte couvre difficilement la taxe.

Il s'ensuit que nous devons accepter presque officiellement des déclarations trop faibles de moitié. Cette situation fausse est aussi préjudiciable aux intérêts du cultivateur qu'à ceux du protectorat. Nous y reviendrons en parlant de l'impôt.

Les plantations longtemps interrompues par le manque de sécurité avaient repris en 1895 une certaine activité. C'est ce mouvement qu'il faudrait suivre et encourager par tous les moyens.

Le procédé le plus efficace serait d'accorder une prime directe à la culture sous forme, par exemple, d'une exonération de taxe, proportionnelle au nombre de pieds mis en terre dans l'année. Mais il faudrait là, pour éviter des abus, une surveillance que nous ne sommes pas outillés pour assurer.

Le plus pratique serait à notre avis :

1° De réduire la taxe dans de fortes proportions et de la ramener à dix cents au plus. L'effet moral serait considérable et le trésor en définitive y perdrait peu. On pourrait exiger alors l'inscription complète des pieds en rapport et au bout de quelques années l'impôt serait remonté au chiffre actuel pour augmenter ensuite ;

2° Donner à cette mesure une forme très officielle et déclarer qu'elle est définitive. Pour le Nha-qué, le véritable et continuel sujet d'inquiétude est l'incertitude du lendemain. Or la sécurité et la confiance sont pour la culture de la badiane plus indispensables que pour toute autre chose. C'est un placement à long terme et pour que l'habitant se décide à en faire les frais, il faut le convaincre que de nouveaux changements ne viendront plus enlever à lui ou à ses enfants le fruit de son travail et de ses dépenses ;

3° Distribuer, à titre de secours, des graines et des plants aux communes pauvres. Les Nungs, par exemple, habitent souvent des terres très propres à cette culture et l'entreprendraient volontiers s'ils avaient des plants ou de l'argent.

Les achats de graines pourraient être faits aux communes riches possédant déjà des plantations importantes, en ayant soin de les commander à l'avance et d'en exiger la livraison. Le fruit doit en effet sécher sur l'arbre pour donner une bonne graine et les producteurs ne consentiraient peut-être pas sans quelques difficultés à fournir des graines aux voisins pour leur faire concurrence.

Le procédé très primitif employé pour la distillation ne donne qu'un rendement faible. Les marcs de badiane jetés après l'opération renferment encore assez d'essence pour qu'une tentative d'utilisation ait été faite autrefois. Les déchets achetés à bas prix dans les villages devaient être redistillés. Les difficultés matérielles et la méfiance des habitants ont fait avorter l'affaire.

Au lieu de chercher à profiter des mauvais procédés de distillation des indigènes, il vaudrait mieux leur en apprendre de meilleurs. On pourrait, dans ce but, prêter à quelques villages producteurs des alambics de bonne qualité, analogues à ceux qu'on emploie en France pour bouillir dans la campagne certaines fleurs (comme la lavande). En voyant augmenter le rendement dans une sensible proportion, les autres villages ne tarderaient pas à demander à leur tour des appareils convenables dont ils pourraient ensuite rembourser la valeur par annuités.

Une entreprise industrielle de préparation de badiane ne ferait pas ses frais pour le moment. La distillation coûte trop peu au producteur pour qu'on puisse trouver dans cette opération la rémunération d'un capital industriel.

Il faut noter cependant que l'essence prise dans les villages, pour devenir un article commercial, doit être travaillée et quelquefois rectifiée. Peut-être serait-il possible, quand la production se sera développée, d'obtenir sur place et par une seule chauffe un produit supérieur, une marque faisant prime, sans augmenter sensiblement le revient définitif. C'est une question à étudier.

La badiane bouillie, achetée par les Chinois, entre actuellement en circulation commerciale par la rivière de Canton. On pourrait dériver sur Haïphong ce produit tel qu'il est livré au commerce de Chine. Mais cela exige quelques précautions. Le procédé d'achat sur place, d'enlèvement immédiat et de payement comptant répond trop bien au caractère apathique de l'indigène pour qu'il soit facile de l'en faire changer. Il faudrait donc se plier aux usages du pays et se mettre en relations avec les petits acheteurs chinois ou créer un personnel qui opère de la même façon. On n'aurait, à la vérité, résolu de la sorte que la moitié du problème et une autre difficulté plus sérieuse se présente.

La récolte est presque toujours hypothéquée aux prêteurs d'argent et mangée d'avance. Ce serait s'y prendre trop tard que d'attendre le moment de la distillation pour l'acheter[1].

1. L'agent européen d'une maison d'Haïphong, venu pour

En tout état de cause, c'est une opération difficile que de modifier une habitude ancienne dans les campagnes. Il serait nécessaire de n'y employer qu'un personnel actif, choisi et très au courant de l'affaire.

Vers le milieu d'août 1895, un Chinois se présentait à Dong-Dang pour le compte d'une maison de Hanoï demandant à acheter de la badiane. Adressé par moi à un notable producteur, il lui offrit sans hésiter 200 piastres du picul d'essence qui en valait à ce moment 350. Ce n'est point avec des intermédiaires de ce genre que nous attirerons la badiane dans le Delta.

La véritable culture à encourager dans la région de Dong-Dang est donc la badiane qui peut arriver dans la suite à transformer sa situation économique.

Les habitants se remettent d'eux-mêmes à planter dès que la sécurité du pays leur permet de songer à l'avenir. Il faut les pousser dans cette voie par tous les moyens et particulièrement en réduisant la taxe dans de fortes proportions.

Nous avons recherché surtout jusqu'ici les moyens propres à ramener la prospérité chez l'agriculteur indi-

essayer un achat de badiane, m'avait été adressé en 1895 par le colonel Gallieni. Je le confirmai dans l'idée qu'il ne ferait rien au moment de la récolte et que le seul système possible était celui de faire au cours de l'année, des avances et des prêts d'argent remboursables en nature. Il suivit le conseil et avait à la fin de l'année, mis dans le pays 1500 ou 2000 piastres par l'intermédiaire d'un chinois de Ky-Lua. Je n'ai pas pu suivre le résultat de cet essai, intéressant cependant et utile à encourager, même dans l'intérêt du producteur, à condition que l'intérêt total prélevé sur l'argent prêté ne dépasse pas au début 20 pour 100 par an pour baisser ensuite aux environs de 12 à 15 pour 100 quand l'affaire sera devenue courante et que les risques auront diminué.

gêne sans insister sur les tentatives possibles de colonisation européenne. Je ne crois pas qu'il soit raisonnable d'y songer sérieusement.

Le sol est suffisant pour nourrir les habitants et permettre aux races locales, désormais tranquilles, de s'accroître et de prospérer d'une façon normale ; mais le pays n'offre au colon européen aucune chance de succès.

Le travail personnel y est impossible et la grande exploitation ne pourrait trouver de bénéfices qu'en dépouillant l'habitant. Le thé cependant et peut-être l'élevage doivent être étudiés. La réussite est possible mais douteuse du moins pour l'élevage. Les moutons n'existent pas et les petits bœufs du pays ne reproduisent que médiocrement. Les pâturages sont en outre mauvais et les débouchés paraissent insuffisants.

Pourquoi du reste, tenter cet effort en pays pauvre, alors que des terres fertiles, propres à tout, disponibles et à proximité du réservoir inépuisable de main-d'œuvre qu'est le Delta (comme le haut Yen-thé par exemple), attendent encore des colons ?

La constitution de grandes propriétés avec des colons annamites peut réussir. Les essais de M. Thomé, auprès de Lam dans le Dong-trien, région analogue au Yen-thé, sont concluants. Outre les bénéfices que cette exploitation pourrait donner aux hommes actifs et entreprenants qui la tenteraient, ce serait le plus sûr et le meilleur moyen de pacifier définitivement et de repeupler les marges du Delta, les régions moyennes dévastées par la piraterie.

J'ai parlé d'hommes actifs et entreprenants, il faudrait ajouter : pourvus de capitaux suffisants. Tout cela est nécessaire pour réussir au Tonkin qui ne deviendra jamais un champ de colonisation populaire. L'homme valide mais pauvre, s'il n'est d'avance fonctionnaire petit ou grand, débarquant à Hanoï avec ses deux bras pour chercher sa vie, y mourra de faim plus sûrement qu'en France ; à moins qu'il ne parvienne à se faire entretenir par le protectorat et à obtenir quelque vague fonction dans une administration.

L'argent lui-même ne suffit pas et beaucoup de ceux qui en étaient pourvus en arrivant, l'ont mangé sans profit. Il faut qu'il soit aux mains de colons « de choix », de gens qui auraient réussi partout ailleurs.

Ce sont des choses utiles à dire franchement et à répéter pour éviter un malentendu trop fréquent chez les Français de France. Les colonies comme le Tonkin ne sont pas des pays de cocagne où reverdissent les fruits secs. Ce sont des champs d'action ouverts aux hommes entreprenants, actifs, pratiques, trempés pour la lutte, — rien de plus.

Dans notre haute région, ne pensons pour le moment qu'à développer l'agriculture indigène. Espérer davantage serait se préparer des mécomptes. Indépendamment de toute autre considération, la main-d'œuvre y sera toujours trop rare et trop dispendieuse pour permettre aux Européens de prélever sur le travail indigène un bénéfice suffisant.

RÉGIME DE LA PROPRIÉTÉ

Le régime légal de la propriété exerce une influence considérable sur la prospérité agricole.

Un pays ne peut progresser et se développer que dans la limite où les lois qui y régissent le pouvoir de posséder sont conformes aux goûts de ses habitants et appropriées à leurs besoins. La chose est trop évidente pour qu'il soit utile d'y insister.

L'indigène de la haute région aime sa terre, s'attache à son coin de rizière et désire le posséder. Il est fait pour être propriétaire. C'est l'amour du sol pour lui-même tel que nous le trouvons chez notre paysan des contrées pauvres de France, d'autant plus tenace et entêté que ce sol est plus ingrat.

Dans les plaines riches et populeuses des provinces basses, au milieu des immenses rizières, toujours semblables et pour ainsi dire impersonnelles, qui nourrissent son village, l'Annamite n'a pas cet instinct de la propriété individuelle. Il donne sa part de travail et réclame sa part de riz. — Son attachement, son amour du lieu natal est d'un ordre tout différent. C'est le village dans sa collectivité, le petit corps social dont il fait partie qu'il aime et qu'il ne veut pas quitter. Le régime de la communauté lui convient.

Or, au Tonkin, l'Annamite étant le plus fort, les lois sont faites pour lui et il les impose aux races soumises qui en souffrent. Ces lois [1] mal ajustées aux mœurs des Thôs sont devenues une source d'incessantes difficultés.

Autrefois, les villages possédaient un domaine communal important et vivaient comme les Annamites, sous un régime très rapproché de celui de la communauté. La propriété héréditaire et absolue y était chose rare. Les habitants cultivaient des concessions dont le

---

1. La loi n'admet pas en Annam ou au moins n'admet qu'exceptionnellement la vente définitive des rizières. La vente habituelle est toujours « à réméré ». Le vendeur conserve la faculté du rachat moyennant restitution du prix payé. Cette mesure est évidemment dictée par le souci de protéger le domaine communal et convient bien aux terres du Delta et aux mœurs de ses habitants.

retour à la commune était prévu dans certains cas (déshérence, incapacité de culture de la part de la famille, etc. . . .) et qu'ils n'avaient le droit d'aliéner que sous conditions.

Il s'est opéré depuis, une importante évolution et le domaine communal est souvent réduit maintenant aux immenses terrains non cultivés. La propriété individuelle et perpétuelle devient le cas général pour les terrains réellement productifs.

Ce nouveau régime conviendrait mieux aux mœurs de nos indigènes, s'il était assis sur une législation appropriée. Mais ce sont les circonstances locales qui l'ont imposé et il manque de stabilité.

Le fisc annamite ne connaît pas les particuliers et réclame toujours en bloc le total de son impôt à chaque commune, collectivement responsable du versement. Or, depuis une quarantaine d'années, dans le Haut-Tonkin, les troubles périodiques, la piraterie et l'entretien de l'occupation chinoise épuisaient le pays. La population décimée ne parvenait plus que difficilement à exploiter les terres cultivables. Les déshérences et les incapacités de culture pour certaines familles réduites devenaient fréquentes, alors que les charges allaient en s'aggravant.

Les notables dans l'embarras aliénaient alors, pour les besoins du moment et avec une très grande imprévoyance, les biens disponibles à des particuliers (Chinois ou indigènes riches); sous la condition de subvenir dans une proportion déterminée aux charges de la commune et souvent de consentir un prêt d'argent. Le capital de ces prêts n'étant jamais remboursé se transformait habituellement à l'échéance en une nouvelle cession de terre.

La partie productive du domaine communal se trouva

de la sorte peu à peu transformée en propriétés privées qui devinrent à leur tour, par suite du manque de sécurité, l'objet de fréquentes transactions.

Tous ces contrats, bien que présentant souvent un réel caractère de pérennité et le spécifiant parfois, sont théoriquement soumis à la loi qui laisse au vendeur le droit de rentrer en possession moyennant restitution du prix payé. Cette cause générale de caducité dans les contrats est inconciliable avec le régime de la propriété privée. Aussi restait-il le plus souvent lettre morte dans la pratique et les nouveaux propriétaires purent se croire à l'abri de toutes réclamations, jusqu'au jour où une certaine prospérité reparut dans le pays avec la sécurité. Les anciens propriétaires ou leurs héritiers et parfois les communes vinrent alors réclamer le rachat, moyennant un prix infime et quelquefois 20 ou 30 ans après la vente, de terrains que la culture et de nouvelles plantations avaient transformés. Le cas se présentait chaque jour en 1895. Légalement, ces réclamations sont souvent recevables ou au moins discutables. En équité, elles sont généralement injustes et les nouveaux propriétaires ne les acceptent jamais sans procès.

Parmi les inconvénients résultant de ces interminables disputes, le plus grave est l'incertitude qui règne sur le droit au rachat. La propriété privée y perd une partie de sa sécurité, sans rendre aux communes les avantages de la communauté.

Par ailleurs, la reconnaissance comme définitive de toutes les transactions précédentes, sans examen préalable, aurait ses dangers en favorisant trop ouvertement l'accaparement du sol par les Chinois et en sanctionnant quelquefois des ventes faites contre toute justice et à des prix dérisoires.

Cela demande une étude sérieuse. Chaque cas particulier doit être examiné dans son espèce et résolu en équité. Mais il faudrait pouvoir ensuite garantir sûrement les nouveaux contrats ainsi régularisés contre tout retour offensif des mécontents devant la justice annamite. La loi est à remanier.

Une autre question se pose et mérite qu'on s'y arrête. Il s'agit de l'achat des terres par les Chinois. Le Thô doit évidemment être protégé contre la rapacité des prêteurs d'argent. Il est bon pourtant de ne rien exagérer.

Le Chinois devenu propriétaire s'installe souvent isolément et d'une façon définitive sur sa terre. Il devient alors un colon intelligent, actif, et peu dissolvant au point de vue social. Au bout d'une génération il est difficile de le distinguer des autres notables. Point n'est besoin dans ce cas d'avoir recours à des mesures d'exception.

Mais dans les cantons de la frontière il arrive fréquemment que la terre est achetée ou plus souvent saisie comme gage d'une dette non payée, par des Chinois de Chine qui ne résident pas et font cultiver directement si leur champ est très voisin de la frontière ou conservent comme métayers les anciens propriétaires, en partageant la récolte.

C'est alors un véritable abus qu'on peut faire disparaître pour l'avenir en déclarant officiellement illégales de pareilles ventes, lorsque l'acquéreur ne réside pas au Tonkin. Pour les ventes régulières précédemment consenties, il sera possible d'y remédier peu à peu en imposant aux Chinois propriétaires l'option entre la résidence au Tonkin ou la revente du sol aux communes. Mais il serait sage de ne pas brusquer les choses et d'exiger qu'elles se passent régulièrement en laissant aux anciens propriétaires le temps nécessaire pour rembourser le prix d'achat et en les y aidant, au besoin.

J'avais, au cours de l'année 1895, en répartissant des fonds prêtés par le protectorat, à titre d'avances, aux villages de la frontière, spécifié qu'une partie de ces fonds serait consacrée au rachat des rizières cédées précédemment à des Chinois. Il serait, à mon sens, très utile de généraliser ce procédé, en exigeant qu'une proportion déterminée de la récolte des terres ainsi rachetées fût réservée pour l'amortissement de la dette. Le paysan se trouverait forcé de racheter sa terre et cette forme donnée au crédit agricole lui ferait perdre son inconvénient le plus grave. Trop souvent les avances faites aux communes et distribuées aux habitants sont employées intégralement à manger ou à reconstruire les maisons, sans souci de l'échéance. Il faut alors emprunter aux Chinois pour payer le protectorat et la misère va croissant.

Quoi qu'il en soit, il serait imprudent d'exonérer sans précautions les villages et les particuliers thôs d'engagements librement consentis. On risquerait d'augmenter encore leur imprévoyance et leur paresse. Ce serait une mauvaise leçon à leur donner.

Il faut apprendre aux indigènes le respect de la propriété des autres ; mais ne serait-ce pas le lieu de rappeler que le meilleur moyen pour cela est de respecter la leur ? C'est le premier exemple d'intégrité que nous leur devons et, de toutes les injustices, l'expropriation violente et sans compensation de la terre est celle qu'on pardonne le moins. Ce principe n'est malheureusement pas un axiome chez les Européens quand ils se mettent à coloniser. Sans parler de la façon dont les Anglais le comprennent ; les Arabes en Algérie, les Canaques en Nouvelle-Calédonie et tant d'autres ont pu se convaincre que nous savons aussi à l'occasion civiliser nos conquêtes « à l'anglaise ».

Ce procédé, non point excusable mais applicable en face de sauvages, n'est pas admissible au Tonkin. L'Européen doit s'y contenter des terres disponibles ou se décider à payer.

Alors même qu'il s'agit de travaux publics, d'un chemin de fer par exemple, il me paraît nécessaire d'indemniser les habitants lésés par la perte d'une terre de valeur (rizières arrosables, plantation de badiane, etc. [1]). Les frais généraux d'une grande entreprise n'en seraient pas sensiblement alourdis car ces terres sont relativement rares dans nos parages. Trop souvent en arrivant dans la haute région, les Européens se croient dans le désert ou en pays conquis. Ils ne font aucune différence entre un mamelon inculte et un coin de rizière, sans se douter qu'un remblai de route ou une baraque de surveillant peut couvrir l'héritage de toute une famille. La terre pour eux ne représente aucune valeur alors que j'ai vu vendre certaines parcelles de bonnes rizières à des prix pouvant atteindre 1,800 à 2,000 francs l'hectare, — somme énorme pour un pays pauvre.

Nous demandons à l'indigène le respect des lois et de

---

[1]. Notons que dans certains cas il suffira d'exiger que le particulier soit indemnisé d'une façon équitable sur le domaine communal quand il est suffisant. Au point de vue politique, il existe une grande différence entre imposer à une commune la charge collective de la cession d'un terrain pour cause d'utilité publique ou absorber, sans précaution et sans indemnité, la terre des particuliers.

la justice. Donnons-lui l'exemple. Le prétexte d'utilité générale et de service public ne justifie pas les injustices légales, l'écrasement du faible. La brutalité impersonnelle des organes collectifs de nos sociétés, l'impuissance de l'individu à lutter même quand il est dans son droit, jettent au cœur des foules ces ferments de haine et de révolte qui se manifestent de loin en loin par de si terribles explosions. Quand on sème l'injustice, on récolte l'insurrection.

IMPÔT

Sans entrer ici dans le détail de l'impôt indigène, je voudrais faire ressortir les inconvénients graves pour la haute région d'être soumise au régime des provinces basses. Il est peu raisonnable de prétendre imposer sans distinction à des contrées aussi différentes, les mêmes impôts, les mêmes formalités, les mêmes « imprimés ».

Les tarifs et la classification des terres adoptés dans les rôles officiels ont été faits pour l'Annam et le Delta du Tonkin. Douze ou quatorze catégories de terres y sont soigneusement distinguées et tarifées de façon à ne laisser échapper au fisc aucune parcelle du sol.

Pratiquement ces distinctions et ces tarifs sont tout à fait inapplicables dans les hautes régions. Chacun les interprète à sa façon et les applique comme il l'entend. Il s'ensuit une grande inégalité dans les charges et une inquiétude continuelle chez l'habitant.

Dans le but de remédier au danger très réel de cette situation, le colonel Gallieni, au commencement de 1895, m'avait donné l'ordre d'étudier la question et de lui soumettre un projet de réglementation provisoire, fixant la manière de procéder jusqu'au moment où il serait possible d'arrêter les bases d'une assiette d'impôt plus conformes aux besoins du pays.

Voici cette pièce, parue (en février je crois) sous forme de circulaire. Elle montre à quels expédients il fallait avoir recours pour respecter le sens commun sans porter atteinte aux formes administratives scrupuleusement exigées par l'administration centrale :

« Devant les divergences d'interprétation qui se sont
« produites jusqu'ici dans l'application, aux rôles d'im
« pôt, des tarifs officiels, il m'a paru nécessaire de régu
« lariser cette application.

« Il importe de remarquer d'abord que les douze
« catégories de terrains, fixées pour l'impôt annamite
« des basses régions, ne sont pas applicables dans leur
« ensemble aux impôts de culture dans la haute ré
« gion.

« Pour n'en citer que quelques exemples : la neuvième
« classe comprend : « les terrains communaux couverts
« d'herbe et de roseaux. . . . . de marécages. . .
« sablonneux ne pouvant être employés à la culture. .
« . . . . . noyés. » Il est évident que dans une
« région où la culture ne couvre peut-être pas la
« dixième partie de la superficie totale, on ne peut
« demander aux communes un droit sur les centaines
« d'hectares de « brousse » qui leur sont nominale
« ment affectés.

« Il est fort difficile, d'autre part, de faire entrer
« dans le cadre donné les cultures flottantes, comme
« le riz de montagne, l'indigo et, dans beaucoup de cas,

« le maïs. Ces cultures sont faites chaque année en
« quantité variable, un peu au hasard dans des défri-
« chements souvent abandonnés après une ou deux
« récoltes.

« Alors même qu'il est possible dans certaines com-
« munes où ces cultures sont plus stables, d'évaluer
« assez exactement les terrains qui leur sont affec-
« tés, il serait injuste et inexact, en prenant les
« choses à la lettre, de faire rentrer le maïs par
« exemple dans la sixième classe (la seule où il figure).
« Cette sixième classe, en effet, spécifie des terrains
« d'alluvion et le plus souvent le maïs est planté dans
« des terrains pauvres de mamelons ou dans des défri-
« chements de bois.

« Toutes ces difficultés proviennent de ce que les
« rôles officiels imposent les terrains suivant leur qua-
« lité, ce qui est normal dans les pays complètement
« cultivés et peuplés, alors que dans la haute région
« c'est la culture seule que peut atteindre l'impôt.

« Dans ces conditions et jusqu'au moment où l'éta-
« blissement d'un État régulier de la propriété rurale
« permettra d'asseoir l'impôt d'une façon définitive, on
« suivra pour la confection des rôles les règles ci-
« après.

« En dehors de la taxe sur la badiane, l'impôt indi-
« gène doit poursuivre :

« 1° La taxe personnelle et le remboursement des
« corvées ;

« 2° Les rizières ;

« 3° Les cultures flottantes (maïs, indigo, haricots,
« riz de montagne) ;

« 4° Les propriétés bâties et les jardins.

« 1° *Taxe personnelle et corvées.*

« La taxe personnelle et les corvées peuvent et doi-
« vent être payées par tous ceux qui n'en sont pas
« régulièrement exemptés. L'exemption acquise aux
« fonctionnaires et mandarins sera limitée à ceux qui
« sont régulièrement nommés et possèdent leurs
« titres.

« Les communes encore soumises à la capitation des
« Nungs rentreront dans le droit commun : ce qui
« n'aura plus d'inconvénients puisqu'alors même
« qu'elles ne possèdent pas de rizières, l'impôt les attein-
« dra dans leurs cultures flottantes, jardins et villages.

« 2° *Rizières.*

« Les rizières sont actuellement loin de figurer en
« totalité sur les rôles. Cette fraude générale est due à
« l'assimilation de rizières ne donnant que tout à fait
« exceptionnellement deux récoltes, aux meilleures ri-
« zières du Delta. L'imposition de la totalité des rizières
« d'après ces tarifs serait une charge exagérée pour les
« communes. Jusqu'au jour où il sera possible de véri-
« fier exactement dans quelle mesure les inscriptions des
« rizières sont altérées et où on pourra les taxer en con-
« naissance de cause, il y a lieu de maintenir les tarifs et
« les inscriptions actuelles dans leur ensemble. Toute-
« fois les chiffres de l'impôt de 1894 étant notablement
« inférieurs à l'impôt qu'il est équitable de demander
« aux populations désormais tranquilles, on exigera
« l'inscription de nouvelles rizières de façon à obtenir
« une majoration de 15 à 30 pour 100 suivant les cas,
« sauf exceptions justifiées par les circonstances lo-
« cales.

« 3° *Cultures diverses.*

« Les cultures flottantes telles que le riz de mon-
« tagne, l'indigo et le maïs sont faites en proportions

« variables suivant les années. Les terrains qui leur
« sont affectés changent souvent en étendue et en
« position. — C'est la quantité moyenne de ces cultures
« qu'il faut imposer sans tenir compte des emplace-
« ments cultivés.

« On tablera dans chaque commune sur les résultats
« de l'année précédente pour évaluer la surface cultivée
« qui sera comprise dans la 9e classe sans distinction
« entre les récoltes.

« *4° Terrains d'habitation et jardins.*

« Le calcul de la surface imposable sera fait en éva-
« luant la superficie couverte par chacun des villages
« de la commune. On pourra, pour simplifier, taxer
« les villages d'après leur importance en les rattachant
« à trois ou quatre types pour lesquels le travail aura
« été fait. Cette façon de procéder n'a pas d'inconvé-
« nients, vu la faiblesse de la taxe.

« Dans la catégorie « jardins » seront comprises les
« cultures de faible surface, faites dans le voisinage
« immédiat des villages. Tous ces terrains rentrent
« dans la douzième classe.

« *Mesures spéciales à 1895.*

« Comme il importe que dès cette année, l'impôt soit
« établi d'après les instructions qui précèdent, les com-
« mandants de secteur feront faire le travail par les
« Tri-Chau après leur avoir donné les indications
« nécessaires. Ils le vérifieront ensuite et les rôles ne
« seront adressés au Tong-Doc par les Tri-Chau (le
« 15 mars au plus tard) qu'après cette vérification.

« Pour la même date, les commandants de secteur
« feront parvenir à leur commandant de cercle leurs
« observations relatives à l'application des règles ci-
« dessus, en même temps que les modifications qu'ils

« auraient autorisées en raison des circonstances lo-
« cales. »

Ce modus vivendi, cette instruction de circonstance
suffit à prouver que, pour devenir régulièrement prospère, la haute région a besoin d'un régime officiel différent de celui du Delta.

L'établissement d'une assiette normale de l'impôt
exige un travail de longue haleine. C'est une question
à laquelle il ne faut toucher qu'avec une extrême prudence et l'étude pratique en est difficile.

L'impôt est certainement la base de toute souveraineté. C'est le signe matériel de la soumission et sa
rentrée régulière est un symptôme certain de prospérité. Mais il faut que l'assiette en soit stable, conforme
aux besoins du pays et que la répartition en soit équitable. Cela importe plus au paysan et le touche de plus
près que toutes les considérations de nationalité et de
patriotisme.

Le détestable système annamite prêtant à tous les
arbitraires, forçant le manque de sincérité dans les
déclarations et rendant impossible toute sécurité pour
l'avenir, fut de tout temps la principale cause d'inquiétude et de défiance chez nos administrés. Chaque changement de mandarin ou d'administrateur pouvant se
traduire par une aggravation de charges, le contribuable
vivait dans un continuel souci du lendemain.

Dans la pratique, les fonctionnaires français ne
vivaient pas assez près des populations pour surveiller
utilement l'établissement des rôles et la seule ressource
des communes était de transiger avec le mandarin local,
de négocier avec lui l'impôt « à forfait », moyennant un

sacrifice pécuniaire proportionné à leurs ressources ou à la rapacité du mandarin.

Les fonctionnaires Thôs et les notables ne nous avaient pas vus d'abord sans quelque appréhension toucher ce point délicat. Ils redoutaient l'application des tarifs officiels et se tenaient sur la défensive.

Dans l'impossibilité de contrôler matériellement les déclarations, il était fort difficile d'apprécier la valeur des rôles et nos investigations se heurtaient à une insurmontable défiance. C'est après des mois de fréquentation journalière et de tentatives infructueuses que je pus obtenir des habitants quelques renseignements précis sur la question. Ils ne pouvaient pas me donner, du reste, une marque plus authentique de leur confiance.

La promulgation d'un rôle spécial d'impôt, fait pour le pays, serait l'indispensable complément de notre réorganisation politique. Il y aurait là un progrès considérable. Sachant désormais sur quoi compter et voyant appliquer régulièrement des tarifs raisonnables, les populations perdraient peu à peu cette défiance, cette crainte perpétuelle qui les empêche presque toujours de renseigner de bonne foi l'administrateur français sur les récoltes, le nombre d'habitants, la superficie des terres cultivées, etc.

Sans essayer de tracer le cadre d'un semblable travail, résumons seulement les principes sur lesquels il conviendrait de l'appuyer :

1° La région frontière doit jouir d'un régime de faveur, d'une situation privilégiée en matière d'impôts pour des raisons politiques sur lesquelles nous ne reviendrons pas. Le mieux serait d'y réduire en principe les charges au tribut nécessaire de soumission. Le trésor n'y perdrait pas de grosses sommes et la situation générale y trouverait de grands avantages :

2° Dans une contrée où une infime partie de la surface du sol est seule mise en culture, l'impôt ne peut frapper la terre suivant sa capacité de culture, il ne peut atteindre que la culture elle-même. En dehors des rizières arrosables et de la badiane, les habitants font surtout des cultures flottantes dans des défrichements utilisés plus ou moins longtemps suivant leur qualité, puis rendus à la brousse et remplacés par d'autres. La seule solution équitable est de taxer les rizières suivant leur superficie et leur qualité, les cultures flottantes en prenant pour base la récolte de l'année précédente ;

3° Le système d'imposition et d'évaluation doit être très simple et très clair dans une région où la sécurité restera toujours la préoccupation principale et où il faudra rendre définitive une administration militaire un peu rudimentaire et fortement disciplinée:

4° La taxe sur les cultures riches (spécialement la badiane) doit être supprimée ou très réduite.

La production agricole, répétons-le, est le seul espoir de prospérité, le seul moyen d'existence des hautes régions ; il faut en alléger les charges. Peut-être sera-t-il possible de trouver peu à peu dans les impôts de consommation une compensation à ces sacrifices nécessaires. Mais dans cette voie, une très grande prudence est indispensable. Toute hâte, toute exagération dans les tarifs ferait renaître immédiatement le mécontentement et la contrebande, sources de la piraterie.

INDUSTRIE.

Dans un pays neuf, pour tenter avec quelques chances de succès une entreprise industrielle, il faut trouver :

Les matières premières ;

La main-d'œuvre ;

Des débouchés possibles et des communications suffisantes.

Il me paraît difficile de songer actuellement à introduire l'industrie dans la région de Langson.

Les matières premières sont rares. Pas de charbon, pas de soie, peu de bois ; le coton, l'indigo, le thé, la canne à sucre à l'état rudimentaire. Seuls les bassins miniers vers Cao-Bang pourraient être explorés avec fruit. Encore faudrait-il y découvrir des gisements très riches de métaux précieux pour qu'une exploitation sérieuse y pût être organisée.

La main-d'œuvre manque complètement et c'est le point capital. Les habitants sont exceptionnellement réfractaires au travail industriel. Ils ont recours pour leurs besoins de tous les jours aux Chinois et maintenant parfois, aux Annamites. Mais la main-d'œuvre devient dans ces conditions, dispendieuse et les ouvriers expatriés vivent mal dans un pays qui n'est pas le leur.

Les voies de communication artificielles sont encore à l'état d'ébauche en dehors du chemin de fer de Langson, et dans une grande partie de la région montagneuse (dans le secteur de Dong-Dang entre autres) les communications fluviales n'existent pas.

Quant aux débouchés commerciaux, il serait toujours difficile de faire concurrence aux Chinois à Hong-Kong et aux Annamites dans le Delta.

Les conditions sont loin d'être les mêmes dans les provinces basses. Notons en passant que les deux richesses du Tonkin sont le riz et la main-d'œuvre. Trouver l'utilisation industrielle de cette main-d'œuvre, augmenter la production du riz et lui assurer un débouché commercial sont les deux problèmes de la mise en valeur générale de la colonie.

COMMERCE.

Dans la région de Dong-Dang, le mouvement du commerce local s'est toujours porté de préférence vers le Nord. Les relations difficiles et peu sûres avec le Delta, le prix élevé des articles d'importation venant des ports français, le voisinage, la communauté de race et de langue avec les aborigènes de la zone chinoise voisine du Tonkin et surtout la facilité d'écouler en Chine le seul produit d'échange courant, le riz, tout y contribuait. Les rapports commerciaux avec le bas Tonkin se limitaient jusqu'à ces derniers temps au ravitaillement des Européens et à quelques importations insignifiantes des spécialités annamites: la noix d'arec, les marmites en cuivre battu, le sel.

Par ailleurs, nous l'avons vu, les races de la montagne sont tout à fait impropres au commerce. Aussi les Chinois s'étaient-ils créés là un véritable monopole. Toutes les transactions se faisaient par leur intermédiaire.

Pour entrer en relations directes avec leurs clients tonkinois, ils n'avaient pu se contenter d'apporter leurs marchandises d'une façon intermittente et avaient depuis longtemps fondé des marchés permanents en terre annamite. Autour de chacun d'eux s'était formée une agglomération de marchands et d'intermédiaires. Ces villages, véritables colonies chinoises, devenus peu à peu les plus importants et les plus riches de la région frontière (Ky-Lua, près de Langson, Dong-Dang, Cao-Phong, près de Tha-Ké, etc.), avaient conquis leur autonomie et une indépendance presque complète en face des mandarins annamites qui s'en occupaient seulement pour y recueillir le tribut destiné à entretenir leur bienveillance.

Le chef de congrégation ou le chef de marché nommé par les Chinois remplaçait officiellement le Ly-Thruong et administrait le village dont il assurait lui-même la police et l'entretien.

Ces marchés échappant en fait à toute surveillance, chacun d'eux s'était transformé en un centre de piraterie où se traitaient les affaires des bandes. — On y vendait parfois ouvertement des armes et des munitions.

La situation s'est heureusement modifiée. A Dong-Dong, par exemple, la présence du commandant du secteur et du Tri-Chau indigène qui y résident, l'installation des services publics et d'une garnison relativement importante, l'affluence des Annamites venus du Delta pour chercher leur vie ont transformé la physionomie essentiellement chinoise de la localité.

La majorité cependant et la partie la plus riche de la population est encore formée par les marchands étrangers. Le chef de marché est nécessairement resté un fonctionnaire local influent. Aussi ces marchés demandent-ils encore une surveillance très active et une police strictement assurée.

Il est bon de le remarquer, toutefois, ce serait faire acte de mauvaise politique que d'entraver leur développement par des mesures de police excessives ou vexatoires. Tout le commerce local, toute la vie économique du pays se trouvent en effet concentrés dans ces marchés autrefois nombreux et florissants. Le village de Dong-Dang, si l'on s'en rapporte au dire des habitants et aux traces de constructions anciennes qu'on y rencontre, devait être, voilà trente ans, deux ou trois fois plus étendu qu'il ne l'est aujourd'hui.

L'importance de ces centres chinois suivait naturellement le mouvement du commerce local. A l'exception de quelques-uns d'entre eux (comme Dong-Lom près de Na-Cham) qui avaient la spécialité d'approvisionner les pirates, vers la fin de 1893, ils tombaient à rien.

Au cours de 1894, dès que les populations dispersées eurent regagné leurs villages et que la sécurité retrouvée permit sur les routes de circuler sans danger, les marchés périodiques (généralement tous les cinq jours) reprirent un peu de vie et celui de Dong-Dang redevint un centre d'affaires relativement important. Sa situation est excellente; sur la grande route de Chine à 4 kilomètres de la frontière et à proximité des cantons les plus riches et les plus peuplés de la région.

Pendant l'année 1895, cette reprise des affaires s'accentuait dans d'importantes proportions. Aujourd'hui, les produits du Delta : riz, poisson sec, sel, noix d'arec, etc... s'y rencontrent en abondance avec les étoffes, les filés de coton, le pétrole (qui continuent à nous venir de Hong-Kong par Canton et Long-Tchéou), le thé et la pacotille chinoise.

Mais il est facile de voir que nous entrons là dans une période d'évolution commerciale dont il est inté-

ressant de connaître les causes et de prévoir les conséquences. Le mouvement considérable amorcé par le
ravitaillement des troupes et les grands travaux d'utilité
publique, facilité par la création des routes carrossables
et surtout par l'ouverture du chemin de fer de Langson
a profondément modifié déjà l'équilibre du commerce.

Il faudrait se garder de mesurer les progrès économiques de la haute région à l'accroissement des marchés
comme ceux de Dong-Dang et Ky-Lua. Il ne s'agit plus
en effet de simples échanges entre les habitants et leurs
fournisseurs chinois, mais d'un mouvement de transit
tout à fait nouveau. Le progrès des affaires est dû surtout aux exportations du Delta vers la Chine. Le cultivateur indigène n'y prend qu'une faible part et avant
que cette activité nouvelle ait produit l'augmentation
de travail et de production qui en sera le résultat final,
il souffrira d'une crise économique que son manque
d'initiative et de prévoyance rendra plus sensible.

Jusqu'ici le petit excédent de produits agricoles (surtout le riz et, pour quelques communes, la badiane)
suffisait à satisfaire les besoins très limités de l'indigène
par des échanges directs avec les Chinois de la frontière.
Mais voici que le chemin de fer couvre le marché de riz
à un prix qui n'est plus rémunérateur pour le producteur de la haute région et enlève ainsi toute valeur
d'échange à son excédent de production [1]. Cette dépré-
ciation n'est rachetée par aucun bénéfice immédiat. Les
marchands et les ouvriers annamites qui essayent de se
substituer aux Chinois ne consomment pas davantage,

---

1. Le riz dans le Delta et le bas Annam est toujours produit à meilleur compte et vendu moins cher que dans les hautes
régions.

au contraire, et ils ne payent pas plus cher la badiane, les porcs ou les fruits.

Pour tirer profit d'une voie commerciale rapide et à fort débit, comme un chemin de fer, il faut avoir en réserve un stock de matières exportables (mines, charbon, bois.....) ou posséder une puissance de surproduction que peut seule donner une population très dense. La région de Dong-Dang n'a rien de tout cela et la conséquence immédiate de l'ouverture du chemin de fer y sera une crise analogue à celle que nos agriculteurs de France ont connue voilà douze ou quinze ans et dont ils souffrent encore.

Le mécanisme est toujours le même. L'augmentation de l'activité commerciale met les populations agricoles en contact avec des produits nouveaux qui changent leurs habitudes. La satisfaction des besoins de la vie n'est plus assurée dans la même proportion par les produits directs du sol. Le blé, par exemple, ne présente plus à beaucoup près, pour le paysan français, la même importance qu'autrefois dans la somme totale des nécessités de la vie. La transformation des mœurs crée peu à peu des besoins nouveaux très réels et qu'il est impossible de négliger.

Pour que l'équilibre persiste il faudrait que les produits vendus donnent une plus-value et c'est le contraire qui arrive. La concurrence des centres nouveaux de production et les voies commerciales rapides leur font perdre une partie de leur valeur et le malaise est doublé puisque les besoins se sont accrus et que les recettes diminuent.

C'est ce qui va se passer pour le riz dans la haute région. Il est nécessaire de travailler dès maintenant, en augmentant la production agricole et surtout en favorisant le développement des cultures riches, à atténuer ce malaise qu'il semble difficile d'éviter.

Mais il s'agit là d'une conséquence tout à fait locale et secondaire de l'ouverture du chemin de fer. C'est à un point de vue plus général qu'il serait intéressant d'étudier l'avenir commercial et les chances de succès de cette nouvelle voie rapide entre le Delta du Tonkin et la frontière de Chine.

Il était facile en 1895, sur le marché de Dong-Dang (à 15 kilomètres de la gare terminus et à 4 kilomètres de la frontière), d'observer les premiers symptômes du mouvement. J'essayerai donc d'en tirer quelques indications sur la portée de l'entreprise.

Quand il s'agit de politique coloniale on parle beaucoup et avec raison de débouchés commerciaux. En Extrême-Orient, l'idée fixe du colonisateur européen est de parvenir à drainer une partie de l'immense mouvement commercial de la Chine. Voyons, en prenant pour exemple la tentative française la plus avancée (celle de la marche vers le Quang-Si par Langson et Dong-Dang), comment peut se former un semblable courant et quelles difficultés on y rencontre.

Il s'agirait, dans l'idée des hommes qui regardent de haut et d'un peu loin, de pénétrer au cœur de la province chinoise du Quang-Si et de déplacer, en lui faisant suivre une ligne beaucoup plus courte, l'énorme trafic de la rivière de Canton, au grand bénéfice de nos ports du Tonkin. Sur une carte, cela paraît assez simple; dans la pratique malheureusement les choses ne s'arrangent pas avec la même facilité.

On peut sans peine se rendre compte du bouleversement qu'il faudrait entreprendre dans notre régime de droits de douane, de tarifs de ports et dans notre outillage de transports pour obtenir la clientèle chinoise. Sur nos marchés du Haut-Tonkin, les objets manufacturés d'usage courant : étoffes, filés, pétroles, etc..., arrivent à meilleur compte, en dépit de la douane, venant de Hong-Kong en passant par la région que nous avons la prétention d'approvisionner, que s'ils venaient de Haïphong. Et cela, avec soixante jours de transport dont plusieurs à dos d'homme, alors que les marchandises de Haïphong peuvent arriver en trois ou quatre jours. Il faudrait vraiment une révolution heureuse mais peu probable dans nos mœurs commerciales pour aller faire concurrence aux marchandises de Hong-Kong sur la moyenne rivière de Canton où elles parviennent presque en franchise dans des conditions de bon marché de transport inouïes.

Mais alors peut-être pourrions-nous limiter notre ambition à la clientèle déjà sérieuse de la région chinoise voisine du Tonkin, y compris Long-Tchéou? L'entreprise présente les mêmes aléas ; on rencontrerait, en outre, une difficulté grave d'un ordre spécial. Les habitants chinois de la frontière vivent en grande partie du trafic avec nos marchés. Le pays est pauvre, produit peu et le transit des marchandises de Long-Tchéou vers le Haut-Tonkin constitue la principale ressource de cette population de colporteurs et de marchands. En admettant même que nous puissions y concurrencer les articles de Hong-kong, l'arrivée directe de nos marchandises sur les marchés de Chine y produirait une crise très sérieuse. La prospérité apparente produite par les transactions actuelles avec le Tonkin tomberait immédiatement et le sud du Quang-Si apparaîtrait tel qu'il est réellement, analogue à nos régions montagneuses du Tonkin et incapable d'absorber le débit de notre chemin de fer.

Dans le cas, improbable j'espère, où nous voudrions nous contenter de la clientèle tonkinoise des hautes régions, il faudrait, pour lui imposer nos importations, fermer la frontière aux articles chinois par des tarifs prohibitifs. Ce serait une déplorable mesure de supprimer ainsi le trafic existant déjà avec la Chine ; on risquerait dans un but de concurrence douteuse et pour une clientèle insignifiante, de se fermer pour longtemps le marché chinois et de faire souffrir beaucoup des régions qu'il importe de ménager. Même en parlant « commerce », il est bon de ne pas perdre de vue que tout malaise dans la haute région, toute exploitation de l'indigène se traduira par de graves embarras politiques. La moindre fausse manœuvre de douanes sur nos frontières du Nord ferait immédiatement renaître la contrebande et par conséquent la piraterie.

Faut-il donc déclarer que notre chemin de fer est une mauvaise affaire et que son transit actuel provenant surtout de circonstances spéciales (travaux, ravitaillement des troupes), il n'a pas d'avenir commercial ?

Ce serait exagéré ; mais, à mon sens, il est condamné pour longtemps à des visées plus modestes. Quel a été son premier fret commercial ? — Les produits du bas Tonkin : du sel, du poisson sec et surtout du riz qu'il a, dès le début, jetés sur nos marchés. Son avenir est là.

Le riz coûte régulièrement 20 à 30 pour 100 plus cher dans l'intérieur du Quang-si que dans le Delta du Tonkin ; le pouvoir absorbant est illimité et les besoins sont très réels. C'est en outre un mouvement existant déjà qu'il s'agit seulement d'augmenter et de régulariser. Le premier et le plus remarquable résultat local de l'ouverture du chemin de fer a été de décupler en quelques semaines le marché du riz à Dong-Dang. Du jour au lendemain, il s'y est vendu par voitures entières au lieu de se débiter à la mesure ou au picul (balles de 60 kilogrammes). Les acheteurs chinois utilisaient pour l'enlever le bout de route carrossable que nous avons mené jusqu'à la porte de Chine, où ils le chargeaient en convois à dos d'homme.

Cette activité immédiate, ce soin de profiter jusqu'au bout des voies de communication nouvelles est un indice sérieux et qu'il ne faut pas négliger. Si nous arrivons à fournir régulièrement le riz sur les gros marchés de Chine, à quelques centimes de moins qu'il n'y coûte actuellement, la fortune de notre chemin de fer paraît assurée.

La chose est possible mais il importe de ne pas limiter ce mouvement à une exportation intermittente. Il nous faut devenir les fournisseurs de riz attitrés du Quang-si. Le Tonkin n'y suffit pas actuellement mais il augmentera sa production et en attendant, au prix de quelques sacrifices de douanes, attirons en cas de besoin nos riz de Cochinchine ou même ceux de nos voisins (Siam, Java, Birmanie. . . . . .) pour créer dans le Delta un marché considérable où les Chinois du Quang-si prennent l'habitude de s'approvisionner régulièrement. — Le fret de retour ne manquera pas, car la Chine surabonde de produits exportables et la clientèle est illimitée.

Voilà comment je comprends la création d'un premier courant commercial avec la Chine. Nous avons tout dans la main pour le créer. En y mettant ensuite un peu de bonne volonté, en modifiant ces tarifs qui semblent établis pour faire déserter nos côtes, nous amènerons les

Chinois à nous demander dans la suite autre chose que du riz. Le plus pressé serait de faire perdre à nos ports leur déplorable réputation. Un capitaine américain voyageant au long cours et traitant dans je ne sais plus quelle revue une question commerciale, prétendait, en exagérant peut-être un peu — mais pas beaucoup — qu'ayant visité successivement les ports de Yokohama, Hong-Kong et Haïphong, il avait dû payer 160 francs de droits dans le premier, 16 francs dans le second et 1,600 francs dans le troisième. Il ajoutait : « On ne m'y reprendra pas. »

Jusqu'au jour, lointain peut-être, où le commerce, mieux accueilli, aura repris le chemin trop oublié de nos ports coloniaux, toute tentative de fourniture en Chine, toute concurrence aux importations de Hong-Kong dans le Quang-si (et bientôt de la Birmanie dans le Yun-Nan) est impossible. Notre chemin de fer de Langson peut vivre malgré tout à la condition d'attirer nos riz et nos produits indigènes par des tarifs raisonnables. C'est un pis aller ; mais il faut bien s'en contenter ne pouvant mieux faire pour le moment.

Nous avons demandé déjà pour les régions de la frontière une administration simple et bien disciplinée entre les mains d'une autorité forte qui sache, en préparant leur bien-être, s'assurer le concours des habitants.

Sans industrie possible, habitée par une population tranquille mais peu dense et paresseuse, ne possédant aucun produit d'exportation, la région de Dong-Dang n'a pas d'avenir commercial. Les races indigènes peuvent cependant s'y développer et atteindre un degré de prospérité suffisant à leur ambition. Nous avons vu à quelles conditions.

La situation nouvelle faite au commerce local par

l'ouverture du chemin de fer et la poussée grandissante des Annamites vers la frontière occasionnera une crise économique peut-être grave. Le seul moyen d'y remédier serait d'encourager dans une large mesure la production agricole et le développement des cultures riches.

Il faut citer à part la badiane qui a fait ses preuves. S'il était possible d'en généraliser la culture le pays pourrait se transformer dans l'avenir.

La colonisation ou l'exploitation directe par les Européens dans nos contrées ne peut vivre qu'en dépouillant les habitants. Même à ce prix la réussite en serait douteuse.

C'est donc à la prospérité et aux progrès de l'indigène que doivent tendre nos efforts. Assurons-lui la jouissance tranquille du bien-être que peut lui procurer son travail, amenons-le peu à peu à augmenter ce bien-être en dirigeant mieux ses efforts, en développant ses connaissances et en facilitant ses relations commerciales. Il deviendra un auxiliaire sûr et dévoué sur lequel nous pourrons compter en toutes circonstances et nous aurons rempli notre tâche dans la haute région.

J'ai, à dessein, limité cette courte étude économique au territoire de Langson. Je voudrais, élargissant un instant cet horizon, montrer comment les principes qui nous ont guidés dans cette excursion locale peuvent s'appliquer à l'ensemble du Tonkin. Ce m'est une occasion, volontiers saisie, de les définir une fois de plus et de leur demander, en terminant, quelques conséquences pratiques.

Notre grande erreur coloniale est de prétendre exploiter nos conquêtes avant maturité. Nous nous obstinons à chercher un immédiat débouché pour nos produits métropolitains dans des contrées qui ne peuvent absorber parce qu'elles ne produisent pas.

Il faut pourtant semer avant de récolter et greffer avant de cueillir des fruits. Au lieu donc d'essayer infructueusement de tirer du Tonkin par des moyens artificiels de problématiques bénéfices, ne serait-il pas sage d'en faire d'abord un pays économiquement vivant et prospère ?

Mais nos capitaux sont méfiants et nos colons rares ; aussi, sommes-nous impuissants à opérer nous-mêmes la transformation matérielle indispensable pour rendre le Tonkin capable de produire et d'absorber dans une mesure suffisante.

— C'est donc aux habitants dirigés et instruits qu'il faut confier le soin de ce nécessaire progrès.

Ce raisonnement nous ramène à la double conséquence déduite, au début de ce volume, de considérations un peu différentes :

1° Notre premier travail au Tonkin doit être un travail social ;

2° Dans l'aménagement économique et commercial de la colonie, il ne faut considérer d'abord que sa vie propre, la traiter en pays libre et agir dans le seul intérêt de son développement et de sa prospérité.

L'examen du premier point m'a fourni la matière presque totale de ce livre. Le second pourrait, à mon sens, servir de guide dans l'étude de toutes les questions qui touchent à la mise en valeur du pays.

S'il est facile de voir ce que le Tonkin gagnerait à cette émancipation, il est plus malaisé de comprendre ce que pourrait y perdre la France.

Prétendre, à l'aide de tarifs douaniers, faire absorber dès maintenant nos produits français par les indigènes, serait une dangereuse illusion.

Les Annamites produisent à peine de quoi suffire à leurs besoins très limités.

Est-il plus raisonnable de marchander à notre colonie une complète liberté de fabriquer, dans la crainte de nuire aux industriels de France ? L'écoulement des produits manufacturés par les pays à monnaie d'or devient de jour en jour plus difficile chez les peuples à étalon blanc.

Nous ne vendons rien en Extrême-Orient. — Au surplus, si nos industriels craignent la concurrence tonkinoise sur les marchés asiatiques, qu'ils aillent fabriquer au Tonkin comme les Anglais fabriquent aux Indes, pour vendre en Chine. Au cas où certains produits viendraient déprécier nos marchandises de France sur les marchés européens, fermons-leur ces marchés. Rien de plus juste et le Tonkin ne s'en plaindra pas s'il peut acheter à ce prix la liberté industrielle.

Toutes nos idées sont faussées, du reste, par cette obsession de lucre immédiat. On en peut voir une marque curieuse dans l'importance excessive accordée (théoriquement, il est vrai) aux questions de transit. Les colonies réduites à un port, comme Hong-Kong ou Singapour, n'ayant pas d'autres moyens d'existence, vivent de transit. Mais, quand il s'agit du Tonkin, n'est-il pas surprenant parfois d'entendre surtout parler d'exploiter le Yun-Nan? Un pays peuplé de douze à quinze millions d'habitants, riche et facile à exploiter vaut cependant la peine qu'on s'en occupe. Il semble que pour certains, la colonisation serait achevée et le but atteint s'il était possible de jeter un pont entre Haïphong et Yun-Nan-Fou. Le soin d'augmenter la production locale et de lui trouver des débouchés me paraît une affaire autrement intéressante et pressée.

Admettons donc, pour un moment, le Tonkin libre et indépendant. C'est un pays bien doué, capable, s'il est judicieusement conduit, de faire bonne figure en Extrême-Orient. Quels moyens va-t-il employer pour y parvenir?

Vraisemblablement, il voudra produire et fabriquer :

1° Ce qu'il consomme lui-même et achète actuellement à ses voisins ;

2° Ce que ses voisins absorbent et sont disposés à lui acheter ;

3° En troisième ligne seulement, ce qu'il peut espérer vendre en Europe.

Car si ce trafic promet de gros bénéfices, la réussite est aléatoire. L'Europe se défend, la partie économique y est âprement disputée et le jeu serré. Il est donc normal de baser la prospérité d'un pays neuf sur des opérations moins fructueuses mais plus sûres.

Dans cette voie, l'agriculture tient la première place, puis viennent l'exploitation des richesses du sol et l'industrie. Or, nous l'avons reconnu, les colons sont rares et les Français clair-semés pour longtemps encore en Indo-Chine.

Ce sont donc : l'agriculture indigène (le riz en première ligne), les exploitations indigènes (pêche côtière, salines, etc...), l'industrie indigène qui doivent devenir les premières sources de sa prospérité.

Est-il besoin de spécifier, pour prévoir une trop facile critique, que mon intention n'est point du tout d'amoindrir l'importance des entreprises françaises, des cultures riches, des grandes exploitations? Je voudrais que rien ne fût épargné pour leur ouvrir nos possessions neuves et leur y faire une très large place. Il s'agit seulement ici d'établir que cette place ne doit pas être la première et que toute tentative de mise en valeur doit être fondée sur la production, sur le travail indigène.

Ce n'est pas le lieu d'aborder, fût-ce dans ses lignes générales, l'étude de ce programme. Observons seulement que pour coordonner ses travaux, pour les orienter peu à peu raisonnablement et rendre moins improductifs ses efforts, le colonisateur doit s'imposer deux tâches d'ordre différent et d'importance presque égale :

1° Un travail social et administratif (qui, au début, prime toute autre préoccupation) ;

2° L'aménagement du sol et la création de l'outillage nécessaire à l'exploitation et au commerce.

Au Tonkin, les plaines vivantes et fertiles du Delta sont difficilement comparables aux contrées montagneuses et les détails de la colonisation doivent être soigneusement appropriés à chaque milieu. Mais les principes qui la dominent ne changent pas et ce que nous avons demandé pour les hautes régions, il faut le réclamer pour l'ensemble de la colonie.

Pour en faire la preuve, il suffit de rappeler les plus urgents de ces desiderata.

— Au point de vue social et administratif:

Tranquillité assurée.

Assiette de l'impôt direct très stable et judicieusement équilibrée.

Prudence extrême dans l'établissement des taxes de culture et des impôts indirects.

Enseignement agricole et industriel.

Encouragements directs à la culture. Secours, essais, expositions, publicité.

Régime de la propriété assis et bien assuré. Respect absolu de la propriété indigène.

Grande simplification et libéralisme dans le régime administratif des concessions, des exploitations et des entreprises industrielles.

Frontières et ports largement ouverts au commerce. Régime douanier réduit, en grande partie, à la protection des produits que le Tonkin peut fabriquer lui-même.

— S'il s'agit de l'aménagement du sol et de l'outillage à créer, c'est dans l'intérêt de la production locale et surtout du développement de l'agriculture que doivent être menées les premières entreprises :

Irrigations, protection contre les inondations, navigation intérieure, routes, chemins de fer.

Les communications rapides sont primordiales, personne ne le conteste. Mais leur prix de revient est énorme et c'est là surtout qu'il faudrait procéder avec méthode.

. Les chemins de fer du Tonkin doivent répondre à de multiples conditions qu'il semble naturel de grouper ainsi par ordre d'urgence :

1° Répartir les ressources du pays pour éviter les disettes, égaliser les cours et permettre aux habitants, sûrs d'être approvisionnés en temps utile, de spécialiser leurs exploitations suivant les régions ;

2° Drainer les produits exportables, approvisionner les marchés, donner des débouchés en Chine;

3° Assurer le transit des produits chinois par les ports du Tonkin.

Quant à l'outillage maritime, fort important lui aussi, notons seulement qu'il est inutile et onéreux de le créer prématurément au delà des besoins. Quand le pays remplira ses docks et couvrira de marchandises ses quais, fussent-ils en bois comme à Singapour, il ne sera plus nécessaire de subventionner à grands frais des lignes de navigation qui ne font rien.

Répétons-le donc une fois encore; c'est, en somme, au développement propre du pays, à l'augmentation de la production indigène, à la création de l'outillage nécessaire pour favoriser cette production et l'exporter qu'il faut consacrer nos efforts.

La France n'a pas besoin de conquérir de nouvelles terres; elle ne peut pas les peupler. Ce sont des marchés, des centres d'activité extérieure qu'il lui faut. Mais un pays qui ne produit pas n'est pas un marché.

— C'est une charge très lourde, un luxe que peut justifier la préoccupation légitime de l'expansion morale, mais que ne nous permettrait pas notre situation de fortune, s'il n'était possible avec le temps de le transformer en un placement avantageux.

Une évolution se dessine, très heureuse, dans ce sens. Constatons cet indice rassurant; il nous permettra d'étudier le passé sans trop d'amertume et nous fera regarder plus confiants l'avenir.

———

CONCLUSION.

.Voici la dernière page de ce livre. Je crains d'avoir mal rempli la tâche que je m'étais tracée. On risque toujours, en supprimant les accessoires, en négligeant le détail vu et la note pittoresque, de faire perdre à la pensée sa valeur exacte, sa teinte précise. L'impression complexe et profonde que j'aurais voulu rendre assez vivante pour la faire partager, se dégage confuse et sans relief de ces notes trop hâtives.

. En colligeant les points noirs pour y chercher des enseignements, en ne copiant que les ombres du tableau, ne me suis-je pas mis dans le cas de décourager les indécis, de dégoûter les indifférents alors que mon désir eût été de leur donner confiance dans l'avenir du Tonkin ?

S'il en est ainsi, je regrette de ne point avoir su enchâsser les idées que je prétendais défendre, dans un cadre plus riche et plus plaisant. Comment n'ai-je pas trouvé le loisir de peindre ces belles plaines du Delta pour y reposer mon lecteur fatigué et le réconforter au spectacle de l'activité et de la vie qui débordent des innombrables villages cachés dans leurs bosquets de bambous au feuillage grêle et semés comme des îlots verts sur l'océan des rizières inondées ?

Comment n'ai-je pas même tenté de lui faire sentir le charme de nos régions montagneuses en le menant par les étroits vallons où, sous l'enchevêtrement des rotins épineux, courent les arroyos naissants. Nous aurions pu gravir ensemble les rochers déchiquetés, explorer les cirques sans issue, les cavernes cachées dans l'ombre des bois profonds et admirer comment le Créateur s'est plu par un admirable artifice de son génie à transformer l'horreur de ce chaos sous la richesse du manteau de verdure dont il l'a revêtu.   .   .   .

Il y avait des sensations d'art exquises à recueillir en s'enfonçant le matin dans ces gorges étranges, à l'heure où la brume laiteuse dissimule encore le détail du paysage et résume le dessin de sa puissante architecture. Les premiers rayons du soleil viennent bientôt faire vivre le décor, ciseler les reliefs, animer les tentures de feuillage et d'incomparables végétations qui drapent les flancs roux si curieusement ouvrés des falaises à pic. Et c'est un émerveillement de suivre avec les heures du jour, au milieu de l'inattendu des formes, l'inépuisable variété des teintes et la gradation délicate des tons ; depuis le gris bleuâtre des départs jusqu'aux grandes ombres lilas traînant sur le chemin du retour ; depuis les taches de cobalt que plaquent sur la rizière trop verte, au lourd soleil de midi, les branchages immobiles, jusqu'aux rayons carminés effleurant la pointe extrême des hauts rochers broussailleux qui découpent au crépuscule leurs silhouettes violet sombre sur le fond lavé d'un ciel couleur de turquoise morte .   .   .   .   .   .

Je n'ai pas dit l'irrésistible attrait de cette vie de

commandant de secteur, la jouissance profonde de produire soi-même, de récolter ce qu'on a semé, de travailler sur des réalités : le sentiment, lourd quelquefois mais toujours fortifiant pour l'âme, d'une responsabilité de tous les instants ; l'intérêt qui vous prend, l'attachement qu'on sent croître en soi pour une population simple, respectueuse, faite pour la paix, qui se rapproche peu à peu et s'apprivoise.

J'aurais dû signaler au mois cette camaraderie spéciale de la « brousse », cette estime réciproque, cette affection que fait naître une pareille vie partagée et ne pas oublier les collaborateurs, les amis de Dong-Dang, ne fût-ce que pour reconnaître, sans espoir de m'en acquitter, la dette de reconnaissance que j'ai contractée.

Le lieutenant Colombat, le plus fidèle, le plus actif, le plus utile de mes compagnons. Toujours sur la brèche ; administration, routes, reconnaissances, colonnes, combats, jardinage, tout lui convient pourvu qu'il se dépense.

Le lieutenant Seidenbinder, mon autre bras. Prêt à toutes les besognes utiles. Comptable, entrepreneur, agent-voyer et bien d'autres choses encore, quand il ne court pas après les pirates.

Le lieutenant Fialix, un fidèle du secteur, exerçant son activité calme et sa fermeté tranquille dans son gouvernement de Na-Han. Beaucoup de besogne et peu de bruit. — C'est sa méthode.

Le lieutenant Boudonneau gardé seulement le temps nécessaire pour apprécier sa valeur et sentir le vide laissé par son départ.

Et tant d'autres, chefs respectés ou camarades regrettés. . . . . . Et cette belle troupe de la Légion qu'on ne peut oublier quand on a eu l'honneur de la commander ailleurs que sur les glacis de Bel-Abbès. Bon à tout, prêt à tout, s'accommodant de tout, le légionnaire dans la brousse n'a pas son pareil pourvu qu'on le traite en homme et qu'il sache où il va. Maçon, charpentier, ouvrier en fer, chef de chantier, commissaire de police s'il le faut, il se retrouve au premier signal, malgré ces avatars passagers, l'admirable soldat qu'on connaît, portant toujours en lui ce mordant, ce mouvement en avant, ce besoin de marcher sur l'obstacle, cette tension vers l'ennemi dont on fait avec raison la caractéristique, la vertu première d'une troupe de combat.

Il faut vraiment que le métier militaire librement accepté et trempé par l'action nourrisse le germe de vertus très hautes. Quel stimulant, quel idéal peuvent amener le légionnaire à une bravoure habituelle qui va jusqu'à l'héroïsme, à un dévouement qui ne calcule jamais? Serait-ce l'appas de sa maigre solde, les quelques médailles si parcimonieusement distribuées ou l'espoir de mourir de faim quand on l'aura jeté sur le pavé comme impropre au service?

Mais à quoi bon ces digressions tardives? J'ai cru en élaguant les détails, alléger ma thèse, peut-être l'ai-je amoindrie. Il n'est plus temps de mieux faire.

J'ai constaté que nous colonisons très mal. Nos œuvres d'expansion portent toutes comme une marque de décrépitude, comme un symptôme de fatigue et d'impuissance à produire. En pratiquant la colonisation, en vivant au contact des races indigènes, j'ai acquis la conviction que ce sont les forces morales malheureusement trop méprisées, qui seules pourraient rendre un peu de vitalité à nos entreprises. C'est le retour aux traditions, aux méthodes nationales que j'ai demandé.

Les Anglais sont des organisateurs de premier ordre et nous aurions besoin trop souvent de nous mettre à leur école. Je me suis élevé seulement contre l'anglomanie, contre l'humiliante habitude que nous avons prise de marcher toujours à la remorque de quelqu'un : Anglais quand il s'agit de colonies, Allemands s'il est question de choses militaires. Or l'expérience est là pour démontrer que nous sommes de mauvais copistes.

Nous n'empruntons à nos modèles du moment que des formes, des simulacres, appropriés peut-être au génie propre de ceux qui les ont inventés mais le plus souvent détestables entre nos mains parce qu'ils accentuent nos défauts et nos faiblesses, qu'ils compriment nos instincts de race et laissent sans emploi les réserves de productivité très réelles que nous possédons encore — quoi qu'on en dise.

Si nous voulons mieux faire, il faut redevenir Français.

En discutant les opinions de M. Demolins sur la supériorité des Anglo-Saxons, Edouard Drumont dit excellemment dans un article récent : « Si les Anglais ont à l'heure actuelle une telle supériorité sur nous, ce n'est pas parce qu'ils sont Anglais, c'est parce que nous avons cesssé d'être Français. » — C'est mon avis.

La France avait autrefois deux qualités de fond, deux vertus qui suffisaient à tout : la générosité et le bon sens. On les retrouve encore souvent chez l'individu, chez le Français de bonne race, mais la masse, le corps social semble avoir perdu ces deux marques d'élection. S'il entre dans les desseins de la Providence de rendre à la France, sur les autres nations, la supériorité matérielle et morale qu'elle a si longtemps gardée, nous connaîtrons que cette renaissance est proche en voyant chacun des actes de son expansion reprendre ce double caractère : générosité dans la conception, — bon sens dans l'exécution.

FIN

TABLE DES MATIÈRES

PARIS. — TYPOGRAPHIE DE E. PLON, NOURRIT ET Cie, RUE GARANCIÈRE, 8.

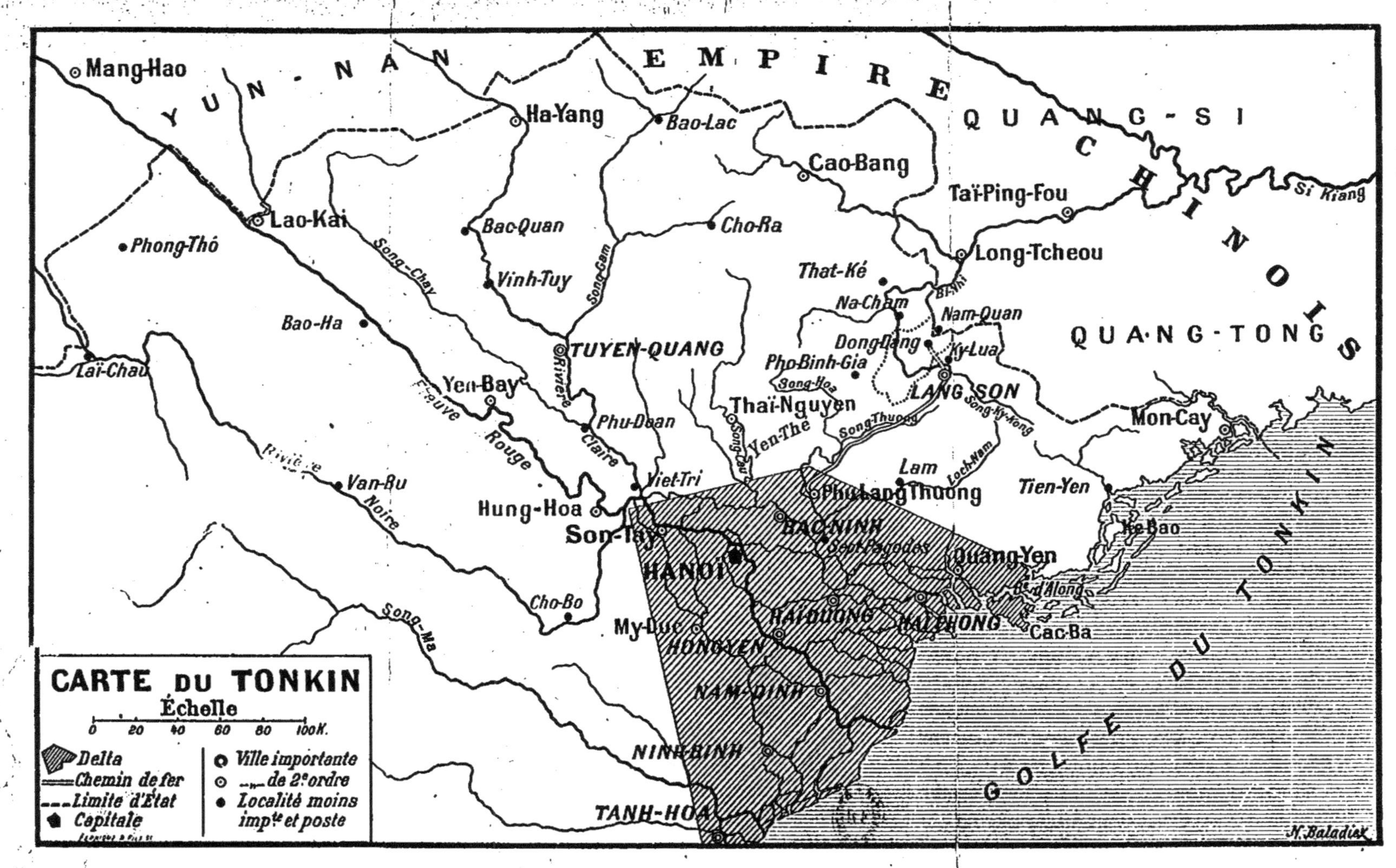

CARTE DU TONKIN
Échelle
0 20 40 60 80 100K.
Delta
Chemin de fer
Limite d'État
Capitale
Ville importante
de 2e ordre
Localité moins
imp.te et poste
Mang-Hao
YUN-NAN
EMPIRE
QUANG-SI
CHINOIS
Ha-Yang
Bao-Lac
Cao-Bang
Taï-Ping-Fou
Si-Kiang
Lao-Kai
Phong-Thó
Bac-Quan
Cho-Ra
Long-Tcheou
Vinh-Tuy
That-Ké
Na-Cham
Binh
Nam-Quan
Bao-Ha
TUYEN-QUANG
Dong-Dang
Ky-Lua
QUANG-TONG
Laï-Chau
Pho-Binh-Gia
Song-Hoa
LANG-SON
Yen-Bay
Thaï-Nguyen
Song-Ky-Kong
Mon-Cay
Phu-Doan
Yen-Thé
Song-Thuong
Song-Chay
Song-Gam
Rivière
Rivière Claire
Fleuve Rouge
Lam
Loch-Nam
Tien-Yen
Van-Bu
Rivière Noire
Viet-Tri
Phu-Lang-Thuong
Ke-Bao
Hung-Hoa
Son-Tay
BAC-NINH
Quang-Yen
Cho-Bo
HANOI
Sept-Pagodes
B.d'Along
Song-Ma
My-Duc
HAIDUONG
HAIPHONG
Cac-Ba
HONGIEN
NAM-DINH
NINH-BINH
GOLFE DU TONKIN
TANH-HOA
N. Baladier

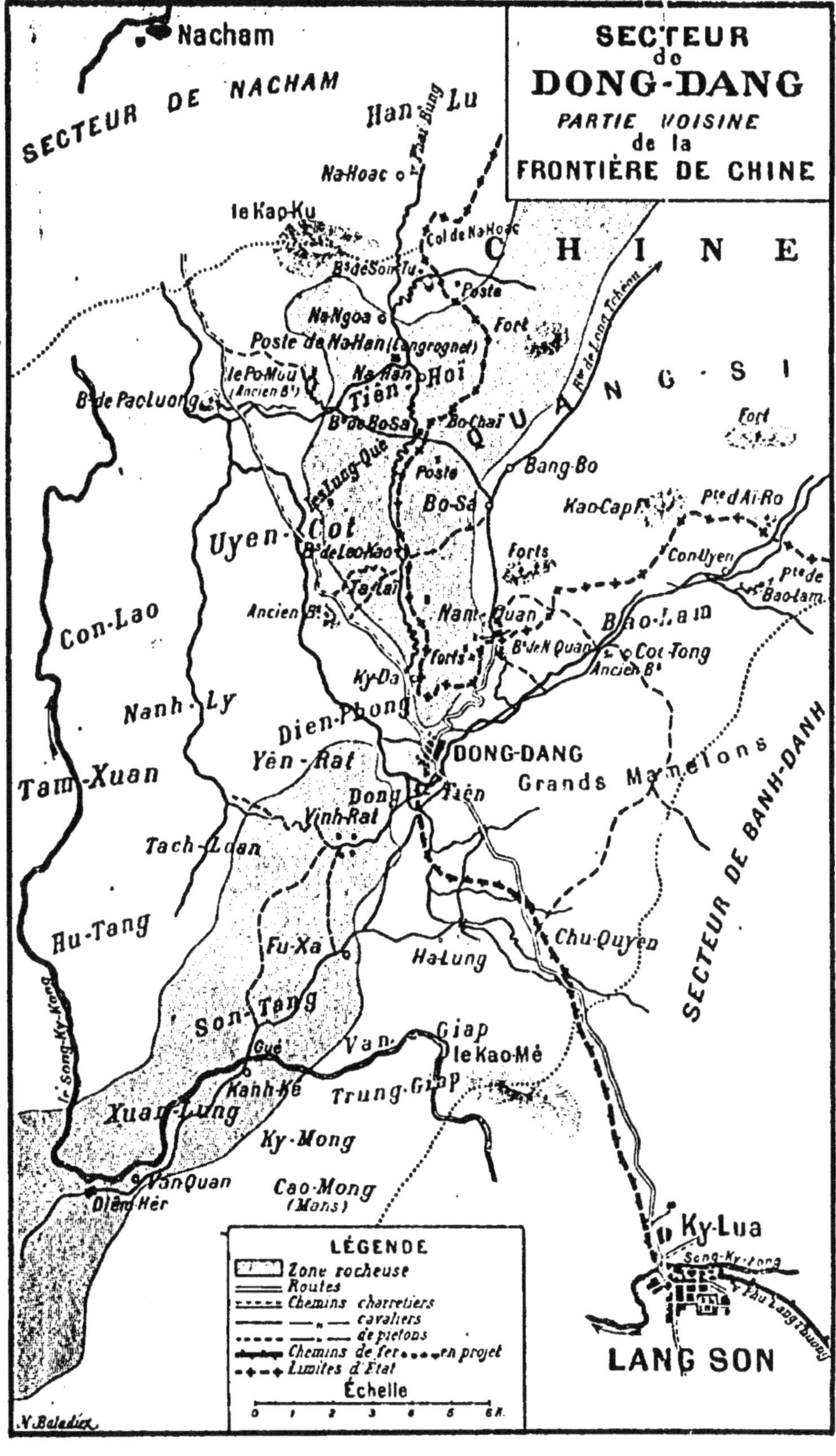

Carte : Secteur de Dong-Dang, partie voisine de la frontière de Chine.